経済学史への招待

柳沢哲哉 [著]

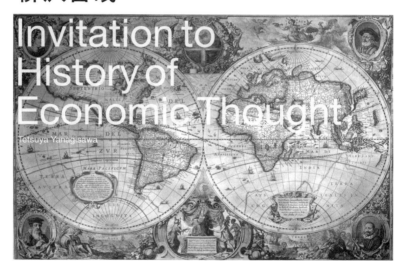

社会評論社

プロローグ

　経済学史は経済学の歴史を扱う学問である。過去の学説を学ぶ意義はどこにあるのか？　このような疑問を抱く方も多いであろう。経済学史にはいくつかの役割がある。本書が目指しているのは、入門としての経済学史である。ある学問に入門するのに、しばしばその歴史を学ぶのが効率的であると言われる。その学問が何を問題にしてきたのか、どのような視角から分析対象を考察してきたのか、そして前の段階の学説をどのように継承・批判してきたのか。こうした発展プロセスをたどることで、その学問の対象や方法を理解すること、すなわち学問の見取り図を描くことが可能となる。この見取り図を提供するのが学問の歴史の重要な役割である。

　とりわけ経済学の場合には、このような見取り図を頭に入れておくのが有益である。もし標準的な学説が定まっている分野であれば、少なくとも入門レベルで複数の学説を学ぶことはない。しかし、経済学の場合は、学部レベルの講義でも異なる学説に依拠して教えられている場合が多い。それゆえ、見取り図のどの辺りに位置する学説なのかを意識して学ぶ必要がある。多くの経済学部で経済学史が開講されているのは、こうした事情による。

　本書の特徴をあげておこう。経済学はそれぞれの時代の経済や社会の問題に応えることで発展してきた。経済学史を学ぶ場合には、時代背景とその時代の学説との関係を理解することが不可欠である。高校で学ぶ世界史の知識を前提とすることなく、時代背景を理解できるように心がけた。これが本書の特徴の一つである。もう一つの特徴は、原典からの引用を数多く入れたことである。必ずしも分かりやすくない引用もあえて掲載した。それは経済学者の声に触れることで、少しでも古典への関心を喚起したいと考えたからである。

　経済学の主要な対象は商品の売買によって営まれる経済活動である。本論に入る前に、ヨーロッパにおける商品の歴史と経済学の形成を駆け足で概観しておこう。現代社会のようにほとんどの財が商品として売買されるようになったのは、19世紀になってからである。だが、商品の売買は古くから存在した。紀元前2千年ごろにはフェニキア人が地中海で貿易を行っていたことが知られており、紀元前7世紀のアナトリア（現在のトルコ）ではエレクトロ

ン貨と呼ばれる硬貨が用いられていた。第1章で見るように、まだ経済学と呼ぶわけにはいかないが、紀元前4、5世紀の古代ギリシャの哲学者たちは商品の売買について考察している。紀元1、2世紀に繁栄したローマ帝国は、強大な権力を背景に「ローマの平和（パクス・ロマーナ）」を生み出した。それは広範な商品の流通を可能にすることで、商業をさらに発展させた。また商業活動を支えるために、財産や売買、貸借、雇用契約などを扱うローマ法が整備されていく。しかし、ゲルマン民族の大移動が引き金となり4世紀末にローマ帝国は崩壊する。異民族の侵入が平和な交易の場を破壊したために、商業活動は衰退した。こうしてヨーロッパは長い中世に突入する。

　中世になると封建制が発展していく。封建制は土地を媒介にして成立した経済・軍事システムである。上位の君主が騎士などの臣下に土地を与え、代わりに騎士たちは領土防衛あるいは拡張のために軍役を提供した。土地を与えられた騎士たちは荘園を経営し、領主として農奴から貢納（年貢）を取り立てた。封建制は自給自足を基盤とするシステムである。その最盛期は12世紀ごろであるが、そのころから地中海貿易、やや遅れてバルト海貿易といった商業活動が活発になってくる。封建制の外部で発展してきた商品の流通は、次第に荘園を基盤とする内部にも波及し、封建制を掘り崩す役割を果たしていく。封建制の崩壊とともに身分制社会は揺らぎ始める。次第に、身分的には対等で、自由な人々が経済活動の主要な担い手になっていく。

　15世紀末になるとスペインとポルトガルにより大航海時代が始まる。商業活動はヨーロッパを越えて世界規模で展開されるようになる。16世紀に南米で開発されたポトシ銀山から大量の銀がヨーロッパに流入した。銀は貨幣として用いられていたため、銀の流入は商品流通を促進するとともに「価格革命」と呼ばれる長期的な貨幣価値の下落（＝物価の上昇）ももたらした。このころの西ヨーロッパでは農民は領主に固定的な貨幣地代を支払うことが多かったので、貨幣価値の下落は領主にとって経済的打撃となり、農民には有利に作用した。やがて封建領主の多くは没落していき、地域によっては安定した権力基盤の獲得に成功した国王が突出した経済力、軍事力を有する絶対王政が登場する。

　絶対王政が成立したのはスペイン、ポルトガル、やや遅れてイギリス、フランスである。絶対王政のもとでは軍事機構は経済機構から独立し、軍事を専門に担う常備軍制度が整えられていく。また絶対王政は統治機構としての官僚制も発展させる。これらの経費を捻出するためには、農民からの地租だけでは賄いきれなくなる。そこで、絶対王政と一部の大商人（特許会社）との間には、独占権を与える代わりに特許料を受け取るという関係や、歳入が

不足する際に資金を貸借する関係が生じてくる。この時期には、金銀の獲得が国家の重要な目的と見なされるようになる。16世紀のスペインでは、金銀の蓄積という政策課題を追求する「重金主義」の学説が登場する。ここに経済学の源流を見出す見解もある。第2章で見るように、17世紀になるとイギリスでより発展した「全般的貿易差額主義」が登場する。

　16～17世紀にかけて人口増加や囲い込みといった政策が原因となり、生活の糧を持たない労働者が増えてくる。彼らは雇用されることで賃金を得て生活する。それは自らの労働力を商品のように売ることでもある。こうして生活必需品や奢侈品といった生産物だけでなく、生産に必要な労働力までも商品として売買することで経済活動が行われるようになる。このような経済システムを商品経済と呼ぶ。18世紀後半から始まる産業革命は商品経済を確立する画期的な出来事となる。商品経済は商品を自由に生産し、売買することで成り立つシステムである。

　なぜ個々人の自由な経済活動にもかかわらず、商品経済は順調に動いていくのか？　これこそが経済学を成立させた本質的な問いである。この問いに答えようとしたのが、最初の体系的な経済学説と評されるアダム・スミスの『国富論』（1776）である。このように経済学は歴史の産物である。経済学の歴史的特徴を理解するために、経済学誕生以前の社会思想から見ていくことにしよう。

目　次

フロローグ　3

第1章　経済学誕生以前 ……………………………………8
1-1　経済学の語源　8／1-2　プラトンの経済思想　8／1-3　アリストテレスの経済思想　10／1-4　聖書の経済思想　11／1-5　トマス・アクィナスの経済思想　12／1-6　マキャヴェリの近代的人間観　15／1-7　ホッブズの社会契約論　16

第2章　前期重商主義の経済思想 ……………………………20
2-1　重商主義の時代　20／2-2　二つの重商主義　22／2-3　トマス・マン　23／2-4　重商主義の貨幣論　27

第3章　後期重商主義の経済思想 ……………………………32
3-1　ジェームズ・ステュアートの『経済学原理』　32／3-2　人口論争　33／3-3　『原理』の構成　35／3-4　ステーツマン　35／3-5　農工分離プロセス　36／3-6　人為的調和論　38／3-7　貨幣数量説批判　40

第4章　重農主義の経済思想 …………………………………45
4-1　コルベール主義　45／4-2　ケネーと自然的秩序　46／4-3　経済表の諸前提　47／4-4　経済表のしくみ　48／4-5　経済表の総括　51／4-6　ケネーの経済政策　52

第5章　市場社会論の系譜 ……………………………………54
5-1　社会契約論から市場社会論へ　54／5-2　マンデヴィルの経済思想　54／5-3　スミス『道徳感情論』　59／5-4　消極的正義　62／5-5　意図せざる結果の論理　63

第6章　古典派経済学の成立 …………………………………65
6-1　『国富論』の構成　65／6-2　富裕の一般化論　65／6-3　分業論・交換論　67／6-4　貨幣論　69／6-5　自然価格論　71／6-6　高賃金論　72／6-7　利潤率低下論　73／6-8　蓄積論　74／6-9　貯蓄＝投資論　76／6-10　資本の投資順序　78／6-11　商業の秩序形成機能　79／6-12　政府の役割　81／6-13　租税4原則　83／6-14　俗説的解釈　84

第7章　古典派経済学の展開 …………………………………88
7-1　マルサスの時代　88／7-2　マルサスの平等主義批判　89／7-3　人口原理　90／7-4　リカードウと地金論争　93／7-5　穀物法論争と穀物モデル　95／7-6　投下労働価値説と分配論　98／7-7　労働者の生活習慣　104／7-8　比較優位説　105

第8章　歴史学派の経済学 …………………………………………108

8-1　後発国の経済　108／8-2　自由貿易と国民経済学　111／8-3　国民的生産力　112／8-4　リスト以後のドイツ歴史学派　115／8-5　社会政策学会　119／8-6　ドイツ歴史学派と日本　121

第9章　マルクスの経済思想 ………………………………………123

9-1　資本主義批判の潮流　123／9-2　マルクスの時代　123／9-3　唯物史観　126／9-4　『資本論』の構成　128／9-5　商品生産　129／9-6　労働力商品と産業資本　131／9-7　機械化の進展とその帰結　133／9-8　マルクス経済学の変容　135

第10章　限界革命 …………………………………………………143

10-1　新古典派経済学とは何か　143／10-2　方法論的個人主義と最適化仮説　144／10-3　限界革命とジェヴォンズ　146／10-4　限界効用理論　147／10-5　交換理論　149／10-6　労働理論　150／10-7　ジェヴォンズ以後の効用理論の発展　152

第11章　ワルラスの経済学 …………………………………………155

11-1　土地国有化論と経済学の方法　155／11-2　交換の理論　156／11-3　生産の一般均衡論　159

第12章　ケンブリッジ学派の経済学 ………………………………161

12-1　新古典派経済学とマーシャル　161／12-2　『経済学原理』の構成と部分均衡論　162／12-3　均衡の時間区分　166／12-4　組織と有機的成長　170／12-5　マーシャルからピグーへ　174／12-6　効用の個人間比較　175／12-7　ピグーの3命題　176／12-8　新厚生経済学　178

第13章　1930年代の経済学 …………………………………………181

13-1　企業の変容　181／13-2　ケンブリッジ費用論争とロビンソンの不完全競争論　183／13-3　独占的競争から寡占理論へ　186／13-4　屈折需要曲線とフル・コスト原則　189

第14章　ケインズの経済学 …………………………………………192

14-1　ケインズの時代　192／14-2　ケインズの批判対象　193／14-3　『一般理論』の経済像　197／14-4　有効需要論　198／14-5　流動性選好説　201／14-6　ケインズの社会哲学　205／14-7　『一般理論』体系とIS・LMモデル　207／14-8　ケインズ経済学の発展　208／14-9　新古典派総合への変容　211／14-10　ケインズ批判の諸潮流　212

エピローグ　218

原典　219

参考文献　220

第1章　経済学誕生以前

1-1　経済学の語源

　経済学とは何か？　このことを考えるために、ヨーロッパの思想的源流とされている紀元前3、4世紀ごろのギリシャから中世末期までの経済思想（その実体はアンチ経済学である）を概観してみよう。

　「economy」という英語の語源はギリシャ語「オイコノミア」である。クセノフォン（BC. 430-354ごろ）が用いたことで知られるこの言葉は「家」を意味する oikos と、「法律・法則」を意味する nomos を合成したものである。つまり、自分の家産を管理する方法がオイコノミアの原義である。日本語では「家政」という言葉が最も近いように思われる。商品経済は自由な生産、交換、消費などの活動を原則として成立している。今日の社会を見れば分かるように、これらの自由な活動を通じて経済は成長し、人々は欲求を増大させ、多様化させてきた。自由な活動を本質とする商品経済の構造や運動法則を対象にしているのが今日の経済学である。ところが、古代ギリシャのオイコノミアは人々の欲求や経済活動を規制することに主眼を置いていた。

1-2　プラトンの経済思想

　古代ギリシャはいくつかのポリス（都市国家）から成っていた。その中心であるアテネは紀元前5世紀ごろ民主制国家として最も繁栄していた。アテネは20万人程度の土地を所有する自由民と10万人程度の家内奴隷からなる階層社会であった。古代ギリシャの2大ポリスであるアテネとスパルタは、覇権を求めてペロポネソス戦争（B.C. 431-404）を戦った。ペルシャの支援を受けたスパルタにアテネは破れ、次第にギリシャ全体が衰退していく。
　イデア論で知られるプラトン（B.C. 427-347）は、衰退期アテネで活躍した哲学者である。プラトンは、ソフィストと呼ばれる弁論術に長けた思想家たちと論争しながら自説を展開した。ソフィストたちは超越的な真理の存在を否定した（知の相対主義）。その一人、「万物の尺度は人間である」というプロタゴラスの言葉は彼らの思想をよく表している。ソフィストによれば、

真善美は人間が民主的に決定するものである。そのために、彼らは民主的な決定の場で威力を発揮する弁論術を磨いていた。これに対してプラトンは、人間の決定には左右されない超越的な真善美が存在するというイデア論を主張した。正義は人々が民主的に決定すべきものではない。プラトンにとって哲学者の役割は、弁論術によって人々を言いくるめることではなく、イデアの存在を認識することであった。敬愛する師ソクラテスを冤罪で死刑へと追いやった、当時の民主的な裁判制度に対する絶望がイデア論の背景にある。

　イデア論には、ソクラテスの刑死という個人的な経験だけではなく、衰退期アテネの経済状況も影を落としている。中期プラトンの代表作『国家』から、プラトンの思想と経済との関係を見ていこう。『国家』において描き出された理想国家では、人々が国家のあり方を討論により決定する民主主義が否定され、真理に目覚めた哲学者による統治が支持される。民主制社会が追求する自由をプラトンは徹底的に敵視した。自由に生きるのではなく、「善く生きる」ことをプラトンは人々に求めた。「善く生きる」とは、ポリスのために生きることを意味した。プラトンにとって人々の欲求のあり方も、すなわち自由な消費活動も規制の対象である。「若いときから訓練すれば取り除ける欲望、役に立たず場合によっては害となる欲望」は捨て去るべき「不必要な欲望」である。財産を増やそうとする欲求も、金儲けも否定される。そもそも労働に従事する奴隷や下層民などの身分を除けば、財産を持つことも、貨幣を使用することも禁止されている。一種の共産制社会が理想とされているのである。この共産制社会では家族も統治の対象となる。「人々の数をできるだけ一定に保つように」、人口は完全に調整され、しかも、優れた男女どうしと劣った男女どうしとの結合しか認められない。子供は親子関係が分からなくなるように社会的に育てられる。女たちも子供たちも社会の共有財産と見なされているのである。この理想国家にはスパルタと多くの共通点がある。

　プラトンはなぜ自由な社会を否定し、規制だらけの社会を肯定したのだろうか？　ペロポネソス戦争で敗北したアテネには、それまで以上に商品経済が広まりはじめ、外国人による土地の購入が許されるようになる。その結果、土地を失う市民が増え（→奴隷身分への転落）、市民間での貧富の格差が増大した。さらに食糧供給地である植民地を敗戦で失ったことにより、食糧供給の制約が問題となっていた。供給制約のある社会で誰かが豊かさを追求すれば、必然的に他の誰かに貧困をもたらすことになる。このような社会で既存

の身分制社会を維持するためには、商品経済の浸透を防ぐこと、不必要な欲望を抑えること、人口数を一定に保つことが要請された。プラトンはこの要請を、ポリスのために生きる倫理的な生き方として提示したのである。

　さて、売り手と買い手の自由な売買によって商品の価値が決定される市場は、民主的にモノの価値を決定する場と言ってもよい。当時の市場で売買されていたのはモノだけではない。プラトンの論争相手であるソフィストたちは家庭教師として雇用されることで生活を成り立たせていた。だから、彼らは公開の場での討論を通じて、自らを高く売り込むために弁論術を競い合っていたのである。プラトンから見れば、ソフィストは真理を切り売りしようとする愚かな連中ということになる。知識を含めて自由に商品が売買される場である市場は、プラトンから見れば否定されるべき知のシステムをも成り立たせていたのである。

1-3　アリストテレスの経済思想

　プラトンの弟子アリストテレス（B.C. 384-322）もまた、ポリスのために生きることを人々に求めた。しかし、イデア論批判や共有性批判など、プラトンと多くの点で意見を異にした。アリストテレスは財産への配慮が不足するとして共有制を批判したし、必要を満たすための財の交換という限りでは、商品の売買も容認した。しかし、必要のための交換ではない、金儲けのための交換を「クレマティスティケ（貨殖術）」と呼び、アリストテレスは厳しく批判した。『政治学』で次のように述べている。

　　　「貨幣が考案されると、やがて必要な交換とは別の種類のクレマティスティケが生じてきた。すなわち、商人的なものがそれである。」（25頁）

　普通の財に対する欲望には限度があるが、貨幣に対する欲望は無限である。したがって、クレマティスティケが広まれば、人々は「善く生きる」ことを忘れて、貨幣の増殖を目的とした生き方をするようになるだろうと考えたのである。必要なモノを得るための交換は「自然にかなった術」であるとする。これに対してクレマティスティケは不自然な交換であり、「貨幣に関係するものだと思われている。なぜならば、貨幣は交換の出発点であり、目的点でもあるからだ。さらに、この種のクレマティスティケから生じる富には限りがない」。クレマティスティケの中でも利子をとる貨幣の貸し付けは、最も

否定されるべきものであった。

> 「憎んで最も当然なのは高利貸しである。なぜならば、貨幣は交換のために作られたものであるが、利子は貨幣を一層多くするものだからである。したがって、これはクレマティスティケのうちで実は最も自然に反したものである。」(29頁)

トピック：アリストテレスとマルクス

　マルクスがアリストテレスから大きな影響を受けていたという見解がある。必要なモノを得るための交換をマルクス流に表現すれば等価交換にもとづく商品の変態、すなわちC-M-Cと書ける（C：商品、M：貨幣）。クレマティスティケの交換は貨幣の増殖、すなわちM-C-M'となる。これはマルクスの「資本の一般的定式」に他ならない。マルクス流の言い方をすれば、アリストテレスは「貨幣の資本への転化」を否定したのである。

1-4　聖書の経済思想

　聖書には財産や金儲け、あるいは労働に関する記述がいくつか登場する。それらは必ずしも整合的に書かれているわけではないが、金銭の追求が悪の根源であるとか、清貧が祝福される、といった営利活動を否定する見解が数多く見られる。

> 「金銭を愛することが、あらゆる悪の根だからです。ある人たちは、金を追い求めたために、信仰から迷い出て、非常な苦痛をもって自分を刺し通しました。」(テモテへの手紙第一　6-10)

> 「あなたがたにもう一度、告げます。金持ちが神の国に入るよりも、ラクダが針の穴を通る方がもっとやさしい。」(マタイの福音書　19-24)

> 「貧しい者は幸いです。神の国はあなたがたのものですから。」(ルカの福音書　6-20)

　生産力の低い時代に貧困は避けがたいものと認識されており、貧困への対処の仕方は宗教の領域でも絶えず問われていた。貧困問題は経済学の成立に

とっても重要な鍵となっていく。ここでは貧者の救済を義務とする見方が聖書の中にあることが確認できればよいだろう。

「貧しい者が国のうちから絶えることはないであろうから、私はあなたに命じて言う。国のうちにいるあなたの兄弟の悩んでいる者と貧しい者に、必ずあなたの手を開かなければならない。」（申命記　15-11）

新約聖書の中には、旅行に出かける主人が下僕に金銭を預け、それを殖やさなかった下僕がとがめられる話が出てくる（マタイの福音書　25-27、ルカの福音書　19-23）。そこには、利息を支払う「銀行」の存在も書かれている。したがって、新約聖書は利子をとる貸付を全面的に否定していたわけではない。だが、宗教改革以前のキリスト教世界では、利子をとる貨幣の貸付は禁止すべきものとして教えられていた。ここでは旧約聖書から利子を禁ずる叙述をあげておこう。

「外国人から利息をとってもよいが、あなたの同胞からは利息を取ってはならない。それは、あなたが入って行って、所有しようとしている地で、あなたの神、主があなたの手のわざのすべてを祝福されるためである。」（申命記　23-20）

1-5　トマス・アクィナスの経済思想

荘園制を基盤とする封建制社会が最盛期を迎えた12世紀には、イタリア商人たちによる地中海を舞台としたアジアとの交易も盛んになる。ローマ教会のお膝元で展開された商業活動は、旧来のキリスト教の教義に修正を迫ることになった。南イタリアに生まれ、中世キリスト教最大の神学者（スコラ哲学者）であるトマス・アクィナス（1225-1274）は、神学のみならず法学、政治学、倫理学を含む大著『神学大全』を著した。それはアリストテレス哲学を神学に取り込むことで、信仰と理性との調和をはかろうとした試みであった。

トマスの社会思想の鍵は「共通善」という考え方にある。それは社会全体の構成員に共通する利益のことである。法も政治も共通善を実現するために存在しなければならないとした。この考え方にはポリスのために生きることを求めた、アリストテレスの考え方と類似したところがある。私有財産制度についてもアリストテレス同様に、財産への配慮といった観点から肯定した。ただし、後の時代に「緊急権」と呼ばれるようになる、困窮者の財産請求権という例外を認めている。富者に施しを命じた聖書（テモテへの手紙　第一　第6章）を引用しながら、緊急時には貧者に財産を分与することをトマスは当然の義務とした。それだけでなく、緊急時においては窃盗さえ許容した。

　　「緊急必要性がきわめて緊迫かつ明白であって、その場にある物財でもって現在の緊急必要性に対して対処しなければならないほどである場合には、……他人の物財をあからさまにであろうと、密かにであろうと取って自分の緊急性に対処することが許されるのである。このような行為は厳密にいって窃盗ないし強奪にあたるともいえない。」（設問66第7項）

　私有財産制度と緊急権は矛盾した存在である。この矛盾は後に経済学を誕生させる一つのきっかけとなっていく。私有財産制度は財産の自由な売買を認めるはずである。しかし、ここにもトマスは一定の制約をかける。伝統的な教会法によれば、商品は公正な価格で売買しなければならない。この考え方をトマスは踏襲する。

　　「それゆえに、事物をそれの価値より高価に売るか、あるいは安価で買うことは、それ自体として不正であり、また許されないことである。」（設問77第1項）

　事物の価値、すなわち公正価格とはいかなるものか？　アリストテレスは利益を目的としたクレマティスティケを認めなかった。トマスも利益それ自体を追求する取引を否定した。しかし、「自分の労苦に対する給与」に相当する「節度ある利益」は容認した。

　　「だが、商取引の目的である利益は、その本質のうちに何ら高潔もしくは必要不可欠という要素を含んでいないとはいえ、他方、その本質のうちに悪徳もしくは徳に対立するような要素は何ら含んではいない。ここ

13

からして、利益が何らかの必要不可欠な目的、あるいは高潔な目的にさえも秩序付けられることを妨げるものは何もない。そして、このようにして商取引は正当なものたらしめられるのである。たとえば、ある人が商取引において追求するところの節度ある利益を、……利益が目的であるかのように追求するのではなく、むしろいわば自分の労苦に対する給与と見なすような場合がそうである。」（設問77第4項）

　トマスの議論に従って公正価格の内訳を整理すると次のようになる。
　　公正価格＝原材料費＋輸送費＋危険負担＋節度ある利益
どの程度までの利益が「節度ある利益」なのかははっきりしないが、利益がコストの半分を超えると不正な取引としているので、利益率50％が上限であることははっきりしている。「危険負担」は航海の危険を伴う貿易では必要な費用であるが、同時にどこまでが利益かを曖昧にさせる役割を果たしていた。すでに冒険貸借と呼ばれる貿易活動が始まっていたが、危険負担という隠れ蓑を利用して、実質的には配当報酬を目的とする出資活動も行われていた。ここに株式会社の原型を見出す見解さえある。

　トマスは公正価格という形で自由な取引に規制をかけたわけだが、その内実を詳しく分析したわけではない。むしろ、伝統的な公正価格を緩和することがトマスのねらいであり、近代的な商業活動の容認へと大きく道を開いたと見た方がよいだろう。事実、『神学大全』で詳述されているのは、取引に関する正当な手続きであった。例えば、欠陥があることを知っていて売りつけた場合にその取引は有効かどうか、といったことが詳しく論じられているのである。貨幣を貸し付けて利子を徴収することを厳しく禁止してはいるものの、活発に展開しはじめていた商業活動にお墨付きを与えたことになる。

トピック：分配的正義と交換的正義

　アリストテレスは何種類かの正義について論じた。後の経済思想と関連するものとしては、応報的正義と分配的正義がある。応報的正義は商品の交換の際に、等しい価値のものが交換されなければならないという正義である（等価交換）。分配的正義は経済活動の結果に関するもので、身分に応じて必要とされる財（土地や名誉も含まれる）が分配されていなければならないという正義である。この2種類の正義をトマスは交換的正義と分配的正義として整理し直した。もともと交換的正義は等価交換にかかわるものであったが、トマスの議論の中で取引の形式的正当性を

満たす正義へと変質していく。トマス流に整理された二つの正義は今日でもしばしば論じられる。特に分配的正義は所得格差や貧者の生存権と関連させて論じられる。

1-6　マキャヴェリの近代的人間観

人間はなぜ社会を形成できるのか？　それまで自明な前提として存在していた旧来の道徳や宗教が揺らぎ始めると、この問いは根源的な問題提起となる。個人が利己的な存在として登場する近代は、宗教や倫理に代えて、社会の存立を説明する新たな議論を必要とした。まず、政治（統治）による社会の成立という議論が登場し、やがて市場（経済）による社会の成立という議論が現れてくる。後者は経済学の誕生を意味する。まず前者から見ていこう。

14世紀から16世紀にかけてのイタリアで人間性を重視する文化運動、ルネサンスが起きる。文学者ダンテ、美術家ミケランジェロ、芸術家でもあり科学者でもあったダ・ヴィンチ、政治思想を論じたマキャヴェリ（1469-1527）らが活躍した。マキャヴェリはルネサンス末期に「花の都」として繁栄していたフィレンツェで活躍した。主著『君主論』（1532）は強力な独裁者による国家統一の必要を説いたものであり、「マキャヴェリズム（権謀術数）」という言葉を生み出した。『君主論』は、優れた君主はいかにあるべきか、という当時沢山書かれていた君主教育書の体裁をとっている。しかし、伝統的な倫理や宗教によるのではなく、現実の人間を直視した、きわめて衝撃的な書物であった。「中世的な束縛から自由になった個人」は、力による統治なしで社会を編成できない、というクールな認識がマキャヴェリにはあった。人間は、自分の利害のためには恩義や愛情などを捨て去ってしまう存在である。マキャヴェリは、人間を「邪悪な存在」と表現した。

> 「人間は恐れている者よりも、愛情を感じていた者に危害を加えやすい。この理由は、もともと人は邪悪であるから、たんに恩義の絆でつながっている愛情などは、自分の利害に反すれば、すぐにでも断ち切ってしまうものだからである。」(127頁)

「もし人間がすべて善人であるならば、このような〔信義を守るなという〕勧告は好ましくないであろう。しかし、人間は邪悪で君主に対する信義を守らないのであるから君主もまたそれを守る必要はない。」(132頁)

『君主論』は恐怖と奸策による統治を君主に薦めている。君主が慈悲深いと、かえって混乱状態を招く、信義などまるで意に介さず、奸策を用いて人々の頭脳を混乱させた君主が、かえって大事業をなしとげる、とマキャヴェリは言う。「邪悪な存在」からなる社会に秩序を与えること、これが君主の役割なのである。政治は「善く生きる」という倫理的な目的から切り離されて、あくまで人々を統治する（支配する）手段になっている。アリストテレスは人々がポリスのために生きることを自明なこととして主張したが、マキャヴェリが見つめた人間は何らかの共通の理念や価値観を持つ共同体に属する存在ではない。そこには共通の目的を失い、利己的でばらばらになった人間がいる。とはいえ、中世的な共同体の崩壊をマキャヴェリは悲観的に見ていない。宗教から自由になった人間、言い換えれば、神から自由を与えられた人間を歓迎した。

1-7 ホッブズの社会契約論

マキャヴェリと同じ近代的人間観に立って、社会の成立原理を考察したのがイギリスのホッブズ（1588-1679）である。ヘンリー8世による宗教改革（1534年首長令）によって、イギリスはローマ教会から宗教的に独立し、国王を中心とした絶対主義を展開していく。絶対主義はエリザベス女王の時代（16世紀後半）に最盛期を迎えるが、その後、国内にくすぶっていた宗教的対立を原因としてピューリタン革命（1642-60）が勃発する。ホッブズが活躍したのはピューリタン革命期である。

「市民社会（civil society）」という言葉は17世紀のイギリスで生まれたものと言われている。この「市民（citizen）」には、第一に「自然」や「野蛮」に対する「文明」という意味が、第二に教会や軍隊に対する「一般人」という意味がある。つまり、市民社会には文明社会という意味と、それまでの精神的な支配者であったカトリック教会からの脱却、それまでの政治的な支配者であった領主権力からの脱却という意味が含まれている。ホッブズは主著『リヴァイアサン』（1651）で社会契約論を用いて市民社会の成立を説明した

（ちなみに「社会契約」という言葉は用いられていない）。『リヴァイアサン』の冒頭で論じられているのは、一見すると政治思想とは無関係のように思われる個人の感覚や認識についてであるが、それは独立した個人についての徹底した洞察が、社会を論じる前に必要だったことを意味している。

　ホッブズの考える人間は、「自己保存」（生きていくこと）に有利なことを追求し、そうでないものを嫌悪するという単純な原理によって行動する。各人はもともと自己保存の権利を有するものと想定される。この権利を万人が行使してしまうと、権力がない社会では相互の不信から万人の万人に対する戦争が引き起こされるであろうとホッブズは考える。「自然状態」（政府が無い状態）は戦争状態なのである。

　　　「全員を恐れさせておく共通の権力が存在しないで生活する間は、人びととはいわゆる戦争という状態、しかも万人の万人に対するような戦争の状態で生きるのである。」（1-210頁）

　　　「そのような状態においては、勤労のための余地はない。なぜならば、勤労の成果が確実ではないために土地の耕作が行われないからである。航海も、海路で輸入される諸財貨の使用もなく、便利な建築もなく、移動の道具や多くの力を必要とするものを動かす道具もなく、地表についての知識もなく、時間の計算も学芸も文字も社会もなく、そしてもっと悪いことに、継続的な恐怖と暴力による死の危険があり、それで人間の生活は孤独で貧しく、つらく残忍で短い。」（1-211頁）

　戦争状態は各人にとってきわめて不合理な状態である。勤労の成果が保障されないから、土地を耕作するインセンティヴはなくなるし、文明的なものは一切なくなる。自己保存の権利の行使が、その権利自体の崩壊をもたらしてしまうのである。そこで戦争状態の原因となる自己保存の権利の行使を停止することが、理性的な判断のもとに行われる。

　　　「人は平和と自己防衛のために必要だと思う限り、他の人々もまたそうである場合には、全てのものに対するこの権利を進んで捨てるべきである。……というのは、各人がなんでも自分の好むことをする権利を保持する限り、そのあいだ全ての人々は戦争状態にあるのだから。」（1-218頁）

こうして権利の相互的譲渡が行われ、所有権を確保するために互いに契約が結ばれる。所有権を確保する契約は、所有権を守るための国家権力の樹立を行う契約でもある。国家権力は所有権の侵害者に対する処罰の恐怖を与える機関である。ホッブズは正義の根源を所有権の確立に置く。「所有権がなければ何も不正義はなく、強制権力すなわち国家が樹立されていなければ所有はない」(1-237頁)。つまり、正義＝所有権と国家権力とが理論的には同時に成立すると考えている。国家は、人間があくまで自己保存の目的のために自発的に作り出した、契約を遵守させる契約強制機関として誕生する。

　　「国家が成立するというのは、多数の人々が各人対各人の関係で次のように同意し信約を結ぶときである。すなわち、彼らの人格を表す（代表となる）権利を多数決によって委ねた一人の人間もしくは人間の集合に対して与えることである。そして、互いに平和に暮らし他人の侵害から保護されるために、この一人の人間もしくは人間の集合体がとったすべての行為や判断がまるで自分自身の行為・判断であるかのように、〔代表選出にあたって〕賛成した人も反対した人もこぞって全員が、それらの行為・判断に対して権威を与えるということである。」(2-36頁)

　このようにホッブズは社会契約による政府の成立という一種のフィクションによる説明を用いて、政治（統治・政府）によって初めて社会秩序が形成されるという議論を展開した。社会秩序が形成されると、社会はあたかも一人の人間であるかのように扱われる。この人格的担い手を「主権者」と表現し、それ以外の人間を「臣民」と表現しているが、全体としての社会は「一つの人格の実在的統一」であるとした。こうした考え方を『リヴァイアサン』の扉図が表現している。なお、「主権者」は国王一人の場合も、民主制の場合もあるとホッブズは考えていた。権力は臣民に対して絶対的な地位を占めなければならないと述べている。臣民が権威を与えたのであるから、国家の権力の行使は絶対的である、とホッブズは強力な国家を擁護する。「国家の剣に逆らう自由は誰も持っていない……主権者がその権力を根拠に何かを要求したり、取り去ったりしても、これに対して訴訟を提起する道は無い」(2-100頁)。なぜならば、主権者を訴えることは、自分自身を訴えることに他ならないからである。

　さて、契約の中身として、ホッブズは所有権以外にそこから派生する、売

買、賃貸権、交換、取引に関わる契約をあげている。これらの契約が交わされる中心的な場は、商品経済に関わるものである。したがって、ホッブズの政治思想は商品経済を前提として、それを成立させるのに必要な機関の考察であったといえる。だが、その前提となっている経済そのものは考察の対象になっていない。経済学は政治学の内に懐胎されたままなのである。

第2章　前期重商主義の経済思想

2-1　重商主義の時代

　ホッブズは商品経済がどのように運動していくのかを分析することはなかった。近代における経済への関心は、「重商主義」と呼ばれる経済思想の中から生まれてくる。とはいえ、重商主義は部分的に貨幣や価格の分析を行ってはいるが、経済それ自体のメカニズムや運動法則を体系的に分析したものではない。政府はどのように経済に関与すべきか、という観点から経済を問題にしていた。政府による様々な産業保護や独占の認可が行われていたために、政策的介入なしで自律的に運動する商品経済それ自体を考察するまでに到らなかったのである。重商主義の末期には経済の運動法則を体系的に追求しようとする論者も現れるが、市場が社会を存立させるという市場社会論の登場は、古典派経済学の時代まで待たなければならない。

　15世紀末のコロンブスに代表される大航海時代は、グローバルな経済圏を生み出すという世界史上の画期的な意義を持っている。その最初の影響は、南米のポトシ銀山などから採掘された銀であった。16世紀半ばから17世紀半ばにかけての約1世紀の間に、それまでヨーロッパに存在していた3倍の量の銀が流入したと推計されている。これにより、価格革命と呼ばれる長期的な物価騰貴をヨーロッパは経験する。銀の流入は利子率を低下させ、それが経済活動を刺激する一因ともなった。ここから貨幣や利子率への関心が生まれた。

　新大陸との貿易の中心は16世紀まではスペインであった。しかし、17世紀初めに南米の銀産出量が激減したこともあってスペインは衰退していく。それにかわって勃興したのが、スペインからの独立戦争に勝利したオランダであった。1602年にオランダは東インド会社を設立して、東南アジアの香辛料生産地帯を手中に収めることに成功した。イギリスも1600年に東インド会社を設立して、東南アジアからインドへの進出をはかっていく。スペイン、フランス、イギリスなどの国王は、軍事的には常備軍を保有し、政治的には官僚制を構築することで、いわゆる絶対主義として強固な主権国家を確立させ

ていく。常備軍や官僚制を維持する費用をまかなうために重商主義と呼ばれる経済政策がとられ、王権は経済的には商人資本と結びついていく。絶対主義は封建制から資本主義社会への過渡期の政治体制である。それと同時に、植民地獲得のための重商主義戦争を遂行するためにとられた体制という側面を持っている。つまり、主権国家は世界市場成立の反作用として形成されたという一面がある。

　イギリスに目を向けてみよう。百年戦争やばら戦争で疲弊した封建領主の地位が15世紀に低下し、相対的に国王の権力が強くなった。ただし、イギリスの場合は、ジェントリと呼ばれる地方の中小貴族は地方行政権を握っており、常備軍の整備が遅れた。ジェントリは議会を通じて国王に対して一定の発言権を保持していた。この時期、世界市場への参入は主力輸出品である毛織物産業を成長させた。羊毛需要の増大に応えるために、15世紀後半になるとジェントリによる「囲い込み」が始まる。囲い込みは土地を追われた農民を生み出すことで、毛織物産業に労働力を供給する役割も果たした。毛織物の輸出はスペインのアメリカ市場を脅かし、やがてスペイン無敵艦隊との海戦を迎える（1588年）。イギリスの勝利はスペイン衰退の一因となる。エリザベス１世の時代にイギリスは大いに繁栄するが、その後、議会を無視した重税や、大商人に特権を与えることで財源を確保しようとしたジェームズ１世やチャールズ１世は、ピューリタン（カルヴァン派の一つ）の多い商工業者やジェントリの反発を招き、ピューリタン革命が勃発する。王政は廃止されたが、クロムウェルも重商主義政策を推進する。イギリスの貿易圏からオランダを排除するためにとられた航海法（1651年）は海外貿易を有利にしただけではなく、英蘭戦争を引き起こした。それに勝利したイギリスは17世紀に覇権を握っていたオランダを凌駕していく。

トピック：貴金属の流入と経済発展

　15世紀までヨーロッパで流通していた貴金属は、主にドイツ南部産の銀とアフリカ産（スーダン）の金であった。新大陸の発見以後、流入してきた貴金属によって物価は長期的に騰貴した。かつて、賃金が物価騰貴に遅れることで実質賃金が低下し、それが利潤を増大させ、工業を発展させたとする「ハミルトン・テーゼ」が有力であった。しかし、今日の研究によれば、農産物価格の上昇と比較すれば工業製品の価格の上昇は小さく、価格革命は必ずしも工業に有利でなかったことが明らかになっている。むしろ、物価の上昇による実質利子率の低下が工業化を刺激し

たとする見解が有力となっている。単なる経済成長にとどまらず、貨幣の果たした歴史的役割は重要である。封建制社会では経済的、政治的な権力の源泉として土地所有が決定的な役割を持っていたが、次第に貨幣の所有が権力の基盤となる社会へと移っていく。

2-2　二つの重商主義

　重商主義は一般に15世紀末から18世紀半ばにかけての長い期間におよぶ経済思想の総称である。時期が長いこともあって重商主義の中身は実に多様であり、論者によってウェイトの置き方が異なる。したがって、重商主義と一括りにするのはかなり乱暴なことであるが、政策志向が強いという点では共通している。とりわけ初期の重商主義では、政策論争の文献の中に、経済理論が断片的に埋め込まれているという感じである。こうした発想の背景には、「何らかの仕方で国家（政府）が規制・保護・管理しないと、経済はうまく動かないであろう」、という認識があった。

　重商主義の初期の論者は、価格革命をはじめとした貨幣現象に注目し、物価上昇の原因などを探った。他方、後期の論者は、貿易体制を支える輸出産業の育成などに目を向けることになる。わが国では、イギリス重商主義について、名誉革命（1688年）を境にした「前期重商主義」と「後期重商主義」という区分が行われてきた。そして、国民国家の確立に貢献した後者こそ本来の重商主義であるとする見解が強い。前期と後期の経済思想の内容だけ見れば、この境目は必ずしもはっきりしたものではないし、それほど単純に整理できるものではない。しかし、内実が多様な重商主義を概観するのに便利なので紹介しておく。

	前期重商主義	後期重商主義
		「固有の重商主義」
政治権力	絶対主義的	議会主義的
経済基盤	商人資本	初期産業資本（毛織物が中心）
時代背景	特権的独占による商人資本と王権の結合	商人資本の抑制とマニュファクチュア保護
主要な主張	取引差額（貿易差額）	産業資本の保護
経済学者	マン、チャイルド	デフォー、ステュアート

　前期重商主義の時代は租税システムが未発達なために、王権は大商人たち

に独占権を与える代わりに特許料収入を得ることで歳入を確保していた。大商人たちによる、今日の公共経済学で言う「レントシーキング」活動が前期重商主義を成り立たせていたことになる。名誉革命を経て議会が力を持った後期重商主義の時代に、租税システムが整備されていく。その結果、多数者である初期産業資本の利害に立った政策が実行されるようになる。例えば、1700年のキャラコ輸入禁止法や1720年のキャラコ使用禁止法である。経済史家の大塚久雄によれば、後期重商主義への移行に成功したイギリスはいち早く産業革命を準備することができたが、スペインやオランダは商人資本の力が強かったために産業資本の発展が阻害された。

2-3　トマス・マン

　イギリス東インド会社は1600年にロンドンの商人団によって設立され、エリザベス女王からインド貿易の独占権を与えられた。当初は一航海ごとの個別事業制であったが、やがて永続的な企業へと発展する。17世紀半ばには株主総会制度を取り入れており、最初の近代的株式会社とも言われている。絹織物商人の息子として生まれたトマス・マン（1571-1641）は、1615年から東インド会社の重役として終生活躍した。『東インド貿易論』（1621）や『外国貿易におけるイングランドの財宝』（1664：没後公刊）などで東インド会社の活動を弁護した。

2-3-1　外国為替論争

　17世紀の前半のイギリスでは金銀が外国に流出したために通貨が不足し、それがイギリス国内の不況の原因であると考えられていた。マリーンズ（生没年不詳）とミスルデン（1608-1654）、マンたちとの間で戦わされた論争を外国為替論争と呼ぶ。マリーンズは金銀流出の原因として為替レートと東インド会社を問題にした。

　マリーンズは第一に、金銀が流出する原因の一つがイギリスの為替レートの過小評価であると考えていた。つまり、為替レートが低いために、輸入財が実際よりも高価に、輸出財が実際よりも安価になっていると考えたのである。その結果、貿易赤字になっているとした。だから、マリーンズは為替レートを高くすれば、金銀の流出が止まるであろうと考えた。商人たちにイギリス通貨の正しい金銀含有量を知らしめれば、イギリスの通貨価値が高く評価されるようになる。これがマリーンズの主張であった。そこには、国王

の命令で金銀の含有量を変えれば通貨価値をコントロールできるという前提がある。通貨価値がコントロール可能であれば貿易差額もコントロール可能であると見ていたことになる（輸出入の価格弾力性が低いことも暗に前提されている）。

　これに対してマンは、外国為替が貿易差額を決定するのではなく、財に対する国際市場での需要と供給が貿易差額を決定するのだと反論した。こうした主張の背後には、国家主権によっては恣意的に動かしえない経済法則の認識がある。もっとも、当時の国際金融の中心アムステルダムの金融業者たちは豊富な資金を利用して為替相場を操作していた。金銀平価と市場価格との乖離などを利用しながら、投機的な利ザヤを稼いでいたのである〔イギリスから鋳貨や地金をオランダに搬入→オランダ鋳貨と交換→イギリス外国為替の購入→イギリスで為替を鋳貨に交換〕。したがって、為替相場は貿易の実需を必ずしも反映していたわけではない。マリーンズが主張したように、為替が原因で金銀が流出しているという事態が現実には発生していた。

2-3-2　全般的貿易差額説
　マリーンズらは東インド会社にも以下の理由から金銀流出の原因があるとして、東インド会社の金銀輸出の禁止を主張した。

　　(1)対東インド貿易の赤字（香料等の奢侈品輸入＞イギリスの毛織物輸出）
　　(2)仲介貿易で得た金銀を仲介貿易に投入→国内の産業資本の金銀不足
　　(3)奢侈品の輸入が不生産的消費を刺激する→国内産業の成長抑制

　こうした批判に対して、東インド会社を擁護したのがマンの『イングランドの財宝』である。それは商業の擁護から始まる。当時の商人は低い評価を受けていた。しかし、国にとって貿易商人は必要不可欠な存在であるとマンは述べる。「貴い天職に見合うほどに、しかも、その重要さに相応するほどの受けるべき評価を受けていない」（15頁）。マンに言わせれば貿易商人こそが経済の責任ある管理者である。

　　「貿易商人は実に王国の富の管理者と呼ばれていて、他の国民と通商を
　　営むものだ。それは、責任のみならず栄誉もともなう職務であるから、
　　すぐれた手腕と誠意とをもって遂行し、私の利益が公の福祉に従うよう
　　にせねばならない。」（11頁）

「〔ベニスやオランダにおいては〕商人の能力が、政治がたいへん立派に行われているということにも現れていることを否定しえない。……だから、商人の助言や判断を封じてしまい、したがって、ある国の貧富を左右する方法や手段を、彼らがとれぬようにするならば、それは軽率もはなはだしい行為である。一国の貧富は、実に、もっぱら彼ら商人の貿易取引という職業によって影響されるのだ……。」(15頁)

マンは国の富を金銀からなると考えた（金銀富論）。イギリスには金銀鉱山が存在しない、したがってイギリスの富を増大させるには貿易差額（貿易黒字）の増大によるしかなく、その担い手は貿易商人たちに他ならない。マンが問題にする貿易差額は「個別的差額」ではなく、「全般的差額」である。ここにマンの議論の核心がある。すなわち東インド会社に向けられてきた批判は、個別的差額に着目したものであって、全般的差額を理解していない間違った批判ということになる。

「わが富および財宝を増加させる普通の方法は外国貿易である。われわれは年々外国のものを消費するよりも、多額のものを外国に売るという規則を守らなければならない。」(17頁)

「わが貿易差額には、全般的なものと個別的なものとがあることを理解しなければならない。全般的差額とはわが国の年々の貿易がすべて一括して算定される場合であり、私が先に明らかにしたものである。」(72頁)

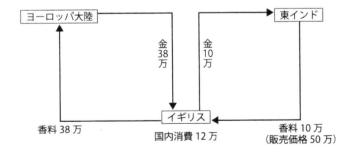

東インド会社が行う輸入だけをみて、取引の是非を論ずるべきではなく、輸入品を再輸出することによる輸出額も含めて一国にとっての利益を判断せよ。これがマンの主張である。図のように（単位はポンド）、東インドとヨー

ロッパでの香料の価格差を利用して、ヨーロッパ大陸への再輸出で貿易全体では黒字を生み出している。

> 「最初は一層多くの外国商品の輸入を可能にし、それによってわが国の貿易を拡張する。そしてそれを再輸出すればわが国の財宝は少なからず増加する」（33頁）

> 「われわれ人間の行動が総体的に慎重に考慮されねばならないのと同様に、この重要な業務〔東インド貿易〕の結末をみて正しく考察されるならば、多くの人々が考えていること〔個別的差額主義〕の反対が正しいことが分かる。人々は、この仕事の端緒だけしか吟味しようとしないので、その判断を誤り錯誤に陥るのである。すなわち、もし、種まき時の農夫の行動を、大地の中へ良穀をどんどんまき捨てるさまでしか見ないならば、われわれは彼を農夫と見ずに、むしろ狂人だと思うであろう。」（40頁）

　マンの主張は後にノースらトーリー党を支持する経済学者たちに継承されていく。彼らも特許を得た貿易商（貿易会社）による交易の自由を主張したので、「トーリー・フリー・トレーダー」と呼ばれる。確かに、特許会社の自由な貿易を主張した点ではフリー・トレーダーであるが、それ以外の貿易への自由な参入を規制している点では、自由な経済活動を擁護したわけではない。

2-3-3　信用貨幣と貨幣数量説
　重商主義、特に初期のそれは、貨幣（＝金銀）を国富と見て、国内における貨幣増大を政策目標にしていたと言われてきた。しかし、マンは国内に蓄えられる金銀の増大を追求していない（この点についてはアダム・スミスがマンを正しく評価している）。

> 「イタリアなどの国では、貨幣不足に対して対策をもっているので、貨幣不足のために商業が衰えたり妨げられたりすることはない。すなわち、彼らは債務証書の譲渡を行い、また公私立の銀行を設けて、日々非常に多大の金銀について、記帳のみによって甲から乙へと容易にかつ意のままに信用の振替を行っている。他方、それらの信用の基礎をなす大量の金銀は、その間に商品として外国貿易に使用されている。」（36頁）

かくして、貨幣の不足が国内産業を停滞させる必然性はないとした。ここには後に「紙券重商主義」と呼ばれる考え方の先駆を見出すことができる。さらに、注目すべきことに、貨幣数量説の認識をはっきりと示している。

> 「すなわち、貨幣が多ければ商品はいっそう高価になり、同様に、商品が高価になればその〔外国の〕使用と消費とが減少する。このことは大土地所有者にとってはなかなか理解しにくい教訓であろうが、しかし、一国全体としては守るべき真の教訓であると私は確信している。われわれが貿易によって貨幣を何ほどか貯えたとしても、その貨幣でもって貿易を行わないため、ふたたび失ってしまってはおおごとだからである。」
> (37頁)

マンの主張は直ちに政策として実行されたわけではない。東インド会社による金銀の輸出には、そのたびごとに特許状が必要であった。1663年にようやく、金銀の輸出制限が廃止される。その背景に、金匠手形の発達などの信用取引の増大があったことを指摘する見解もある。

2-4 重商主義の貨幣論

2-4-1 貨幣経済論と貨幣数量説

経済学の中には、貨幣の増減が実物経済（生産や雇用）に影響を与えない（貨幣数量説）、あるいは影響を与える（貨幣経済論）、という両極端の考え方がある。「フィッシャーの交換方程式」を用いて説明する。

$$ＭＶ＝ＰＴ \quad （Ｍ貨幣ストック、Ｖ流通速度、Ｐ物価、Ｔ取引量）$$

商品の売買が貨幣を用いて行われる限り、この方程式は必ず成立する。仮にＶが一定であるとする。いまＭが増加しても、Ｍの増加率とＰの増加率が一致していれば、Ｔに変化はない。このように考えるのが「貨幣数量説」である。すなわち、貨幣の増加は名目的な変化を引き起こすだけで、実物経済には影響を与えない。これに対して、Ｍの増加率よりもＰの増加率が低ければ、Ｔは上昇する。これが「貨幣経済論」である。通説では、貨幣の増加を追及した重商主義は、貨幣経済論であったということになっている。果たして本当であろうか。

27

2-4-2　ロックの貨幣論

　社会契約論で知られる政治思想家ジョン・ロック（1632-1704）は重商主義を唱えた経済学者でもある。ロックは貨幣経済論と貨幣数量説の両方を主張している。『貨幣論』（1692）では次のように述べている。

　　「わが国の貨幣が他国よりもはるかに少ないならば……他国では貨幣の潤沢、したがってその低価値が商品を高価格にするのに対して、わが国では商品に……そんなに高い価格で支払うに足るだけの貨幣がないので、商品を非常に安く売らなければならないか、さもなければ大部分のトレードを休止せざるをえない。」（74頁）

　貨幣が少ないと、ケース1「安く売らなければならない」＝数量説、ケース2「トレードを休止せざるをえない」＝貨幣経済論の両方の可能性があることを認めている。したがって、両説が矛盾すると考えていたわけではない。ただし、ロックは開放経済（貿易が行われている経済）では、貨幣数量説は妥当しにくいと考えていた。

2-4-3　ヒューム

　スコットランドで活躍した、イギリス経験論哲学を代表するデヴィッド・ヒューム（1711-1776）は古典派経済学の創始者アダム・スミスの親友であり、重商主義と古典派経済学との中間に位置する過渡的な経済学者でもあった。ヒュームの基本的な貨幣論は貨幣数量説である。

　　「貨幣は正確に言えば、商業の実体の一つではなくて、財貨相互の交換を容易にするために人々が承認した道具にしかすぎない。それは交易の車輪の一つではない。それはこの車輪の動きをより円滑にする油なのである。われわれがある一国だけをとって考察するならば、貨幣量の多少がなんら問題でないことは明白である。なぜならば、財貨の価格はつねに貨幣の量に比例するからである……」（231頁）

　ヒュームは貨幣数量説をさらに発展させて、「正貨〔金貨や銀貨のこと〕の自動配分論」を主張した（別名：正貨流出入メカニズム）。その要点は、金銀の増加→物価上昇→輸出品の競争力低下→貿易収支悪化→貨幣流出→物価

下落→競争力上昇→貿易黒字→……というものである。この主張によれば、金銀を増加させようとする重商主義政策は全く無駄な政策ということになる。

「仮にグレートブリテンの全貨幣の5分の4が一夜のうちに消滅し、わが国民が正貨に関してはヘンリー諸王やエドワード諸王の時代と同じ状態に戻ったとすれば、どのような結果が生ずるであろうか。きっと、すべての労働と財貨との価格はこれに比例して下落し、あらゆるものはこれらの時代と同様に安く売られるであろう。こうなれば、いったいどのような国民が外国市場でわれわれに対抗したり、われわれに十分な利益を与えるのと同じ価格で製造品を輸出したり販売したりするようなまねができようか。したがって、ごく短期間のうちに、この事情はきっとわが国が失った貨幣を呼び戻し、わが国の労働と財貨との価格を近隣の全ての国民の水準にまで騰貴させるであろう。われわれがこの点に達したのちには、労働と財貨の廉価という利点は直ちに失われる。そしてこれ以上の貨幣の流入は、わが国の飽和状態によって止まるであろう。／また仮にグレートブリテンの全貨幣が一夜のうちに5倍に増加したとすれば、これと反対の結果がきっと生ずるであろう。すなわちきっと労働と財貨とは全て法外な高さに騰貴して、近隣のどの国民もわが国から買うことができなくなるであろうし、他方、隣接する諸国民の財貨は、比較的に廉価になって、どのような法律をもってしてもそれらはわが国に流入し、わが国の貨幣は流出するであろうし、ついには、わが国の労働と財貨との価格は外国のそれと同じ水準まで下落し、われわれをこのような不利益な状態に置いた富のあの大きな優位を失うであろう。／……自然の普通の成行の中ではこうした不均衡が発生することは妨げられるに違いない。またその〔不均衡を是正する〕諸原因は、隣接するあらゆる国民の間で貨幣を絶えず各国民の技術と産業活動にほぼ比例するように保持させるに違いない。」（252頁）

ヒュームにはこうした主張とは対照的な貨幣経済論の主張もある。ここに過渡的な経済学の側面がある。一見するとヒュームは矛盾した主張を行っている。

「……アメリカにおける鉱山の発見以来、ヨーロッパの全ての国民の産業活動が増加したことは確かであって、それは他のいろいろな理由のうちでも特に、金銀の増加に原因を求めるのが正当であろう。貨幣が以前

よりも多量に流入し始めるあらゆる国においては、あらゆる物が新しい様相を呈することをわれわれは知る。すなわち、労働と産業活動は活気を帯び、商人はより精力的になり、製造業者は勤勉と熟練とを増し、農民でさえより敏速にかつ注意深く耕作するようになる。」(233頁)

　貨幣の増加は瞬時にあらゆる物価を上昇させるのではない。物価上昇が全ての商品に波及するには時間がかかる。貨幣経済論の有効性をその期間に限定することにヒュームの真のねらいがある。この主張は「連続的影響説」と呼ばれ、ハミルトン・テーゼと類似したメカニズムをヒュームは提示している。

　「貨幣が国の全体にあまねく流通し、その効果が国民の全ての階層に及ぶまでには、ある時間の経過が必要なのである。初めのうちはなんらの変化も認められないが、やがて次第に一つの財貨から他の財貨へと価格は騰貴してゆき、ついにはすべての財貨の価格がこの国にある貴金属の新しい分量にちょうど比例する点にまで達する。私の意見では、金銀の増加が産業活動にとって有利なのは、貨幣の取得と物価の騰貴との間の中間状態においてだけである。……彼ら〔貨幣を多く得た製造業者〕は以前よりも多くの労働者を雇うことができるようになる。というのは、その労働者たちはより高い賃金を要求することなどは考えも及ばず、このような良い支払いをする者に雇われることに満足しているからである。労働者が希少になれば製造業者はより高い賃金を与えるが、しかし初めは労働の強化を要求する。……貨幣は労働の価格を騰貴させるよりも前にまずあらゆる個人の勤勉を必ず増大させることが分かるであろう。」(234頁)

　連続的影響説の大事なポイントは、製品価格の上昇よりも賃金の上昇が遅れるというところにある。そのズレの期間は利潤が増大するので、生産が活発になる。ヒュームの貨幣論から導かれる結論は、産業保護という後期重商主義政策も長期的に見るならば無効な政策である、ということになる。

トピック：ロックの労働所有論
　キリスト教的な所有論から近代的な所有論への転換点を示すものとして、ロックの労働所有論という有名な考え方がある（『市民政府論』）。キリスト教の伝統的な想定にのっとり、たとえすべてのものが共有であったとしても、自分の身体についてはその人の所有権があるはずだ、と

ロックは主張する。身体を所有しているから、身体を用いた労働もその人の所有物である。そこからさらに、労働を加えた対象物もその人の所有物であるとロックは言う。

　「たとえ大地と全ての下級の被造物が万人の共有のものであるとしても、人は誰でも自分自身の身体については所有権を持っている。これには彼以外の誰も、いかなる権利も持たない。彼の身体の労働、彼の手の働きは、まさしく彼のものであるといってよい。従って自然が与えてくれて、そのままになっている状態から、彼が取り出すものは何でも、彼が自分の労働を混ぜたものであり、そうして彼自身のものである何物かをそれに付加したのである。このようにして彼の所有となるのである。彼のこの労働によって、他の人々の共有の権利を排斥する何かがそれに付加されたのである。」（326頁）

　労働を混ぜることで所有が成立するという議論はいささかトリッキーであるが、このようにして共有者の明示的な契約なしでの所有権の成立を説明する。労働にもとづく所有の成立なので、「労働所有論」と呼ばれる。ロックは無制限な所有を容認したわけではなく、いくつかの所有制限を一旦は認めるが、その一つである「腐らしたり、壊したりする」所有を禁じるという「腐敗制限」に論点をしぼる。腐敗するほど多くの財産を所有することは許されないが、腐敗させなければどれだけ多くの財産を所有してもよい。そこで、人々は腐敗しない宝石や金属の形態で財産を所有するようになったという。

　「このようにして、貨幣の使用が始まった。貨幣というものは腐敗させずに保存できる耐久性のあるもので、人々が相互の同意によって生活必需品と交換に受け取るものである。」（348頁）

　こうして貨幣を導入することで所有制限は解除されることになる。さらに当事者の同意にもとづく貨幣による売買や雇用を正当なものであるとした。資本主義社会における労働力の売買は貧富の格差を生み出すことになるが、同意にもとづく売買の結果という観点から、ロックは経済的格差の発生を正当化したのである。初期産業資本の利害と合致する主張であると言えよう。ロックの議論はたわいのないものかもしれないが、所有や格差の正当化が必要とされていたということは重要である。

第3章　後期重商主義の経済思想

3-1　ジェームズ・ステュアートの『経済学原理』

　ジェームズ・ステュアート（1713-1780）は生没年ともにスミスより10年早い。スコットランドの貴族の子として生まれ、エディンバラ大学で法律を学ぶが、1745年に名誉革命で追放されたステュアート朝の復興を企てるジャコバイトの乱に加担したために、パリ、南ドイツ、イタリアなど大陸での18年間の亡命生活を余儀なくされる。主著『経済学原理』（以下『原理』）第1～3篇は亡命中にほぼ完成、残る第4、5篇は帰国後に完成、そして1767年に刊行された。社会の発展には普遍的な方向があるがそれと同時に、国ごとの固有の現象があり、そのために国ごとに経済政策は異なるべきだと主張した。こうした主張は大陸を流転した経験にもとづくものであった。ステュアートはモンテスキューとヒュームから大きな影響を受けている。

　『原理』は「重商主義の最後の体系」と呼ばれることがある。この後期重商主義を代表する著作からわずか9年後に、古典派経済学を確立したアダム・スミスの『国富論』が登場する。スミスが批判対象として念頭においていたのは、固有名詞こそあげなかったがステュアート『原理』であった。『原理』と『国富論』とでは体系構成も志向している政策も対照的である。『原理』の対象が本源的蓄積の途上にある経済であったのに対して、『国富論』は既に本源的蓄積が終了した段階を対象としている。『国富論』を基準に考えるならば、『原理』は乗り越えられた書物ということになるだろう。しかし、政府が市場をコントロールする能力と義務を持つとするステュアートの主張は、20世紀のケインズの先駆であると見なすことも可能である。

> **トピック：本源的蓄積**
> 　資本主義社会が成立するためには、生産手段を所有する階級と生産手段を所有しない階級が必要である。この条件を歴史的に成立させるプロ

セスを「本源的蓄積」（別名：原始的蓄積）と呼ぶ。具体的には、農奴解放の過程で登場した、土地を所有し自らそれを耕作していた独立自営農民（ヨーマン）が分解するプロセスである。一方で、土地を奪われた独立自営農民は賃金労働者となり、他方で、経営に成功した独立自営農民は賃金労働者を雇う借地農業者となっていった。イギリスでは15世紀末ごろから本源的蓄積が始まる。強制的に農民を土地から追い払うことになったエンクロージャー（囲い込み）は、本源的蓄積を促進する役割を果たした。

3-2　人口論争

　『原理』が書かれた背景には、18世紀半ばにフランスやイギリスで議論された、古代と比べて人口は増加しているのか、それとも減少しているのか、という人口論争があった。人口はこの時代の国力を測る重要な指標とされていた。当時の技術を想像すれば分かるように、人口は最重要の生産要素であった。さらに軍事力の観点からも重視されていた。したがって、人口が減少しつつある国家は、衰退しつつある国家を意味したのである。とはいえ、人口統計は未整備で、古代どころか同時代の人口さえ把握困難な状況にあった。そのために、現在と過去の人口について、乏しい証拠をもとに大胆な推測を交えながら論争が展開されていった。

　『法の精神』（1748）で知られるフランスのモンテスキュー（1689-1755）は、『ペルシャ人の手紙』（1721）において人口減少論を唱えていた。モンテスキューはローマ帝国の崩壊以後、ヨーロッパの人口は50分の1程度にまで減少したと主張した。その理由として古代ローマの小土地所有制の方が、近代国家よりも国家の繁栄に適していることをあげている。この議論をイギリスで継承したのがロバート・ウォーレス（1697-1771）であった。ウォーレスは、近代社会が生み出した土地の不平等な所有と奢侈的な商工業の発展のせいで人口が減少していると述べた。ウォーレスによれば、財産を蓄えた人間が購入する奢侈品を製造するために、土地や人口などの資源が奢侈品製造に振り向けられてしまい、食糧生産が減少している。これが人口減少の原因であるとウォーレスは考えた。このような主張の背景には、当時行われていた囲い込みがあった。囲い込みは農業の資本主義化を押し進める役割を果たしたが、それによって土地を奪われた農民が浮浪者化していた。ウォーレスは囲い込みに反対し、独立自営農民を保護すべきであるとして、人口減少論を展開し

たのである。

　ヒュームは1752年にウォーレスを批判する論説を発表し、ヒューム＝ウォーレス論争が始まる。ヒュームは、古代社会の方が人口稠密であったとする証拠は存在しない、とウォーレスを批判した。さらに、商工業が発展した社会の方が人口の維持増大に適していると考えた。ウォーレスは工業が発展することが農業を衰退させると見たが、ヒュームは工業が農業の発展を刺激すると考えたのである。ヒュームによれば、奢侈的な製造業の発展は、農業部門で働く人たちの間に工業製品に対する欲望を生み出す。その結果、製造品を獲得するためにより勤勉に働くようになる。したがって、製造業が発展すると農民のインダストリ（勤勉さ）が増大するから、たとえ農業人口が減少しても、食糧生産量は増加しうるとした。また、製造業は農産物に対する市場を形成することになり、より一層の農業の発展を促すことになる。こうした考え方からヒュームは本源的蓄積が進行することを肯定した。

　このように人口論争は古代と近代の人口の大小を巡る論争という形をとっていたが、その内実は本源的蓄積期にある社会の是非を問う論争であった。ヒュームは、たとえ所有の不平等や貧富の格差を生み出したとしても、近代社会の方が富裕な社会であると論じた。人口論争は人口を軸にしながら、商工業の発展の是非、貧困問題、救貧法問題などを論争する場となっていく。ステュアート『原理』第1篇もこの人口論争を継承する形で書かれている。しかし、ステュアートの関心は人口数の大小比較にはなかった。人口の上限を制約している経済的条件とは何か。これを解明することがステュアートの関心であった。

トピック：ヒュームの経済論

　ヒュームは当時の支配的な考え方にいくつか異を唱えたことになる。第一に、生活に不可欠な農業こそが経済の基本であるとする考え方を批判した。第二に、奢侈や欲望を否定的に見る風潮を批判した。ヒューム以前にもマンデヴィルのように奢侈を擁護する議論もすでに存在していた。しかし、奢侈を追求する贅沢は、道徳的に好ましくないとするモンテスキューのような考え方も依然として強かった。第三に、生産量の決定に人口という要素だけではなく、インダストリという要素を加えた。

3-3 『原理』の構成

スミスの『国富論』は経済理論をまず説き、その後で経済政策論や財政論を説く構成となっている。つまり、理論と政策が峻別されている。これに対してステュアート『原理』は、経済理論と政策とが渾然一体となって展開されている。したがって、政策論を中心におき、その補完として理論的考察を行ってきた重商主義文献の系譜にあると言いうる。『原理』の性格はサブタイトルによく表れている。長いサブタイトルは「自由な諸国民の国内政策の科学に関する試論：その中で特に、人口、農業、商業、工業、貨幣、鋳貨、利子、流通、銀行、為替、公信用、ならびに租税について考察される」である。「政策の科学」が考察の対象なのである。

しかし、政策の考察が中心であるとはいえ、時論的な性格の書物ではない。理論的な考察を土台にして政策を論じている。『原理』冒頭で次のように述べている。「本書は国内政策のもつ複雑な利害関係を諸原理に要約して、これを正規の科学にまとめあげようとしたものである」。政策を目的とはしているが、「科学」として経済学を体系化しようとしたねらいも含んでいたことがわかるであろう。『原理』の篇別構成をあげておこう。

第1篇「人口と農業について」
第2篇「商業と工業について」
第3篇「貨幣と鋳貨について」
第4篇「信用と負債について」
第5篇「租税と租税収入の適切な運用について」

3-4 ステーツマン

『原理』は第1篇の冒頭で経済学の役割は、人々の欲望を満たすように、物を生産することが目的であると述べている。なお、以下の引用中の「ファンド」は経済学の文献でしばしば使われる言葉である。資金、所持金といった意味があるが、ここでは物の貯えのことである。

> 「この科学〔経済学〕の主要な目的は、全住民のために生活資料の一定のファンドを確保することであり、それを不安定にするおそれのある事情を全て取り除くことである。すなわち、社会の欲望を充足するのに必

35

要な全ての物質を準備することであり、また住民の間で相互関係と相互依存の状態とが自ずから形成され、その結果それぞれの利益に導かれておのおのの相互的な欲望を充足させるように仕事を与えることである。」（1-3頁）

欲望の多様化に応じた分業にもとづく人々の関係を「相互関係と相互依存の状態」と表現している。一見すると、それらは「それぞれの利益に導かれて」「自ずから形成される」かのように読める。しかし、利己的な諸個人が集まるだけで、欲望充足の実現という目的が自動的に達成されるわけではない。「為政者 statesman」の関与が無ければ、言い換えれば政策介入がなければ経済が順調に動かないという認識がステュアートにはある（statesman は「政治家」と訳しうるが、ステュアートは立法と行政に従事する者をステーツマンと定義しているので、慣例に従って「為政者」としておく）。ステュアートの世界では、一般の市民は利己心にもとづいて行動することが前提となっている。しかし、為政者は私利私欲に走らずに、まさに公共の利益のために経済を運営することが求められている。では、公共の利益を実現するように、為政者は自由に経済を運営することができるのだろうか？　ステュアートは否と答える。

「為政者はたとえこの世で最も専制的な君主であったとしても、意のままに経済を成り立たせる主人でもなければ、またその最高権力の行使に当たって既存の経済の規則を覆すような主人でもない。」（1-3頁）

現代的な表現を用いれば、この「経済の規則」は「経済法則」に当たる。つまり、法則的に動いている経済の運動は、為政者といえども人為的に好き勝手に変えることはできないとステュアートは認識していた。それゆえ為政者の可能な役割を明らかにするために、経済理論が要請されたのである。

3-5　農工分離プロセス

『原理』第1篇は、人口論争の焦点であった人口増加と農業・工業との関係に即して本源的蓄積の理論的再構成を行ったものである。この分析の中で、経済の運動法則や為政者の役割が解明されていく。議論の流れはヒュームの線上にある。出発点に置かれているのは独立自営農民である。もし、独立自営農民しか存在していなければ、食糧生産は低い水準にとどまってしまう。

まず、この水準を引き上げることが問題となる。つまり、どうすれば自己消費を越える食糧の余剰を農民に生産させることができるのかという問題である。奴隷制ではないから、強制的に余剰食糧を生産させることはできない。あくまでも彼らの欲望に訴えかけなければならない。だからステュアートは次のようにも表現している。「〔奴隷制の時代は〕人間は他人の奴隷であったために労働を強いられたのであるが、今日では自分の欲望の奴隷であるために労働を強いられる」（1-37頁）。農業者が生産を増やすためには、非農業部門の生産する財を欲することが第一に必要となる。こうして余剰農産物は非農業部門への食糧として供給される道がひらかれる。

　　　「次のことを一つの原理と規定してよいだろう。すなわち農業者（farmer）は余剰によって何らかの欲望が充足されない限りは、わざわざ自分の消費を越えて余分な穀物を生産する労働をしないであろう。また他の勤勉な人たちも、別の方法では容易に入手できない生活資料を獲得するという理由がなければ、農業者の欲望を満たすために働かないだろう。これが社会を結合させるために、為政者が作り出さなければならない相互的な欲望なのである。すなわち、自由な国民の間で行われる農業は、貧民がどの程度まで自分の労働をもって生活資料を購入できるのかという状態に比例して〔＝食糧需要に比例して〕人口を増大させるであろう。」（26頁）

　余剰農産物の生産と非農業部門における労働者階級の就労が、欲望の充足によって実現する仕組が語られている。欲望充足という利己心にもとづく個人の行動が、モノを生産し、人々の「結合」を生み出していく。こうしたプロセスは必ず実現するわけではなく、為政者の介在が必要になることもある。ここでは為政者の役割についての言及が確認できればよいだろう。

　さて人口という観点からステュアートの議論を整理していこう。ステュアートは二種類の食糧増産の上限を問題にする。一つは「物理的不可能」と呼ぶ、物理的な食糧増産の限界である。これは土地や人間などの生産要素をできるだけ食糧に振り向けた場合の食糧生産の上限を意味すると言ってよい。もう一つは「社会的不可能（moral incapacity）」である。これは相互的な欲望がうまく満たされなかったために、食糧生産が物理的不可能未満の水準でしか行われていない状態である。

「食物の不足のために人口が停止しなければならない国のあることが認められる。しかも、こういう国でも……食物は十分に増産可能なのである。経験上、いたるところでこのような事態に陥っていることが分かる。……こういう国民は〔人口の〕増殖についても一種の社会的不可能の状態にあるものと私は考える。どのような手段を持ってしても食物増産の実現が事実上不可能であれば、それは物理的不可能だということになろう。」（28頁）

　ステュアートは、工業が発展しなければ社会的不可能の水準が低くなることを問題にしているのである。これが奢侈的な製造業の発展を批判したウォーレスへの反論になっていることは明らかだろう。仮に一人当たりの食糧消費量が一定であるとするならば、農業部門の自己消費と余剰の比率は、部門間での人口比率を規定することになる。

「農業に従事している人々と農業の負担において仕事をしている人々との比率は、総生産物の土地のレントに対する割合に近いということになる。言い換えれば、農業者と彼らに扶養されざるをえない者たち〔工業人口や非勤労者〕とによる消費の純生産物に対する割合だと考えてよい。」（40頁）

　通常「レント」は「地代」と訳される。スミス以降になると、利潤と地代とが明確に区分されて「レント」は利潤とは別の収入範疇ということになる。しかし、本源的蓄積の時代を対象にしたステュアートの場合には、「農業者」の中に資本主義的な借地農と独立自営農民との二つが含まれている。そのためにレント＝「地代」と語っている場合と、レント＝「利潤＋地代」としている場合とがある。この引用では後者である。要するに、農業者の自己消費分を上回る生産物が「レント」である。相互需要・農工分離・食糧増産・人口増大という４者の関係として、人口の増大の条件をステュアートは分析しているのである。

3-6　人為的調和論

　農工分離のプロセスは産業間のバランスを保ちながら、順調に進んでいくとは限らない。バランスを崩した場合には為政者が政策的に介入する必要が生じる。

「〔競争が適度に行われているとき〕勤労と交易は順調に進行して、互いに調和が保たれている。この場合には、当事者の双方が利益を得るからである。勤勉な人はその創意に比例して報いられる。……このような好ましい状態は、為政者の配慮なしには持続しえない。彼がここで果たすべき任務を怠ると、結果として多大な努力を払って育成してきたはずの勤労の精神が消滅したり、勤労の生産物が多数の購買者の手に届かないほど高い価値に騰貴してしまう。」（1-207頁）

　食糧生産が不足している場合のステュアートの推奨する政策を見ておこう。国民の生活の基盤である食糧の安定供給は、当時のヨーロッパにおいて重要な政治的問題であった。そのために穀物の法定価格や飢饉時に食糧を供給する穀物倉庫の設置といった方策が広くとられていた。

「勤労の進展が人口を増大させて、生活資料の不足をもたらしたときには、為政者は生活資料の価格がどの程度の高さにまで騰貴するのが適当であるかを判断しなければならない。新しい土地の開墾を奨励するために、その価格が騰貴しすぎる……場合には、為政者は自分の財布すなわち国庫を開いて農業に奨励を与え、輸出が抑制されることのないようにしなければならない。こうすれば、生活資料の価格を過度に高騰させずに、求められている〔需要の〕増大に比例して生活資料を増加させられるであろう。……〔需要の〕増大が緊急なものだとすれば、為政者は自国の農業への奨励を続けるとともに、増加までの期間は生活資料を輸入しなければならない。」（1-212頁）

　18世紀半ばまでのイギリスは穀物輸出国であった。小麦の輸出奨励金制度は当時のイギリスで実際に行われていた制度で、後にスミスが厳しく批判することになる重商主義政策の一つである。

　ステュアートは農業だけではなく工業についても為政者の果たすべき役割を認めている。新しく興すべき産業については幼稚産業保護論の立場から、為政者による保護・育成を主張していた。例としてフランスの毛織物業をあげている。もし、イギリス毛織物業との競争にさらされていれば、フランスに毛織物業が根付くことはなかっただろうと述べている（こうした主張が後のドイツ歴史学派のリストなどから評価された）。

「工業を促進するためには、為政者は許可するとともに保護するように行動しなければならない。イングランドで毛織物製造業から大きな利益が引き出されているのをフランス国王が見たとしても、フランス国王がフランスでの毛織物製造業の支持に乗り出さず、企業者に多くの特権を与えず、全ての外国製布地の輸入に厳重な制限を課す措置をとらなかったとするならば、毛織物製造業がフランスに導入されることはなかったであろう。このようにする以外に、新規の製造業を確立する方法があるだろうか？」（1-385頁）

　ステュアートは産業保護だけを主張していたわけではない。順調に発展した産業に保護を与えることについては否定している。例えば、東インド会社は批判の対象となっている。

「会社が排他的な特権の恩恵を受けるのは、初期の商業がさらされる困難のゆえである。こうした困難がひとたび克服され、会社が堅固な基礎の上にすえられると、新しい収益の対象が日々現われて、いつしか設立の趣旨がその団体の付随的な利害のためにしばしば見失われてしまう。したがって、ある団体に一定の目的で付与された排他的特権が、その団体を発足させたのとは無関係な利害にまで拡大されることのないように注意するのが為政者の役割である。」（1-433頁）

　ステュアートが批判したのは、産業保護により生まれた独占会社である。彼らは販売量を抑制することで独占利潤を得ている。こうしたことが起きないように、為政者自身が介入して価格規制を行ってもよいとしている。成長を遂げた産業は競争にさらされるべきだというのがステュアートの考え方であった。

3-7　貨幣数量説批判

　農工分離プロセスについてステュアートはヒュームときわめて近い立場をとっていた。しかし、重商主義政策を擁護する点でステュアートはヒュームと対立する。貨幣論でも両者は対立した。貨幣量に価格が比例するという議論は「必ずや誤りを生むことになる、一般的で皮相な学説」（1-363頁）であると、ヒュームの貨幣数量説をステュアートは厳しく批判した。

「全ての国の〔鋳貨の〕流通は常に、市場に出す商品を生産する住民の勤労に比例していなければならない。……一国の鋳貨が勤労による生産物の割合以下に減少してしまえば、勤労そのものが行われなくなるか、あるいは象徴貨幣〔手形などの信用貨幣〕のようなものが考案されて鋳貨の代替物を供給することになろう。しかし、たとえ正貨が勤労の割合を越えたとしても、それは価格を騰貴させる結果とはならないし、流通に入ることなく金庫の中で保蔵されるであろう。そして、〔流通部面に再度出てくるためには〕正貨の所有者の消費欲望と、その欲求を満たす〔ものを生産する〕勤勉な人たちの必要が生じるのを待たなければならない。」（1-369頁）

「貨幣を増加させてみても、価格について何らかの結論が出てくるというわけではない。国民がその富に比例して支出を増加させるとは限らないからである。また、仮に彼らがそうするにしても、彼らの追加需要が直ちに十分な供給を生み出すという効果を持つならば、価格は以前の水準に戻るであろう。しかし、日常的に用いられている正貨の量を減少させると、流通は遅滞するとともに、勤労者が損害をこうむることになる。なぜならば、以前の量が流通と勤労とを、住民の欲求と欲望とに正確に比例させておくのにちょうど足りていたと、我々は想定しているからである。」（1-374頁）

ステュアートは一国の流通に必要とされる「流通必要貨幣量」が存在することを認めている。これがヒュームと決定的に異なる点である。貨幣がこの必要量に不足するときには、不足分を信用貨幣で補わなければならないし、それができない場合には生産が減少するというのである。逆に、必要量以上に貨幣があるときには、過剰分は流通から引き上げられて蓄蔵貨幣となる。貨幣（信用貨幣も含む）の増加は、貨幣所有者の消費欲求の有無と勤労意欲の有無とに依存して、異なる帰結を生み出すことになるとステュアートは考えている。フィッシャーの交換方程式にあてはめるならば、蓄蔵貨幣は流通速度の低下となる。

ステュアートは貨幣の流通必要量を維持するのが為政者の役割であると考えている。そのために為政者は、富者の消費性向、貧者の勤労意欲、流通貨幣量を把握しておく必要があるとする。

> 「為政者は、勤労の生産物と国民の手中にあってその購入に向けられる流通等価物〔貨幣〕の量との間の適切な割合を維持しなければならない。着実で賢明な政策によって、浪費や有害な奢侈を抑制する能力も、あるいは勤労と国内消費とを拡張する能力も、為政者は常に持っていなければならない。……この目的のためには、富者の消費性向、貧者の勤労意欲、および前者と後者とに対する流通貨幣の比率の三つの事柄から自国の状態を検討しなければならない。」(1-341頁)

貨幣が十分にあっても生活が簡素で消費意欲が低い場合には勤労意欲が発揮されない。そうした場合には、為政者は貸付利子を引き下げるべきだとステュアートは指摘する。利子率が下がれば、消費意欲の低い貨幣退蔵者から、消費欲望があっても貨幣を保持していない人たちへと貨幣が容易に貸し付けられていくことになる。このようにして、一国の消費需要も為政者によりコントロール可能な変数であると見なされている。とりわけステュアートが問題視したケースは、貨幣が不足するケースである。蓄蔵貨幣の流通化によっても貨幣が不足する場合には、為政者は「象徴貨幣」の供給を促進しなければならない。

> 「一国の鋳貨を保蔵から引き出すことによって、このような政治的障害〔貨幣不足〕を克服することができない場合には、……鋳貨不足を補うために象徴貨幣の導入を促進しなければならない。」(1-342頁)

ステュアートが象徴貨幣と呼ぶのは、一般に信用貨幣と呼ばれているもので、銀行券、手形、債務証書、土地譲渡書などである（331、475頁）。これら既存の信用貨幣に加えて、ステュアートは独自の紙券（papercurrency）の発行を提案している。それは土地という不動産を担保にして土地銀行が発券した銀行券である。主要な借手として想定されているのは地主で、彼らは地代収入を越えて消費を行う場合に土地を担保にして土地銀行から銀行券を借り入れる。地主は地代収入をもって銀行への利子の支払いにあてる。土地銀行は単に地主の消費金融を担うだけではなく、一般の商業銀行への貸付をも行うものと位置づけられている。金本位制では金準備に制約される形で発券が

行なわれるが、金に代えて土地を準備とする金融システムを構想したのである。土地という不動産を担保にすることで、金の制約を越えて大規模な発券が可能になるとステュアートは考えたのである。

　金融システムの重視はステュアートの特徴である。1694年のイングランド銀行設立に対抗して、土地を基礎とする「土地銀行」の設立が多くの論者によって提起された。イングランドでは土地銀行の計画が実現することはなかったが、スコットランドでは小規模ながら土地銀行が存在していた。ステュアートの信用論はスコットランドの銀行を参考にしたものと思われる。フランスでは類似のシステムであるロー・システムが実行され、短期間で破綻していった。イングランドも南海泡沫事件の苦い経験をする。そのために、金融システムは本質的に不安定であるという認識が一般的に広まっていた。ステュアートは両事件を詳しく分析しており、いずれも正しい運用が行なわれていれば、信用の崩壊は回避可能であったと見ている。こうした見解は当時の認識に逆行するものであった。

トピック：ロー・システムと南海泡沫事件

　スコットランド出身のジョン・ロー（1671-1729）は、財政赤字に悩んでいたフランス政府に後にロー・システムと呼ばれる、新しい通貨システムを売り込むことに成功する。ローはまず「一般銀行」とルイジアナ開発の「ミシシッピ会社」を設立した。政府に働きかけて、一般銀行が発行する銀行券を納税に使えるようにすることで、その銀行券に流通性を持たせることに成功した。次に、ペーパー・カンパニー同然であったミシシッピ会社を宣伝し、その株式をこの一般銀行に買い取らせて株価を釣り上げていった。買い取った株を担保にして一般銀行は銀行券を発行してさらに株価を釣り上げていき、最終的には一般銀行は紙幣発行の独占権を得て王立銀行となった。さらに、ミシシッピ会社はフランス政府に資金を貸し付けることで、政府に国債を償還させた。国債の売り手に渡った資金は、値上がりしつつあったミシシッピ会社の株式の購入に向かうことで、騰貴に一層の拍車をかけた。銀行券は当初は兌換紙幣（金貨兌換）と位置づけられていたが、金準備の不足に際して兌換対象となる金貨の重量を勅令で恣意的に削減させた。そのため事実上の不換紙幣となる。ローとフランス政府は銀行券による国債の償還を目論んでいたが、ミシシッピ会社が幽霊会社同然であったことが広まると株価は暴落し、1720年ロー・システムは破綻する。

ロー・システムの破綻とほぼ同じ時期に、イギリスでは南海泡沫事件が起きた。イギリス政府も財政赤字に悩んでいた。政府は1711年に設立された南海会社（サウス・シー・カンパニー）に、中南米と西アフリカ開発の特権を与える代わりに、3150万ポンドの国債を引き受けさせようとした。南海会社は国債引受額と額面で同額の株式の発行が認められた。そして、国債所有者は時価で国債を用いて株式を購入することを可能とした。つまり、政府は南海会社を使って国債を株式へと転換させようとしたことになる。仮に額面と時価が同じであれば、国債と株式との単なる交換にすぎない。しかし、例えば株価が額面の2倍に上昇すれば、会社は国債引受分に加えて3150万ポンドの資金を入手することになり、株主に配当を支払っても十分な利益を得ることが可能となる。フランスでのミシシッピ会社の株価騰貴が伝わると、南海会社の株価も急騰していった。このブームに便乗して設立された、「永久運動をする車輪製造会社」や「完了時に明白になる事業」などのインチキ株式会社の株価も高騰していく。やがて、ロー・システムの破綻とともにイギリスでの株式ブームも収束した。イギリス経済は大打撃を受けた。会社の株を賄賂として受け取っていた政府高官や会社の理事たちが事件の責任を追求され、当時の政権は瓦解する。政界も巻き込んだこの事件はサウス・シー・バブルと呼ばれるようになる。今日の「バブル経済」という名称はこの事件に由来する。イギリスでは南海泡沫事件の再発を防ぐために、19世紀の後半になるまで議会の許可なくして株式会社の設立が認められなくなった。この事件以後、イギリスでは金融に対する不信感が長く続くことになる。株式会社や金融機関の役割を限定的にしか認めなかったアダム・スミスも、金融に対する不信感を共有している。

第4章　重農主義の経済思想

　イギリスではイギリス重商主義の批判として古典派経済学が登場し、フランスではフランス重商主義の批判として重農主義が登場する。重商主義を批判するためには、政府による保護・介入なしでも経済が自律的に動くことを示す必要があった。それは重商主義者たちが成し遂げえなかった経済の骨格を示す作業である。古典派経済学のスミスと重農主義のケネーは共通の課題に立ち向かった。

4-1　コルベール主義

　絶対王政の頂点とされるルイ14世（1638-1715）期のフランスは、政治的には中央集権的な近代化を遂げつつあった。しかし、経済面では封建的な性格の強い地主が農村を支配していた。財務総監や海軍大臣を務めたコルベール（1619-1683）が着手した重商主義政策はコルベール主義と呼ばれる。それは貿易差額を増大させるために、国内工業の保護・育成を主要な柱としており、次のような内容であった。

　　(1)輸出産業（高級織物、陶器などの奢侈品）の保護育成＝「王立マニュ
　　　　ファクチュール」の創設→　国際競争力増大　→　輸出拡大
　　(2)低穀物価格政策→低賃金政策→輸出品の競争力増大
　　(3)輸入品に高関税

　コルベール主義は17世紀から18世紀にかけての旧体制（「アンシャンレジーム」）に様々な経済的歪みを生み出し、フランス経済は破綻に直面していた。とりわけ農村は、低穀物価格政策と徴税請負人による恣意的な課税の板ばさみで疲弊していた。フランス経済の状況は次のように整理できる。

　　(1)低穀物価格政策→農村の疲弊
　　(2)主にイギリスを相手とする重商主義戦争の継続→国民の困窮（特に農
　　　　民に対する課税や賦役）
　　(3)国家財政の危機

4-2 ケネーと自然的秩序

フランソワ・ケネー（1694-1774）はパリ近郊の裕福な農家に生まれ、パリ大学医学部で学び、外科医となる。ケネーはヴェルサイユ宮殿に住んでおり、ルイ15世（1770-1774）の愛妾ポンパドゥール夫人の侍医として活躍した。当時低く評価されていた外科医の地位向上に貢献したことでも知られる。ルイ15世の周囲には、ケネーをはじめとする啓蒙思想家たちが集まるようになり、封建的な貴族勢力と対抗する改革運動を形成していく。一時期フランスに滞在したアダム・スミスもケネーのもとで学んでいる。1758年ごろ印刷された『経済表』は改革の指針を与えるものであった。その中心的アイデアである経済循環の着想は、ハーヴェイの「血液循環論」(1628) からヒントを得たと言われている。

「自然主義」とでも訳した方が適切かもしれないが、フュジオクラシー（physiocracy = physio 自然 + cracy 支配）をわが国では「重農主義」と訳している。この言葉は、コルベール主義により人為的に歪められた経済を自然の姿に戻すべきだ、としてケネーたちがしばしば用いた言葉である。為政者は経済の自然な状態を知る必要がある、とケネーは述べる。

> 「国民は明らかに最も完全な統治を構成する自然秩序の一般法（一般法則）を教えられるべきである。為政者を養成するには、人定法の研究だけでは十分ではない。行政の職に身を捧げる者は、結合して社会を構成する人々にとって最も有利な自然秩序の研究に従事することが必要である。」(219頁)

経済の自然的秩序を図で示したのが経済表である。経済表に描かれている経済は現実のフランス経済ではない。ケネーの言葉を用いれば「理想の農業王国」である。フランス北部にわずかしか存在していなかった近代的な定額借地農制（資本主義的農業）が想定されている。

4-3 経済表の諸前提

(1) 3階級

イギリス古典派経済学は労働者、資本家、地主という3階級社会として資本主義社会を把握する。これに対してケネーの場合、生産階級（＝農業）、不生産階級（＝商工業）、地主階級（＝地主、主権者）という産業部門を中心にした経済構造で把握している。資本家階級と労働者階級は明示されていない。したがって、例えば生産階級には、農業資本家と農業労働者の両方が含まれているから、農業部門とでも呼んだ方が適切かもしれない。不生産階級についても同様である。地主階級には主権者すなわち国家が含まれていることに注意されたい。

(2) 純生産物

生産階級、不生産階級という名称は純生産物を生産できるかどうかで名付けられたものである。純生産物とは売上高から必要経費を引いたものである。純生産物を生み出せるのは農業だけで、商工業は必要経費を回収するだけで純生産物を生み出せないとケネーは想定した。純生産物が製造業で生み出せないのは、自然を変形するだけで、新たな生産をしていないからと説明している。こうした農業偏重の考え方はスミスによって批判されることになる。なお、必要経費にはそこで働く人たちの生活に必要な費用も含まれていることに注意する必要がある。

> 「主権者および国民は、土地こそ富の唯一の源泉であり、富を増加するのは農業であることを決して忘れるべきではない。なぜなら富の増加は人口の増加を保証するからである。人間と富が農業を繁栄させ、交易を拡張し、工業を活気づけ、そして富の増加を永続させる。」(220頁)

(3) 良価

経済表では「商業の自由競争と農業の経営資本の所有権に関する完全な保証とが常に存在する場合に、商業諸国民間に成立している価格」で売買が行われていると想定されている（110頁）。競争によって成立するこの価格を、ケネーは「良価（bonprix; good price）」と呼んでいる。良価は生産費に一定の利潤を加えた価格である。

47

⑷前払い

　生産を開始するにあたって必要とされる生活資料、道具、原材料、貨幣のストックを「前払い」と呼ぶ。前払いはさらに「原前払い」、「年前払い」、単なる「前払い」の３種類に区分できる。

　　ａ）「原前払い」：固定資本にほぼ相当する。具体的には農機具をイメージすればよい。農機具は毎年一定の割合で消耗するので、その分を修理・補填しないと生産が継続できない。この補填分のことをケネーは「原前払いの利子」と呼ぶ。「原前払い」のうち経済表に表れるのは、この補填分だけである。
　　ｂ）「年前払い」：流動資本にほぼ相当する。生産階級の年前払いは、農業労働者への支払い（生活資料の形をとる）と種子など原材料からなる。
　　ｃ）単なる「前払い」：不生産階級が所持する農産物購入のための貨幣である（111頁）。

4-4　経済表のしくみ

　経済の自然的秩序を解明したのが経済表で、順調に運動している経済のモデルである。前払いを用いて生産された財が売買されながら、単純再生産が行われていく様子が簡潔に図示されている。経済表には「原表」、「略式」、「範式」の３種類がある。「原表」はジグザクの線が何本も引かれていて、きわめて複雑な表となっている。ここではケネー自らが簡略化した経済表の「範式」（121頁）を用いて説明していく。

　各階級が１年間に行う経済活動を最初に総括しておこう。数字は金額で単位は億リーブルである。

1．生産階級：「原前払い」100と「年前払い」20とを用いて、50の農産物を生産する。ただし、「原前払い」のうち毎年、消耗するのは10％、すなわち10だけである（118頁）。生産した農産物50のうち20を翌年生産階級自身が使用する「年前払い」として貯え、残り30を他の階級に販売する。販売した30は貨幣に姿を変えるわけだが、そのうち20（純生産物）を地代として地主に支払い、残り10は原前払いの消耗分の補填のために不生産階級に支払われる。

2．地主階級：消費財20（農産物10と製造品10）を購入し、それらを消費する。そして生産階級から地代20を受け取る。

3．不生産階級：20の原材料（農産物）を購入し、同じ金額の製造品を生産

し、販売する。

　ケネーが提示した経済表範式は以下のとおりである〔(5)は説明のために補った〕。

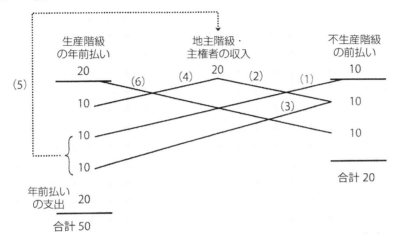

　「生産階級の年前払い」と書かれているすぐ下の20は、投入としての農産物（生活資料と種子など）である。その下の10、10、10、20が産出としての農産物である。つまり、生産階級のところには、投入と産出が縦に並んでいる〔ただし投入としての農機具は隠れている〕。「地主階級・主権者の収入」の20と「不生産階級の前払い」の10は貨幣である。ここまでがいわば出発点であり、以下の「取引のステップごとの解説」における(0)に相当する。不生産階級と地主階級が、手持ちの貨幣を使って消費財や原材料を購入することで取引が開始される。範式では貨幣の動きが斜め下に向かう線として表現される。その線を貨幣の動きと反対方向に、つまり斜め上に向かって生産物が購入されていく。それでは全体の動きを取引のステップごとに見ていこう。

取引のステップごとの解説
　範式は生産活動が明示されていないので分かりにくい。そこで生産や消費を組み入れて、取引のステップごとに分解して整理しておく。なお、不生産階級は製造業で代表させてある。記号は一つで10の価値を表している。
■農産物；　〇貨幣；　▲△製造品（▲奢侈品、△農機具）。矢印は生産（消費を含む）、［　］は消費。

	生産階級	地主階級	不生産階級
(0)	■■△→■■■■■	○○	○
(1)	■■■■○	○○	■→▲
(2)	■■■■○	○[▲]	○
(3)	■■■○○	○	[■]
(4)	■■○○○	[■]	
(5)	■■○	○○	
(6)	■■△	○○	○ （→△　生産階級へ）

(1)、(2)、(3)、(4)、(6)は範式に付記した番号と対応している。なお、(0)と(5)は範式には明示されていない。

(0)は生産階級の生産活動と、地主階級と不生産階級が最初に保持している貨幣を意味している。

生産階級が農産物20（これが「年前払い」）、製造品10（これが「原前払い」の消耗分にあたる）を使用して、農産物50を生産する。年前払い20のうち10は種子、残り10は食糧としておく。

■■△→■■■■■を解説しよう（範式にはこの生産活動が明示されていない）。まず矢印左側の■■であるが、生産に使用する種子と生産階級が消費する食糧である。範式では左上の「生産階級の年前払い20」がこれにあたる。矢印左側の△は生産で使用する農機具の消耗分である。これは範式では隠されている。この不自然な△については(6)で説明する。矢印右側の生産された農産物50（■■■■■）は、範式では生産階級の所に縦に並んでいる数字10、10、10、20に該当する。このように見ると、■■（△）→■■■■■が範式の左側にタテにならんでいることが分かるだろう。

(1)不生産階級は原料として農産物■を生産階級から購入する。そして製造品を生産する■→▲（不生産階級は価値を増加させないことに注意）。製造品は範式では不生産階級の上から2番目の10として表われてくる。当然、貨幣○は生産階級へと移動する（以下、貨幣移動の説明は省略）。

(2)地主は不生産階級から製造品▲を購入し、消費する。

(3)不生産階級は生産階級から生活資料として農産物■を購入し、消費する。

(4)地主階級は生産階級から生活資料として農産物■を購入し、消費する。

(5)生産階級は地主に土地の借地料として地代20○○を支払う。

(6)生産階級は不生産階級に貨幣○を支払い、農機具△を修繕してもらう（＝損耗分の修繕）。

ここで(0)のところに登場した不自然な△とあわせて説明しよう。範式では農機具△は「生産階級の年前払い20」の下の横線に隠れているのである。(6)について厳密に言うと、ケネーは磨耗した農機具の修繕のようなものをイメージしている（「原前払いの利子」と呼んでいたが、損耗した固定資本の補填分である）。修繕費用がかかるにしても、生産前も後も農機具は同じ状態でありつづける。売買を伴っていないので、範式の中には明示しなかったと考えられる。さて、(6)の斜線であるが、結局は貨幣10を不生産階級に支払うことで、農機具の修繕を行うのであるから、実際の貨幣の動きに即すならば横線の下の10から引いた方が分かりやすいだろう。ここで、(0)と(6)を比較してみよう。(6)は(0)の生産開始前の状態と同じである。つまり、単純再生産が行われたことになる。

　以上が範式の説明である。不生産階級の付加価値がゼロであるかのように解説している文献もあるが、不生産階級で純生産物が生まれないからといって、今日的な意味での付加価値はゼロではない。ケネーは不生産階級の支出のうち半分は原料を購入するための支出で、残りの半分は「その従事者の生活資料として支出する」（120頁）と述べている。不生産階級の経済活動全体を総括するならば、原材料10に付加価値10を加えた20の製造品（▲△）を生産したことになる。ただし、付加価値10に相当する農産物を食糧として購入するので、純生産物は生まれない。実は、農産物と製造品との価格の設定を変えれば、不生産階級でも純生産物が生まれるモデルに変形させることができる。

4‑5　経済表の総括

　経済理論には循環を重視するものと均衡を重視するものとがある。経済を循環（再生産）で把握しようとするケネーの考え方は前者の源流となり、19世紀のマルクスの再生産表式や20世紀のレオンチェフ（1905-1999）の産業連関表によって継承、発展していった。

　経済表は単純再生産を扱っているが、地主の製造品と農産物への支出割合を変化させることで、拡大再生産へと拡張できることをケネー自身が示唆している。

　「いま仮に、地主が自分たちの土地を改良し、自分たちの収入を増加さ

せるために、不生産階級よりも生産階級に対して、より多くを支出する
ならば、生産階級の労働に用いられる支出のこの増加分は、この階級の
前払いの追加と見なされねばならないであろう。」（123頁）

　経済表の限界をいくつか指摘しておこう。ケネーは価格の分析を深めるこ
となく、経済表では価格を与件（良価）として扱っているにすぎず、それが
どのように決まるかの説明はない。農業しか純生産物を生まないというケ
ネーの想定は価格の設定に依存している。製造品価格と比較して穀物価格を
高く設定したために、ケネーの数字例では農業だけが生産的となっている。
このような設定には低穀物価格政策批判を強く浮き立たせるというねらいが
あったものと思われる。また、農業部門と商工業部門から経済構造を把握し
たために、資本家階級と労働者階級との関係が不分明のまま残されるという
限界もあった。

4-6　ケネーの経済政策

　赤字財政をケネーは厳しく批判した。ただし、単純な財政削減を主張した
わけではなく、国富を増大させるのに役立つ支出を求めている。

　　　「国家は借り入れを避けること。借り入れ金は財政上のラント〔金利・
　　　定期的な支払い〕を形成し、とどまるところを知らない借金を国家に負
　　　担させる。」（87頁）

　　　「政府は節約に専念するよりも、王国の繁栄に必要な事業に専念するこ
　　　と。なぜなら、多大な支出も富の増加のためであれば、過度でなくなり
　　　うるからである。だが、浪費と単なる〔浪費でない〕支出とは混同すべ
　　　きではない。というのも、浪費は、国民や主権者の富をすべて貪りかね
　　　ないからである。」（100頁）

　ケネーが「レッセフェール」を求めたのでないことは明らかである。王国
の繁栄に必要な事業として道路や運河の建設・補修などの公共事業を重視し
ている（102頁）。事実、中国の大運河建設を皇帝の偉業と讃えており、中国
の開明的な専制君主を高く評価した。そのためにケネーは「ヨーロッパの孔
子」と呼ばれてもいた。

経済表に従えば、農業しか純生産物を生み出さない。それゆえ、再生産を破壊しないためには、純生産物すなわち地代に課税するしかない。ケネーはそれを「土地単一課税」と呼ぶ。経済表は地主階級に主権者も含ませることで、課税のあり方をも示している。当時の地主階級は特権を利用して様々な課税逃れをし、他方で徴税請負人による恣意的な税が農民や商工業者にかけられていた。土地単一課税は租税の近代化を通じて旧体制の構造改革を目指す、極めてラディカルな主張であった。

　　　「租税は、地主の収入に対して直接課税されること。もし、生産物に課されるならば、租税は徴税費を増加させ、商業を害するであろう。租税はまた土地を耕作する借地農の前払いから徴収すべきでない。」（150頁）

　経済を自然な状態に戻すためには、競争的な市場で価格が形成される必要がある。低穀物価格政策を廃止し、穀物の自由な輸出を可能にさせるべきだとケネーは主張した。

　　　「交易の完全な自由が維持されること。なぜなら、最も安全かつ最も厳格であり、国民と国家にとって最も利益をもたらすような国内交易と外国貿易の政策は、競争の自由が完全であることに存するからである。」（228頁）

　ケネーら重農主義の提案は、重農主義者で財務総監であったチュルゴー（1727-81）によって実行に移されていく。しかし、1776年に実行された穀物の取引自由化は、運悪く凶作に遭遇し、穀価は暴騰してしまう。フランスの南部では民衆暴動も発生した。チュルゴーは失脚し、重農主義の権威は失墜する。経済改革に失敗したフランスは旧体制を脱却しえないまま経済の矛盾を拡大させていき、フランス革命（1789年）というドラスティックな変革を迎えることになる。啓蒙的な君主を中心に近代化を図る時代はすぎていたのである。

53

第5章　市場社会論の系譜

5-1　社会契約論から市場社会論へ

　近代以前には社会の形成は倫理や宗教によって説明された。近代になると利己的に行動する個人が社会を形成するためには、強力な国家による社会秩序の維持が不可欠であるという考え方が登場する。それは政治による社会形成の理論と言うことができる。ホッブズの社会契約論はそうした考え方を代表するものである。すでに見てきたように、ホッブズも経済抜きで政治だけで社会が成り立つと考えていたわけではない。商品経済を成立させる国家権力の正当化という意図が強かったのである。商品経済の発展とともに、社会理論の中に占める経済のウェイトが大きくなっていく。やがて、市場を通じて個人の利己的な行動が社会全体の利害に合致する、という考え方が現れてくる。市場は個々の取引が行なわれる場としてよりも、社会全体に調和をもたらす役割が発揮される場として着目されるようになったのである。ヒュームやスミスがそうした考え方の代表である。彼らの考え方は市場社会論と呼ばれる。権力による強制抜きでの社会形成論ということになる。

　重商主義は経済に与える政治の役割を強調した。市場で解決しえないものを政治が解決する。これが重商主義の発想の根幹にある。重商主義は商品経済の限界の認識と不可分の関係にある。これに対して、市場社会論は商品経済の自律的な運動の認識と不可分である。したがって、市場社会論は重商主義批判として登場してくることになる。市場社会論の成立は経済学の成立と言ってもよい。市場社会論を原理的に考察したのはスミスに他ならないが、ここでは時代を少しさかのぼって、個人の利益の追求が公共の利益に合致することを論じたマンデヴィルの経済思想から見ていくことにしよう。

5-2　マンデヴィルの経済思想

5-2-1　私悪すなわち公益

　オランダ生まれのマンデヴィル（1670-1733）はイギリスに帰化し、医学と哲学を学び、ロンドンで活躍した。通常、後期重商主義の経済学者として分

類されるが、ここでは市場社会論の先駆者として扱う。マンデヴィルの時代は、名誉革命（1688年）以後の金権寡頭政治による腐敗が蔓延している時代であった。公債保有による投機や、議会における半ば公然の買収がはびこっており、後に南海泡沫事件を巻き起こすことになる。悪行のはびこるこの社会をマンデヴィルは主著『蜂の寓話―私悪すなわち公益』（1714）によって擁護し、既存の倫理に公然と挑戦した。そのためにセンセーショナルな反響をまき起こした。『蜂の寓話』はイングランドを蜂の巣にたとえた風刺詩からはじまる。

「ある広々とした蜂の巣があって
奢侈と安楽に暮らす蜂でいっぱいだった。
……
蜂の大群が多産の巣にむらがり
かえってそのために繁栄していた。
おたがいの渇望と虚栄とを
満たそうとして何百万もが努力し、
他方さらに何百万もの仕事は
製作物の破損をめざすことであった。
彼らは世界の半分に供給するだけなのに
仕事に労働者が追いつかなかった。
莫大な資本でほとんど苦労もなく
利得の大きい事業に飛びこんだ者もいた。
またある者はのろわしい大鎌や鍬や
ひどくすべて骨の折れる商売が定めで、
哀れな連中が毎日すすんで汗を流し
食うために体力と手足を使いつくすのだ。」（11頁）

「かように各部分は悪徳に満ちていたが
全部そろえばまさに天国であった。
平時にこびられ戦時に恐れられ
彼らは外国人の尊敬の的であり、
富や生命を惜しまなかったので
他のあらゆる蜂の巣の均衡を保った。
その国家への天恵はじつに大きくて
罪の偉大な国民をつくるのに手をかした。

そして美徳は国家の政策から
巧みな策略を数多く学びとり、
そのめでたい影響力によって
悪徳と親しい間柄になった。
それからは全体でいちばんの悪者さえ
公益のためになにか役立つことをした。」(19頁)

「こうして悪徳は巧妙さをはぐくみ
それが時間と精励とに結びついて、
たいへんな程度にまで生活の便益や
まことの快楽や慰安や安楽を高め、
おかげで貧乏人の生活でさえ
以前の金持ちよりよくなって
足りないものはもうなかった。」(22頁)

　マンデヴィルのおどろきは、個人の意図と全体の結果との食い違いにある。
個々の蜂は全体のことなどおかまいなしに、自分のためにのみ働いている。
しかし、社会全体の利益をもたらすという、意図せざる結果を生み出してい
る。この意図せざる結果という議論は、後のスミスやヒュームへと継承され
ていく。

5-2-2　分業の体系

　欲望が社会の土台をなしており、その上に分業と生産物の交換（＝労務の
交換）という上部構造が乗っている。市民社会の構造をこのようにマンデ
ヴィルは把握する。そして「誰もが飲み食いしなければならないことが、市
民社会のきずなになっている」（続、370頁）と表現する。このきずなは慈悲
とか利他心ではなく、欲望すなわち「悪徳」である。欲望が生み出すきずな
を生産物の交換として実現し、社会を成り立たせる役割を果たすのが、伝統
的なキリスト教思想では悪の根源と見なされてきた貨幣である。

　　「人間が理性や自己抑制によって獲得できる真の美徳も社会の基礎では
　なくて、道徳的にせよ、自然的にせよ、いわゆるこの世で悪徳と呼ばれ
　るものこそ、われわれを社会的な動物にしてくれる大原則であり、例外
　なく全ての商売や職業の堅固な土台、生命、支柱である。……悪徳が消
　滅するとすぐに社会はたとえ完全に崩壊しないにせよ、台無しになるに

違いない。」(340頁)

「貨幣は当然のことながら、あらゆる悪の根源だと言われ、著名な道徳家や風刺家は必ずそれをあざけった。……しかし、市民社会の秩序や組織や存在自体にとり、これほど不可欠なものを他にあげることはできない。というのも、市民社会がまったく我々の多様な欲求を土台として築かれているように、その上部構造(superstructure)全体は、お互いに対してなされる相互的な労務からできている。必要なときに、いかにしてこういう労務を他人にしてもらえるかということは、各個人のこの世における大きなほとんど変わるところのない心配だ。」(続、369頁)

欲望の広がりが生み出した分業は、生産物の交換により人々を結合させるだけではなく、生産力を高める。この議論はスミスの先取りである。

「もし、一人目が弓矢を作ることにもっぱら専念して、他方で二人目が食べ物を供給し、三人目があばら屋を建て、四人目が衣類を、五人目が道具を作るならば、彼らは互いに対して役立つようになるだけではなく、職業や仕事そのもの、五人全員が行き当たりばったりにすべてに従事する場合よりも、同じ年数ではるかに大きな向上を得るだろう。」(続、300頁)

5-2-3　奢侈の肯定(有効需要論)

マンデヴィルはスミスの先駆者といえる側面を持つが、スミスとは対立する主張も行っている。スミスは節約を美徳としたが、マンデヴィルは浪費を肯定する。「奢侈はそれにふけるすべての個人と同様に、全政治体の富を破壊する」という通説を批判する(102頁)。マンデヴィルは奢侈や浪費により雇用が生み出されることを強調する。素朴な形ではあるが、有効需要論を展開していると言うことができる(事実、ケインズはマンデヴィルの浪費論を肯定した)。

「〔ぶどう酒〕商人の一番依存しているのが、浪費と暴飲であることは否定できない。なぜなら、ぶどう酒は必要な者しか飲まないとか、誰でも健康をこわすほど飲まないというのであれば、この繁栄する都市ロンドンでかなりの壮観を呈しているあの大勢のぶどう酒商人、ぶどう酒卸商、ぶどう酒屋などは、みじめな状態になるだろうからである。同じこ

57

とは、多数の悪徳に直接つかえているトランプ製造人やサイコロ製造人についてだけでなく、……呉服屋や家具商や仕立て屋その他にも当てはまる。」(80頁)

「節約は正直と同じでみすぼらしくひもじい美徳であり、安楽であるためには貧乏にも甘んじるという、善良で温和な人間が住む小さな社会にのみふさわしい。しかし、大きな躍動する国家においては、すぐにそれに耐えられなくなるであろう。それは人手を使わない無益で夢想にふける美徳であり、したがって、大勢の者がいずれにせよ全員仕事をさせられなければならない商業国においては、きわめて役に立たないものである。」(98頁)

5-2-4 自生的秩序について

　20世紀の経済学者ハイエク (1899-1992) によって注目された「自生的秩序」という考え方がある。それは、人間の意図や設計によるのではなく、例えば市場のような場所で個々人が自由に行動することによって、全体としての秩序が次第に形成されてくる、という考え方である。ハイエクは自生的秩序論の先駆者としてマンデヴィルを高く評価する。ただし、マンデヴィルを自生的秩序論者とするのは行き過ぎである。そもそも、『蜂の寓話』の序文で、「各個人の悪徳こそ、巧みな管理によって」全体の幸福に役立つ (5頁) と「管理」が必要なことを断っている。マンデヴィルは政府について次のように言っている。

「それゆえどんな政府でもまず留意すべき点は、人間の怒りが害をおよぼす時は厳しい処罰によってそれを抑制し、恐怖を増大させて怒りから生じるかもしれない災いを防ぐことである。暴力の行使を禁じるいろいろな法律がきちんと執行されると、自己保存のためにおとなしくしていることを教えられるにちがいない」(189頁)

　恐怖による統治が社会成立の始源に置かれており、ホッブズに近いとさえ言うことができる。すなわち、統治が生み出した従順な人間を前提にして市場での秩序形成が議論されているのである。後のスミスは、対等な人間と人間との関係から社会性が生まれてくるプロセスを「同感論」として描いており、自生的秩序と呼ぶにふさわしい論理構造になっている。

5-3 スミス『道徳感情論』

5-3-1 スミスの時代

アダム・スミス (1723-90) は、スコットランドのカーコーディという小さな町で生まれる。父は税関職員であった。グラスゴー大学でハチスン (1694-1746) から道徳哲学を学ぶ。師ハチスンは、人間は生まれつき「他人の幸福への、利害を離れた根源的欲求」の感情を持っているとした。これが道徳の基礎となると考えていた。スミスはこのような利他的な感情を基礎とする道徳を否定することになる。スミスはオクスフォード大学へ留学するが、その停滞した学問状況に失望する。1751年に母校グラスゴー大学の論理学教授となり、翌年、道徳哲学の講座に移る。1759年に『道徳感情論』を出版し、好評を博す。1764年から2年ほど大陸旅行を行い、ケネーらと交わる。1776年に『国富論』を刊行。1778年に、スコットランドの税関委員を任命され、エディンバラに居を定める。

イングランドでは1760年代ごろから木綿・織布製造に蒸気機関が導入されはじめ、産業革命が始まる。しかし、『国富論』に登場する生産部面は、機械を使用する工場ではなく道具にたよるマニュファクチュアの作業場となっている。産業革命がスミスの思想に直接影響を与えたとは考えにくい。スミスの経済学に大きな影響を与えた出来事はアメリカ独立である。イギリス植民地であったアメリカは、貿易を本国の商人と製造業者によって独占されていた。アメリカは工業原料をイギリスにしか輸出できず、工業製品をイギリス以外から輸入することもなかった。また、国内で完成工業品を作ることも禁じられていた。こうした重商主義政策の規制に対して、アメリカでは本国に対する不満が高まっていた。他方、イギリス国内においても、植民地を維持するための行政費や軍事費に対する不満が高まっていた。スミスもアメリカ独立を支持する論陣をはっていた。1775年に独立戦争 (～1783) が始まり、『国富論』刊行の1776年に独立宣言が出される。

5-3-2　同感論と相互的同感

　『道徳感情論』は密接に関連している二つの課題に「同感」というキーワードで答えようとした書物である。第一は、利己的な行動を行う人間が対立せずに、社会的に平和共存を実現できるしくみの解明である。換言すれば、市場社会論の説明である。スミスの基本的なシェーマは、権力によって強制的に個人の行動に制約をかけるのではなく、社会の中に存在する人間は、自分の行動が他人と衝突することがないように、感情や行動を自発的に抑制するようになる、というものである。第二は、道徳的判断力（是認の原理）の解明である。道徳的判断力を理性や知性に求める考え方に対して、スミスは感情のレベルで判断が行なわれることを明らかにしようとした。

　ここでは前者を見ていこう。『道徳感情論』で重視されるのが、「同感（sympathy）」である。他人の感情を直接知ることはできないが、他人が置かれている境遇を観察することで、すなわち「想像上の立場の交換」によって、行動を引き起こしたであろう他人の感情を推し量ることができる。例えば、人が殴られそうになるのを見れば、「われわれは自然に身を縮め、自分自身の足や手を引っ込める」（上、26頁）。これが同感の基本である。他人の心の中身を自分の心の中で再現することが同感ではないことに注意しよう。他人の心の中は分かるはずがないとスミスは明言している。他人が置かれている境遇を知ることで、その人がとる行動を自分なりに想像し理解できること。つまり他人の感情を適正なものと是認すること。これがスミスの言う同感なのである。他人に同感すること、逆に他人から同感を得ることを人々はともに欲するとスミスは考えた。すなわち、人間は「相互的な同感」に喜びを感じるというのである。

　　「何かの出来事の主要な利害関係者が、われわれの同感によって喜び、同感がないことによって傷つけられるのと同様に、われわれが彼に対して同感しうる場合には、われわれも喜び、そうでない場合には、傷つけられるように思われる。」（上、41頁）

　ここがきわめて重要なポイントである。相互的同感に社会的な秩序形成の端緒がある。相互的同感に喜びを感じるために、一方では他人から同感を得られるように行動し、他方では他人に同感できるような想像力を抱くようになる。互いに社会的な感情を身に付けていくプロセスと言ってよいだろう。スミスの考える同感が他人に対する憐憫の感情である同情とは異なるもので

あるのは明らかだろう。

5-3-3　中立的観察者

　例えば、兄弟の間や親しい友人の間であれば、相互的同感は成立しやすいかもしれない。しかし、スミスが問題にするのは、見知らぬ他人との間に成立する同感である。

> 「われわれは普通の知人からは、友人よりも少ない同感を期待する。……見知らぬ人々の一集団からは、われわれはさらに少ない同感を期待する。そこでわれわれは、彼らの前ではもっと多くの平静さをよそおうのであり、われわれの情念を、われわれがその中にいる、ある〔見知らぬ〕集団がついてくることを期待できそうな程度にまで下げようと努力する。」（上、59頁）

　このように「見知らぬ人」の同感を考慮しながら生活していくことで、自分の行動や感情は自然と抑制されていき、社会に適合的な感情や行動が形成されていくことになる。「見知らぬ人」をスミスは「中立的な観察者」と呼ぶ。

> 「対立する諸利害の、何か正当な比較をなしうるには、われわれは立場をかえなければならない。われわれ自身の場所からでも彼らの場所からでもなく、われわれ自身の目からでもなく彼らの目からでもなく、いずれにも特別な関係を持たず、われわれの間で公平性をもって判断する第三者の場所から、第三者の目から見なければならない。その第三者は、いずれとも特別のつながりをもたず、われわれのあいだで中立性をもって判断するものなのである。」（上、311頁）

　中立的な観察者は、ある限度内で自分自身の幸福を追求することを是認する。中立的な観察者がどこまで是認し、どこから是認しなくなるかについて、有名な「フェア・プレイ」の比喩でそれを説明している。

> 「もし各個人が、中立的な観察者が彼の行動原理に入りこむことができるように行為しようとするならば、……彼は自愛心の傲慢をくじかなければならないし、それを、他の人々がついていけるようなものにまで引き下げる必要がある。その限りでは観察者たちは、自分の幸福を他のど

61

んな人の幸福よりも切望し、それをいっそう真剣な精励をもって追求するのを許す程度には寛大であろう。……富や名誉や地位をめざす競争で、すべての競争者を追い抜くために、できる限り力走してよいし、あらゆる神経や筋肉を緊張させてよい。しかし、もし誰かを押し倒したり、投げ倒せば、観察者たちの寛大は完全に終了する。それは、フェア・プレイの侵犯であって、観察者が許し得ないことなのである。」（上、217頁）

　このようにフェア・プレイの範囲内での利己的な行動が是認される。他方、他人に対する愛情（利他心・慈恵）は社会を成立させる上で必要不可欠なものではないとスミスは述べている。古い道徳が重視してきた「慈恵（benefi-cence）」について、それはあるにこしたことはないが、強制されるべきものではないとスミスは明言している。「それは建物を美しくする装飾であって、建物を支える土台ではない」（上、224頁）。利己心がなければ社会は成立しないが、利他心がなくとも社会は成立するというのである。

　　「〔社会の成員相互の間で〕必要な援助が、そのように寛大で利害関心のない諸動機から提供されないとしても、またその社会の成員の間に相互の愛情と愛着がないにしても、その社会は幸福さと快適さは劣るけれども、必然的に解体することはないであろう。社会は様々な人々の間で、さまざまな商人の間でのように、それの効用についての感覚から、相互の愛情や愛着がなくとも存立しうる。」（上、222頁）

　同感論は人間が社会的な存在となるプロセスを描いているといってよいだろう。人は中立的な観察者の視線を生まれた時から心の中に抱けるわけではない。社会の中で育っていくことで、はじめて中立的な観察者の視線を内面化できるのである。それは見知らぬ他人から成り立つ近代社会が要請している、社会的な人間の形成である。なお、上の引用には「商人の間でのように」という表現がある。同様の表現は『国富論』の中にもある。互いに愛情や愛着の感情を持たず、自分の利益のために行動する見知らぬ他人という意味で、「商人」という表現を使っている。市場は中立的観察者が日々活躍している場である。

5 - 4　消極的正義

　スミスは中立的な観察者の判断を「正義の感覚」（上、311頁）と表現する。

中立的観察者の同感を得られない行為は、「正義の諸法」、すなわち生命・身体の自由、所有権、契約の遵守、に違反する行為である。逆に言えば、これらさえ守っていれば正義が実現されることになる。

　　「もっとも神聖な正義の諸法、すなわち、それらに対する侵犯が復讐と処罰をもっとも声高く要求するように思われる諸法は、われわれの隣人の生命、身体を守る諸法である。つぎは、彼の所有権と所有物を守る諸法であり、全ての後に来るのが、かれの個人権と呼ばれるもの、すなわち他の人々との約束によってかれに帰属するものを守る諸法である。」（上、219頁）

　　「たんなる正義はたいていの場合に消極的な徳にすぎず、隣人に害を与えるのを妨げるだけである。……われわれは静座し、何もしないでいることによって、正義の諸規則の全てを満たしていることがあるだろう。」（上、213頁）

　スミスの正義論は「消極的正義論」と呼ばれることがあるが、その意図は文明社会を肯定する論理の導出にあった。スミスの言う正義の諸法の内容は、ロックなどの自然法とほぼ同じ内容である。言いかえれば、ロックなどが神を持ち出しながら説明した自然法を、スミスは同感論によって基礎付けなおそうとしたということになる。

5-5　意図せざる結果の論理

　マンデヴィルにおいて、意図せざる結果の論理は重要な役割を果たしていた。スミスにおいてもそうである。利己的な行動を肯定したのは、第一には中立的な観察者によって是認されるからであるが、それだけでなく第二に利己的な行動が結果的に社会の利益をもたらすと考えたからである。だが、『道徳感情論』は主に前者を主題としている。だから、人間が外的強制なくして社会化されるメカニズムの解明はあっても、後者の意図せざる結果の論理はごく簡単に言及されているにすぎない。その詳しい説明は『国富論』に残された課題となる。

　　「懐中時計の歯車は、すべてそれが作られた目的すなわち時を示すということに見事に適合している。それらの様々な運動のすべてが、素晴ら

63

しい仕方でこのような効果を生み出すのに協力しあっている。もし、それらに、それを生み出そうという意欲と意図とが与えられていたとしても、よりうまくそれを果たすことはできなかったであろう。」（上、226頁）

「富裕な人は、生まれつきの利己心と貪欲とにかかわらず、かれらは自分たちの全ての改良の成果を、貧乏な人たちと分割するのであって、たとえ、彼らは自分たちだけの便宜を目指そうとも、また彼らが使用する数千人の全ての労働によって目指す目的が、彼ら自身の空虚で飽くことを知らない諸欲求の充足であるとしても、そうなのである。彼らは見えざる手に導かれて、大地がその全ての住民の間に平等に分割されていた場合になされたであろうのとほぼ同一の生活必需品の分配を行うのであり、こうして意図することなく、それを知ることなしに社会の利益を押し進め、種の増殖に対する手段を提供するのである。」（上、224頁）

　この引用は『国富論』冒頭で登場する「富裕の一般化」の議論とほぼ同じ内容である。ここに出てくる「見えざる手」という言葉に注意したい。スミスの「見えざる手」はとても有名であるが、『国富論』と『道徳感情論』にそれぞれ1箇所しか使われていない。

第6章　古典派経済学の成立

6-1　『国富論』の構成

　『国富論』の初版は1776年の刊行である。スミスの生存中に5版まで版を重ねる。世界中で読まれ、最も影響力の大きい経済学の書物と言えよう。『国富論』は序論と5つの篇からなっている。その内容を今日的な表現で示せば下記のとおりである。

　　序論
　　第1篇　経済理論（分業論・価格論・分配論）
　　第2篇　経済理論（蓄積論）
　　第3篇　経済史（重商主義政策批判）
　　第4篇　経済学史（重商主義学説批判）
　　第5篇　財政論

　一般的には第1、2篇が理論、第3篇が歴史、第4、5篇が政策と分類される。『国富論』の主要なテーマである重商主義批判は、第4、5篇だけではなく、全篇を通じて展開されている。

6-2　富裕の一般化論

　『国富論』は次のような書き出しで始まる。

　　「国民の年々の労働は、その国民が年々消費する生活の必需品と便益品のすべてを本来的に供給する源であって、この必需品と便益品は、つねに労働の直接の生産物であるか、またはその生産物によって他の国民から購入したものである。／したがって、これを消費するはずの人々の数に対して、この生産物またはそれで購入されるものの割合が大きいか小さいかに応じて、国民が必要とするすべての必需品と便益品が十分に供給されるかどうかが決まるであろう。」（1-1頁）

金銀や貿易黒字の大きさではなく、言い換えれば重商主義的な関心ではなく、国民一人当たりの「必需品と便益品（conveniences）」の量こそがスミスの関心であることが冒頭で宣言されている。さらに必需品と便益品はそれを生産する労働と結び付けられて考察されていることにも注意しよう。

　国民のうちで労働する人の比率が高くとも、一人当たりの生産物量が大きくなるとは限らないことが次に示される。この議論は直接には同時代人のフランスの政治思想家ルソー（1712-78）の文明社会（商業社会）批判に対する回答となっている。ルソーは、私有財産制度によって文明社会が生み出す不平等を理由にして、文明社会批判を展開した。この問題提起に対してスミスは、「富裕の一般化」と呼ばれる考え方をもって答えた。文明社会には確かに不平等は存在するが、最底辺の人間でさえ平等な未開社会の人間よりは富裕であるという議論である。スミスはほぼ全員が働いている未開社会と一部の人しか働かない文明社会を比較する。

　　「狩猟民や漁労民からなる野蛮民族の間では、労働に耐えることのできるものは誰でも、多かれ少なかれ有用労働に従事して、自分自身のために、また自分の家族や種族の中で歳をとり過ぎていたり、あまりにも若かったり、ひどく貧弱であったりして漁や狩に出かけられない人のために、必需品や便益品を供給しようとできる限りの努力をする。しかし、そのような民族は惨めなほどに貧しい。……これに反して、文明が進み繁栄している国民のあいだでは、多数の人々は全然労働しないのに、このうちの多くの者は働いている人々の大部分に比べて10倍もの、しばしば100倍もの、労働生産物を消費する。それでもなお、その社会の全労働の生産物はたいへん豊富なので、すべての人々に対する供給は豊かな場合が多く、最も低く最も貧しい階層の職人ですら、もし彼が倹約家で勉強家であるなら、どんな野蛮人が獲得できるよりも多くの生活の必需品と便益品の分け前を享受できるほどなのである。」（1‐2頁）

　このように最下層の人々の生活水準の上昇があるからこそ、不平等を生み出す文明社会も肯定できると述べている。見てきたように、スミスの正義論は消極的正義論であり、貧者へ施しを与えるべきだとする分配的正義について直接、論じることはなかった。しかし、この引用が間接的には、分配的正義について述べていることは理解できるだろう。意図せずに、すなわち結果的に、文明社会は貧困の問題を解決するはずだ、というのである。『道徳感

情論』で残された分配的正義の問題に、『国富論』という経済学の体系を
もって答えたと見ることができる。富裕が最底辺にまでおよぶメカニズムの
説明は、第1篇、第2篇の主要なテーマとなる。ここで序論の要約に従って、
経済理論篇すなわち、第1篇、第2篇の大まかな枠組を予め示しておこう。

> 「〔一人当たりの豊さを決定する要因は〕第1は、国民の労働が行われ
> る際の熟練、技能、判断力の全体的な水準で、第2は、有用な労働に従
> 事する人々の数と、そのような労働に従事しない人々の数との割合であ
> る。……／この供給が豊かであるか乏しいかは、右の二つの事情のうち、
> 後者より前者のほうにいっそう多く依存しているように思われる。」（1
> -1頁）

　前者と後者が第1篇、第2篇の内容に対応している。次のように定式化で
きるだろう（Q生産量、P人口、L労働人口）。第1篇の生産力の高さを労働
者一人当たりの労働生産性とすれば$\frac{Q}{L}$となる。これに第2篇で論じられる
労働人口比率をかけ合わせると、一人当たりの豊かさが決定される。

$$\frac{Q}{P}=\frac{Q}{L}\times\frac{L}{P}$$

　富裕の一般化論から予想できるように、スミスは労働生産性が決定的であ
るとしている。

6-3　分業論・交換論

　「労働の生産性が飛躍的に向上してきたのは分業の結果」であるとして、
有名なピン製造マニュファクチュアの事例から第1篇は始まる。

> 「〔もし分業がなければ〕彼らは一人当たり1日に20本のピンどころか、
> 1本のピンさえも作ることはできなかったであろう。言いかえると、
> 様々な作業の適切な分割と結合によって現在達成できる量の240分の1
> はおろか、その4800分の1さえも、作りえなかったであろう。」（1-12
> 頁）

> 「よく統治された社会では、人々の最下層にまで富裕が広く行き渡るが、
> そうした富裕を引き起こすのは、分業の結果として生じる、様々な技術
> による生産物の巨大増加に他ならない。」（1-20頁）

分業それ自体による生産性の上昇に加えて、分業が機械などの発展をもたらし、それが富裕を下層民にまで行き渡らせる原因であるとする。ピン製造所の例は作業場内での分業であるが、それは社会全体で行なわれている社会的な分業の効果を分かりやすく示すために使われた事例に他ならない。社会的な分業が成り立つためには、必要なものを他人から交換によって入手できなければならない。スミスは人間には「交換性向」という本能があると見ていた。この交換性向が分業を生み出す要因であるとした。交換性向は利己心に由来するもので、社会全体の利益などを考慮するものではない。「意図せざる結果の論理」がここでも登場する。

　　「こんなにも多くの利益を生むこの分業は、もともと、それによって生じる社会全般の富裕を予見し意図した人間の知恵の所産ではない。分業というものは、こうした広い範囲にわたる有用性には無頓着な、人間の本性上のある性向、すなわち、あるものを他のものと取引し、交易し、交換しようとする性向の、緩慢で漸進的ではあるが、必然的な帰結なのである。」（1 -24頁）

　分業の確立によって生まれるのが「文明社会」である。それは、生産物の交換そのものが社会を成り立たせている社会である。モノとモノとの交換を通じて人々が関係しあう社会である（マルクスはこれを物象的依存関係と呼んだ）。だから、「文明社会」は「商業社会」と表現されることもある。この社会においては、人と人との関係は、自らの利益を追求する商人同士の関係となる。文明社会は、他人の博愛心や利他心に頼るのではなく、他人の利己心に訴えていくことで成立するドライな社会だ。『道徳感情論』の中立的観察者の説明で使われた「商人の間でのように」という表現を思い出してもらいたい。

　　「分業がひとたび完全に確立すると、人が自分自身の労働の生産物によって満たすことができるのは、彼の欲望のうちのごく小さい部分にすぎなくなる。自分自身の労働の生産物のうち自分自身の消費を上回る余剰部分を、他人の労働の生産物のうち自分が必要とする部分と交換することによって生活する。言い換えると、ある程度商人となり、そして社会そのものも、まさしく商業社会と呼べるようなものに成長する。」（1 -39頁）

「文明社会では、人間はいつも多くの人たちの協力と援助を必要としているのに、全生涯を通じてわずか数人の友情をかちえるのがやっとである。……ところが、仲間の助けをほとんどいつも必要としているのに、その助けを仲間の博愛心にのみ期待しても無駄である。むしろ、それよりも、もし自分に有利になるように仲間の自愛心を刺激することができ、そして彼が仲間に求めていることを仲間が彼のためにすることが、当人自身の利益にもなるのだということを、仲間に示すことができるのなら、そのほうがずっと目的を達成しやすい。……我々は自分たちの食事をとるのに、肉屋や酒屋やパン屋の博愛心によるのではなく、彼ら自身の利害に対する彼らの関心に訴える。我々が呼びかけるのは、彼らの博愛的な感情に対してではなく、彼らの自愛心に対してである。」(1-25頁)

6-4 貨幣論

分業が進展するにつれて、交換を容易にするものが必要となる。「ほとんどの人が彼らの勤労の生産物と交換するのを拒否しないであろう」商品を手元に貯えるようになる。これが貨幣の起源である。スミスは文明社会において貨幣は必要なものと見ているが、それ自体を富と考えていない。金銀を国富と見た重商主義者を批判して次のように述べている。

「貨幣は、それ自体は社会の収入のいかなる部分でもない。しかも、この貨幣を媒介にして、社会の全収入が様々な成員の間に規則的に分配されるのである。流通のこの大車輪は、それを媒介にして流通する財貨とはまったく別のものである。社会の収入は全てこれらの財貨から成立っていて、これらを流通させる車輪から成立っているのではない。」(1-442頁)

貨幣が登場することで、商品の価値は価格表示されることになる。しかし、貨幣による価格表示は名目価格でしかなく、「商品の真の価格」は何で計られるかが問題になる。すなわち「価値尺度」の設定問題である。スミスは真の尺度は「労働」であるとした。これを「支配労働尺度」と呼ぶ。「支配(command)」とは、購入するという意味である。今日的に言えば、価格デフレーターとして賃金率を選択したということになる。

「あらゆるものの真の価格、すなわち、どんな物でも人がそれを獲得しようとするにあたって本当に費やすのは、それを獲得するための労苦と骨折りである。あらゆるものが、それを獲得した人にとって、またそれを売りさばいたり他の何かと交換したりしようと思う人にとって、真にどれほどの価値があるかといえば、それによって他の人々に課することができる労苦と骨折りである。……富の価値は、この富を所有し、それをある新しい生産物と交換しようと思う人たちにとっては、そうした人たちがそれで購買または支配できる労働の量に正確に等しい。」（1-52頁）

　上記引用箇所に投下労働量で価値が決定されるとする投下労働価値説を読み込む解釈がある。しかし名目価値のデフレーターの選択と解釈すべきである。前者(1)は生産の段階で決まる価値を問題にしているが、後者(2)は交換された商品の価値を測りなおす問題であり、両者は全く異質なものである。

　(1)商品Ａと商品Ｂの投下労働量が同じ→商品Ａ＝商品Ｂ
　(2)商品Ａの真実価値は商品Ａで購入できる労働量（商品Ａの真実価値＝商品Ａの価格÷貨幣賃金率）

　後にマルクスはスミスの価値論の２面性という表現でこの曖昧さを問題にした。そして投下労働価値説だけを正しい価値論とした。それゆえ、投下労働価値説を継承した系譜である　スミス→リカードウ→マルクス　というラインこそが経済学の正しい発展であると見なす考え方がわが国では強かった。しかし、スミスの議論の大半は尺度論であって、投下労働価値説はごくわずかしか論じていない。スミス自身も投下労働価値説は未開社会に妥当するだけで、資本や土地の所有が始まると、投下労働価値説は妥当しなくなると明言している。ちなみに、資本主義社会においては、商品Ａの支配労働量＞商品Ａの投下労働量となる。

> **トピック：水とダイヤモンドのパラドックス**
>
> 　水がなければ人間は生きていけない。だから、スミスは水の使用価値は大きいと言う。しかし、水はタダ同然に安い。つまり、交換価値は小さい。これとは逆に、ダイヤモンドがなくても生存に支障はないから使用価値は小さい。しかし、交換価値はきわめて大きい。スミス以前の倫理学者は、この逆説を「水とダイヤモンドのパラドックス」と呼んでいた。スミスは、使用価値と交換価値とを別の次元のものとすることで、

このパラドックスを解消した。つまり、使用価値と交換価値は無関係のものであるとしたのである。そして、交換価値の決定要因である生産面に主に目を向けていく。リカードウもマルクスもスミスの二分法を踏襲していく。こうして1870年代に限界効用論が登場するまで、使用価値の分析は経済学の主要対象から外されたのである。

6-5 自然価格論

　分業の進展から資本主義の認識へと議論が進んでいく。分業が進展していくにつれて、生産物の販売までの期間、「職人を扶養し、仕事の材料と道具を供給するのに十分なストック」がすでに貯えられて（蓄積されて）いなければならない。ストックからの利潤がなければ、ストックを貯えようとする人間はいないであろう。こうして、資本ストックを供給する資本家階級とその収入である利潤が説明される。利潤の存在は資本ストックが存在する以上、自明なものとして扱われており、後のマルクスのように利潤の源泉は何かを問う姿勢はほとんどない。土地を私有する土地所有階級とその収入である地代も同様に説明される。

　さて、スミスは需要と供給で決まる「市場価格」と、生産者が長期的に供給を続けられる「自然価格」とを区別した。賃金、利潤、地代には、その場所と時代において「自然率」という平均的な率があり、その3者の合計で自然価格が決定されると考えた（「価値構成説」と呼ばれる）。また、自然価格での需要量のことを「有効需要」とスミスは呼んでいる。仮に、供給量が有効需要を下回れば、市場価格は自然価格を超過する。このとき賃金、利潤、地代のいずれかは自然率を越えて上昇するので、生産者は供給量を増加させようとするだろう。その結果、市場価格はいずれ低下し、自然価格水準に向かうことになる。市場価格が自然価格を下回れば、逆のメカニズムが働く。

　　「もし市場にもたらされる数量が有効需要に足りないような場合には、価格の構成部分のあるものは、その自然率以上に上昇するに違いない。もしそれが地代であるならば、他の地主たちの利益への関心が自然に彼らをうながして、こうした商品を作るために一層多くの土地を提供させるであろう。もしそれが賃金や利潤であるならば、他の全ての労働者や商人の利益への関心がそれを製作し、市場にもたらすために一層多くの労働と資本を用いさせるであろう。市場へもたらされる数量は、まもな

く有効需要を満たすのに十分となるだろう。その価格のそれぞれの部分はすべて、まもなくその自然率へと下がり、価格全体としてはその自然価格まで下がるであろう。／自然価格というのは、いわば中心価格であって、そこに向けて全ての商品の価格がたえず引きつけられていくものである。」（1-98頁）

それでは、賃金、利潤、地代の自然率はどのように決まるのであろうか。「社会の貧富、その進歩、停滞、衰退の状態に依存する」（1-107頁）とスミスは考えた。経済の進歩は賃金と地代の自然率を引き上げ、利潤の自然率を低下させる。これがスミスの結論である。

6-6 高賃金論

賃金の大きさを支配労働量で測ると、常に同一となり意味がない。そこで賃金だけはそれにより購入できる消費財の物的な大きさで測るとスミスは断っている。賃金は子供二人を育てられる水準が最低であり、それ以下には賃金を引き下げえないと考えていた。労働に対する需要が増大するときには、この水準よりも高いところに賃金率は上がるとスミスは述べている。重要なことは、国富の絶対的な大きさではなく、経済成長率が賃金の自然率を規定すると見なしている点である。

「労働の賃金の上昇をもたらすのは、国民の富の現実の大きさ如何ではなくて、富の恒常的な増加である。だから労働の賃金は、もっとも富裕な国においてではなく、もっとも繁栄しつつある、言い換えるともっとも急速に富裕となりつつある国において最高となる。イングランドは確かに現在では北アメリカのどの地方よりも大いに富裕な国である。けれども労働の賃金は北アメリカの方がイングランドのどの地方と比較しても大いに高い。」（1-118頁）

この賃金の見方は「高賃金の経済論」と呼ばれる考え方と結びついている。スミス以前の重商主義者たちの間には、低賃金肯定論が多かった（コルベールなど）。なぜならば、低賃金であれば製造コストが低くなり輸出競争力が高まるし、また低賃金であれば労働者が生活の維持のために長時間労働せざるをえなくなるからである。しかし、社会の幸福という観点からは、高賃金が望ましいという考え方をスミスは提起した。この議論が序文の富裕の一般

化論と対応していることは明らかであろう。

> 「奢侈が最下層の人々にまで広がっているとか、今では労働貧民たちは以前に満足していたのと同じ衣食住ではもはや満足しないだろう、という不平をよく耳にする……。下層の人々の生活条件がこのように改善されたことは、社会にとって利益と見るべきか、それとも不利益と見るべきか。答えは明らかである。様々な使用人、労働者、職人は全ての巨大な政治社会の圧倒的大部分を構成している。この大部分の者の生活条件を改善することが、その全体にとって不都合と見なされるはずはない。どんな社会も、その成員の圧倒的大部分が貧しく惨めである時に、隆盛で幸福であろうはずはない。」（1 -133頁）

　高賃金は労働者の生活条件の改善だけではなく、労働者の勤勉をも刺激し、生産力の上昇に繋がるとも考えていた。今日の効率賃金仮説と類似した議論である。『国富論』において生産力を規定する要因には、分業だけではなく、高賃金も含まれているのである。

> 「豊かな労働の報酬が〔人口〕増殖を刺激するように、庶民の勤勉も増進させる。労働の賃金は勤勉の刺激剤であって、勤勉というものは……それが受ける刺激に比例して向上するものである。生活資料が豊富であると労働者の体力は増進する。また、自分の境遇を改善し、自分の晩年が安楽と豊富のうちにすごせるだろうという楽しい希望があれば、それは労働者を活気づけて、その力を最大限発揮させるようになる。」（1 -138頁）

6-7　利潤率低下論

　スミスは経済が成長すると利潤率は低下していく傾向があると考えた。その理由を競争の増大で説明している。すなわち、同一事業で資本ストックの増加があれば利潤率は低下する。だから、社会全体でも利潤率の低下傾向があると考えたのである（今日的な観点から見れば、理論的には飛躍があると言わざるをえないが）。

> 「賃金を騰貴させる資本（ストック）の増加は、利潤を引き下げる傾向がある。多数の富裕な商人の資本が同一事業に振り向けられる時、彼ら

73

相互の競争は自然にその利潤を引き下げる傾向がある。また、同じ社会で営まれる種々様々な職業において、同じような資本の増加がある時は、同じ競争がこれら全ての事業で同じ効果をもたらすに違いない。」（1-148頁）

　利潤率の低下を否定的にとらえなかった背景には、(1)利潤を取得する階層は社会の利害とは合致しないという考え方（スミスの利潤の捉え方には独占利潤という考え方が影を落としている）と(2)賃金上昇の相殺要因としての利潤低下という考え方の二つが指摘できる。後者については次のように述べている。

　　「富裕をめざして急速に進んでいる国々では、低い利潤率が多くの商品価格の面で、労働の高い賃金を相殺するであろう。また、この低い利潤率のために、これらの国々は、そこまでは繁栄しておらず、労働の賃金もずっと低いと思われる隣国と同じように、安く売ることができるであろう。」（1-163頁）

　つまり、高賃金肯定論を補足する議論として、利潤率の低下論を唱えているのである。ヒュームもまた、スミス同様に競争の増大による利潤率低下論を唱えていた。「商業が広範になり、大資本を用いるときには、商人たちのあいだに競争関係が生ずるに違いなく、それは、大資本が交易自体を増大させるのと同時に、交易の利潤率を低下させる」（「利子について」）。スミスはこのヒュームの考え方を継承していたと考えられる。なお、低下のメカニズムは異なるにせよ、利潤率が低下していくという結論自体は、リカードウ、マルクス、ワルラスなど、その後のほとんどの経済学者が抱いていた考え方でもある。

6-8　蓄積論

　『国富論』第2篇は経済成長（拡大再生産）を扱う。古典派経済学は経済成長を資本の蓄積という視点から重視した（蓄積論）。今日的な見方では、拡大再生産の議論の中心は生産の増加に必要な機械などの生産手段（資本ストック）の増大に置かれる。スミスにもそのような視点がないわけではない。しかし、スミスの関心は拡大再生産の担い手である労働者に置かれている。スミスは労働者を「生産的労働者」と「不生産的労働者」に区分する。前者は有体物を生産する労働者で、後者はサービスを生産する人たちである。農

民や製造工は前者の代表である。社会的には必要であっても、有体物を生産しなければ不生産的であると区分される。軍隊、聖職者、法律家、医師、俳優、家事使用人、これらの生み出したサービスは、「生産される瞬間に消滅してしまう」（1‐518頁）から、国を富裕にすることはない、というのがスミスの考え方である。

　富裕な人間が収入を家事使用人の雇用などに当てれば、生産的労働者の割合は低下する。富裕な人間が収入を貯蓄し、資本ストックを増やすことで生産的労働者は増加する。「富裕な人々が貯蓄する部分は、利潤を獲得するために直ちに資本として用いられる」（1‐529頁）。節約により資本ストックを増やすことが、蓄積（拡大再生産）の必要条件である。だからスミスは貯蓄を賛美する。

　　　「われわれが一国の真の富と収入をどのようなものであると想像するにせよ、……すべて浪費家は公共社会の敵であり、節約家はすべてその恩人である。」（1‐533頁）

　経済が発展するにつれて人々は自然と浪費を減らしていくだろうとスミスは考えた。スミスが問題にしたのは個人の浪費よりもむしろ、国家による浪費である。次の引用にある必要以上の軍隊への支出には、植民地アメリカを維持するための軍隊への支出が読みこめるであろう。

　　　「大国が、私的な浪費や不始末によって貧乏になるようなことは決してないが、公的な浪費や不始末によってそうなることは時々ある。公収入の全て、またはほとんど全ては、たいていの国では、例えば次のような不生産的な人間の維持に用いられる。すなわち、多数の人が群がる壮麗な宮廷、宗教関係の大造営物、平時には何物も生産せず、戦時には戦争継続の間ですら自分たちの維持費をまかなう何物も獲得しない大艦隊や大陸軍、などを構成する人々がそれである。そういう人々は、自分自身は何も生産しないので、他の人々の労働の生産物によって全て維持される。」（1‐535頁）

　スミスは生産的労働の規定として、有体物を生産する労働という意味の他に、雇用主に利潤をもたらす労働という意味でも用いている。この二つの生産的労働の規定は必ずしも一致しないので、「生産的労働の二面的規定」と

しばしば批判されてきた。例えば、タクシードライバーは、サービス労働であるが利潤を生み出す。逆に、大金持ちのおかかえ工芸家の労働は、モノを生産するが利潤を生み出すわけではない。18世紀には二つの規定にそれほどズレが生じなかったが、分業の進展につれて一致しない職種が増えてきたと考えればよいだろう。

6-9 貯蓄＝投資論

スミスの貯蓄賛美論は貯蓄が必然的に投資されるという想定に支えられている。この想定は後にセー法則として整備され、ケインズが登場するまでの古典派、新古典派経済学における標準的な前提となっていく。スミスの議論をたどってみよう。

> 「人は、自分の収入のなかから貯蓄する全てを自分の資本に追加することで生産的労働者の追加数を維持するのに用いるか、あるいはそれを利子と引き換えに、すなわち相手の利潤の一部と引き換えに他人に貸し付けて、その人が資本を活用できるようにする。」（1 -528頁）

収入は貨幣で受け取る。だから今日の人間ならば、この引用を次のように理解するだろう。「貨幣で得た収入を自分のための消費に用いるのではなく、貯蓄する。この貯蓄した分を、自ら追加労働者の雇用に利用するか、それとも直接にあるいは金融機関を経由して他人に貸し付ける。貸付を受けた人間はそれを資本として使用する」。しかし、このような理解だけでは不十分である。というのは、スミスの議論は古典派特有の実物経済論に支えられているからである。古典派は貨幣の動きの背後にある実物の動きこそが、本当の経済の動きであると考えていた。そこで貨幣の動きを捨象して実物だけに着目する議論をしばしば展開した。だから資本は主に労働者の消費財としてイメージされることになった。上の引用で「資本を活用する」というのは、消費財（主に食糧）を渡して労働者を雇用する、というイメージなのである。実際には、雇用者が賃金を貨幣で支払い、労働者が受け取った賃金で消費財を購入するのであるが、これらのプロセスをワンセットのものとして扱ったのである。雇用者（富裕なもの）は階級全体として、労働者が消費する消費財を所持していると認識されているのである。

さて、スミスは一国の豊かさが生産的労働者の割合によって左右されると

指摘していた（第2篇のテーマ）。このような考え方は、資本ストックを労働に還元して把握するという見方を生み出すこととなった。今日的には機械は資本ストックの重要な構成要素であるが、スミスはそれを生産する労働にさかのぼって考察しようとした。つまり、設備投資として機械を購入するのは、機械製造の労働者を雇用することと同じだと考えたのである。結局、その雇用も労働者への消費財の支払いとして把握された。スミスをはじめとして古典派経済学者の資本概念には曖昧なところがあるが、ここで述べたように労働者の雇用のためにとっておかれた賃金財でイメージされることが多い。この賃金財は後に賃金基金と呼ばれるようになる。貯蓄＝投資＝生産的労働者の消費という関係が理解できたであろうか。以上のことが理解できれば、次の引用も分かるはずだ。不生産的労働者の雇用が富者自身の消費の一部と見なされていることに注意して読んでもらいたい。

　　「年々貯蓄されるものは、年々消費されるものと同じように規則的に消費され、またほぼ同じ期間内に消費される。だが、それが誰によって消費されるかによって違いが生じる。富裕な人の収入のうち、彼が年々消費する部分は、たいていは怠惰な客人や家事使用人によって消費される。これらの人たちは消費したあとには何も残さない。ところが富裕な人が年々貯蓄する部分は、利潤を獲得するためにただちに資本として用いられるのであるから、前者と同じやり方でまた同じ期間内に消費されることになる。しかし、前者とは異なった人々、すなわち労働者、製造工、手工業者によって消費されるのであって、この人たちは自分たちの消費の価値を利潤とともに再生産するのである。」（1-529頁）

　消費財は富者、不生産的労働者、生産的労働者のいずれかが消費する。前二者の消費しなかった分が貯蓄であり、それが資本として使用され生産的労働者の雇用に使われるというのである。さて、古典派的な実物経済論では、貯蓄は必ず投資されると考えられていた。もし、貯蓄が投資されないとすれば、それは消費されない消費財が富者の手元に積み上げられることになってしまうからだ。古典派の蓄積論のポイントは、(1) 貯蓄が投資を決定する（逆ではない）、(2) 投資されない貯蓄は存在しない（ミス・マッチを除く）、(3) 蓄蔵手段（価値貯蔵手段）としての貨幣の存在はそもそも蓄積論から排除されている。これらのポイントが正しいとすれば、富裕なものが貯蓄を増やすために消費を減らしたとしても、誰かが（つまり生産的労働者が）必ず消費するはずである。よって、需要不足が発生することはありえない。スミ

スが貯蓄を賛美したのは、このように需要不足という事態が理論的に排除されていたからである。

　もっとも、スミスとて資本が有効に使われない可能性があることを完全に否定していたわけではない。スミスの議論には実物的な資本と貨幣との混同があるが、大まかに整理すれば有効な投資主体のところに資本がうまく配分されないでデッド・ストック化する可能性も認めている。これは総需要の不足というよりも、資本配分のミス・マッチと見なした方がよいだろう。デッド・ストックを活性化させるために信用に一定の役割があることをスミスは認めている。具体的には手形あるいはそれを割引して発行される銀行券によるデッド・ストックの流動化である。こうした信用機構の担い手という限りでは銀行の役割も肯定的に認めている。ただし、金融の不安定性に懸念を抱いていたスミスは、割引は真正手形（商品の売買にともなって振り出される手形）に限定すべきことも強調した。ステュアートのように信用による需要創出という積極的な役割を銀行に認めることはなかったのである。

　マンデヴィルの有効需要論では消費こそが生産を生み出す要因であった（浪費賛美論）。スミスはマンデヴィル的な経済像を破壊し、その後150年以上続く経済学の大前提＝セー法則を樹立したことになる。セー法則とは供給されたものには需要があるという考え方である。セー法則は、古典派の傍流マルサスによる消費と生産とのギャップという批判や、マルクスによる蓄蔵貨幣論などの挑戦を受けるが、ケインズが登場する1930年代までは自明の法則として経済学に君臨することになる。

6-10　資本の投資順序

　資本は投資部面によって生産性が異なるとスミスは主張する。同額の資本を投資した場合に農業、工業、国内商業、外国貿易の順番で付加価値は小さくなるというのである。資本の効率性を問題にしたのは重商主義政策を批判するためである。本来ならば「自分自身の私的利潤に対する配慮から」（1-585頁）、効率性の順にしたがって資本は投下されていくはずである。しかし、重商主義政策が実行されているために、あるいはそれが廃止された後までも、不自然な慣習によって、外国貿易に資本が過剰に投下されているとスミスは言う。

「〔政治経済学の〕目標としては、国内商業よりも消費物の外国貿易を、またはこの二つのどれよりも中継貿易を優先させたり特別に奨励したりすべきではない。」（1-581頁）

「事物の自然の成り行きとして、およそ発展しつつあるすべての社会の資本の大部分は、まず第一に農業に、ついで製造業に、そして一番最後に外国貿易に投下される。……ヨーロッパのすべての近代国家においては、この自然の順序が多くの点でまったく逆転されている。」（2-10頁）

もっとも、資本の効率性に部門ごとに差があるというスミスの説明は明瞭ではない。例えば、農業の生産性が高い理由として、農業では土地自体の肥沃さが生産性の上昇に寄与するとか、役畜も労働するといった説明を行なっている。この説明には混乱があり重農主義の残滓として指摘される箇所でもある。スミスの説明の曖昧さは、その後の工業化の進展をどのように受け止めるのかという関心とも重なって、マルサスやリカードウをはじめとして多くの経済学者を巻き込む農業の生産性を巡る論争へと発展していく。

小括：成長の好循環
　第1、2篇の議論は、所得格差を縮小させながら、経済成長がさらなる成長の条件を準備する好循環として整理することができる。

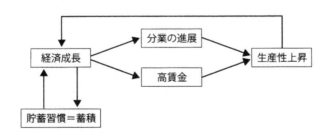

6-11　商業の秩序形成機能

スミスの文明社会の大雑把なイメージを経済史を中心的に論じている第3篇で確認しておこう。文明社会以前は「戦闘状態」でかつ、住民は「領主に対して奴隷的隷属状態」に置かれていた。ここに自由と安全をもたらしたのが商工業であったというのがスミスの歴史観である。

「従来ほとんどつねに隣人とは戦闘状態にあり、領主に対しては奴隷的隷属状態におかれて暮らしてきた農村住民の間に、商業と製造業は徐々に秩序と善政をもたらし、それとともに個人の自由と安全をももたらした。この点はほとんど注意されていないのだが、商工業がもたらした結果の中でもっとも重要なものである。」（2-53頁）

このような商工業の発展をもたらしたのは、それを意図することのなかった人たちであったとスミスは述べている。「社会の幸福にとって至上の重要性をもつ一変革が、このようにして、社会に貢献するつもりなど少しもない二種類の人々によって引き起こされたことになる」(2-64頁)。その人たちとは、「子供じみた虚栄心」により製造品を欲する大地主と、「自分の利益だけを念頭において儲けられるところでは儲けようとする」商人や職人たちであった。経済発展における意図せざる結果の論理である。スミスもまた、都市の商工業と農業との分業が経済を発展させてきたと見ている。しかし、商工業を先導役とした経済発展を不自然なものとした。

「ヨーロッパの大部分を通じて、都市の商工業は農村の改良と耕作の結果ではなく、その原因であり誘引であった。けれども、この順序は事物の自然の成り行きに反しているので、必然的にその歩みは遅くかつ不確実である。富が商工業に依存することの大なるヨーロッパ諸国の遅々たる進歩を、富が農業の上に築かれているわが北アメリカ植民地の急速な発達と比較してみるがよい。」(2-65頁)

ヨーロッパでは政策によって自然な経済発展が歪められ遠隔地交易に資本が投下されやすい。これに対して、アメリカ植民地では農村と都市の緊密な関係が発展していたという。

「未耕地を容易に取得できるわが北アメリカ植民地においては、遠隔地向けの販売を目的とする製造業は、どの都市にもまだ始まっていない。北アメリカでは、一職人が近郊農村に供するための商売を営むのに必要とするものに加えて、ほんのわずかな余分な資本を得たときには、彼はその資本をもって遠隔地向けの製造業を始めようとはしないで、未耕地の購入と耕作にそれを投下する。」（2-8頁）

6-12 政府の役割

　『国富論』では随所で重商主義批判が行なわれている。重商主義政策の中で、もっとも厳しく批判した植民地政策から見ていこう。

　　「ヨーロッパ諸国の政策は、アメリカ植民地の最初の建設においても、また、その植民地の統治に関する限り、その後の植民地の繁栄においても、誇るに足るものはほとんどない。愚劣と不正、これこそが植民地建設の最初の計画を支配し指導した根本の動機であったようだ。すなわち、金銀鉱山をあさり求めた愚劣がそれであり、またヨーロッパ人に危害を加えるどころか、最初の冒険者たちを親切に手厚く迎えた穏やかな原住民の国土を貪欲に領有しようとした不正義がそれである。」(2-341頁)

　重商主義政策は一部の産業に保護や規制を加えることで、特定の商工業者に利益をもたらす政策である。特に問題視したのは、市場を制限して、独占利潤を得ようとした商人たちの行動である。商人たちが結託して、競争を制限するような政策がとられていることを、法律に詳しいスミスはよく理解していた。

　　「しかしながら、商業や製造業のどんな特定部門でも、商人たちの利害は、常にいくつかの点で公共社会の利益と違っているし、それと対立することさえある。市場を拡大しかつ競争を制限することは、常に商人たちの利益である。市場を拡大することは、公共社会の利益と十分に一致することがしばしばあるが、競争を制限することは、つねに公共社会の利益に反するにちがいないし、またそれは、商人たちが、自然の率以上に利潤を引き上げることによって、自分たちの利益のために、他の同胞市民から不合理な税を取り立てるのに役立つだけである。商業上のなにか新しい法律か規制について、この階級から出てくる提案は、常に大いに警戒して聞くべきである。また、その提案を採用するにあたっては、最も周到な注意ばかりか、最も疑い深い注意をも払って、長く念入りに検討しなければならない。」(1-406頁)

　特権や制限がなくなれば、「自然的自由の制度」が実現すると考えた。それは「正義の諸規則」の範囲内で個人が利益を追求していく体制である。この体制のもとではあたかも「見えざる手」に導かれるように、個人の利益の

81

追求が公共の利益の増進につながることになる。

> 「社会公共の利益を増進しようなどと意図しているわけでもないし、ま
> た自分がどれだけ増進しているのかも知っているわけではない。……彼
> らは自分自身の利得のために産業を運営するのだが、そうすることに
> よって、彼は他の多くの場合と同じく、この場合にも見えざる手に導か
> れて、自分では意図していなかった目的を促進することになる。彼がこ
> の目的を意図していなかったということは、意図していた場合に比べて
> 必ずしも悪いことではない。社会の利益を増進しようと思いこんでいる
> 場合よりも、自分自身の利益を追求する方がはるかに有効に社会の利益
> を増進することがしばしばある。社会のためにやるのだと称して商売を
> している輩が、社会の福祉を真に増進したというような話は、いまだか
> つて聞いたことがない。」（2-120頁）

　スミスは、意図せざる結果として、個人の利益の追求が公共の利益を増進
させるメカニズムを経済の分析を通じて明らかにしたことになる。次の引用
では意図せざる結果の逆、すなわち、「意図しても実現できない結果」とで
も言いうる状況にも言及がある。こうした議論は後のハイエクによって、
「設計主義の限界」として論じられていく。スミスの理想とする社会におい
て、政府の役割はかなり限定される。

> 「それゆえ、特恵あるいは制限を行なう一切の制度が、こうして完全に
> 撤廃されれば、簡明な自然的自由の制度がおのずからできあがってくる。
> そうなれば、各人は正義の法を侵さないかぎりは完全に自由に自分がや
> りたいようにして自分の利益を追求し、自分の勤労と資本をもって、他
> のだれとでも、他のどの階級とでも競争することができる。そうなれば、
> 国の主権者は、私人の勤労を監督して社会の利益に最も適合する事業に
> 向かわせるという義務から、完全に免がれることになる。もし主権者が
> この義務を遂行しようなどとするならば、常に必ずや限りない妄想に陥
> るのであって、しかも人の智恵と知識の限りを尽くしても、これを正し
> く遂行することは不可能なのである。自然的自由の制度によれば、主権
> 者が配慮すべき義務はわずかに3つである。」（2-511頁）

　主権者の義務は国防、司法、公共事業（および公共施設）に限定される。
国防と司法は文明社会の大前提である所有権や契約を遵守、維持させるため

に必要なものである。公共事業は、社会にとっては有益であっても「個人または少数の個人ではそういう事業からの収益で費用をまかなうことができない」（3 -54頁）から、政府が支出すべきであるとした。

6 -13　租税 4 原則

スミスは租税をかける際に守るべき原則として、有名な租税 4 原則をあげた。

  1 ．公平：担税能力に応じた負担
  2 ．明確：支払い金額・納税の時期・支払い方法が明瞭であること
  3 ．便宜：支払うのに都合のよい時期や方法であること
  4 ．徴税費節約：徴税の費用を節約すること

公平の原則については次のように述べている。

　　「全ての国の国民は、その政府を維持するために、各人がそれぞれの税負担能力にできるだけ比例して、言いかえれば、各自が国家の保護の下で、それぞれが手に入れた収入にできるだけ比例して（税を）拠出すべきである。大国における政府の経費と各個人との関係は、一大所有地における、その経営費と共同借地人との関係に似ており、共同借地人は誰でもこの所有地から受ける、それぞれの利益に比例して〔税を〕拠出する義務がある。この原則を守るかいなかということに、いわゆる課税の公平不公平がかかっている。」（3 -220頁）

この部分の解釈には論争があり、応益原則（利益説）、すなわち受益者負担として理解される場合が多い。しかし、私見では応能原則（能力説）と読むべきと思われる。というのは、前半は明らかに収入に比例した税負担となっているし、利益説の根拠とされる「所有地から受ける利益」にしても、支払い能力の説明と解釈可能だからである。このパラグラフ自体には解釈の幅がありうるにしても、これ以後に展開される個々の租税の検討において、第 1 原則は明らかに税負担能力として解されている（3 -225頁）。

スミスはこれら 4 原則とは別に、生産の妨げになりにくい租税を選ぶべきとしている。実はこの基準をもっとも重視している。これらの基準を完全に

83

クリアする租税は存在しないが、比較的優れた税として、奢侈品にかける税と土地の評価にもとづいた地代税および家屋の敷地にかける税などを推奨している（現代風に言えば、高級品への物品税と固定資産税にほぼ相当する）。他方、賃金や利潤にかける税を批判している。

『国富論』の最後は公債論である。18世紀イギリスは対仏戦争やアメリカ植民地維持などで経費がかさみ、膨大な財政赤字を生み出していた。スミスは北アメリカ植民地を批判して、大西洋のかなたに帝国を所有しているというのは幻想であると述べている。それは「帝国そのものではなく、帝国建設の企画だった。金鉱ではなしに、金鉱発見の企画でしかなかった。しかも、その企画たるや、およそ利益をもたらしそうもないのに、莫大な経費がかかり、かかり続けている」。だから、利益ではなく損失ばかりをもたらす植民地をただちに放棄せよと主張する。

> 「いまこそ、わが支配者たちは、国民ばかりか、どうやら自らもふけってきたこの黄金の夢を実現して見せるか、それができないのならば、率先してこの夢から醒め、国民を覚醒させるよう努めるべき時である。計画を完成できないのならば、計画そのものを捨てよ。……大ブリテンは、戦時にこれらの領土を防衛する経費、平時にその政治的・軍事的施設を維持する経費を免れ、未来への展望と計画とを、その国情のおかれている状況に合致させるようにすべき時なのである。」（3-439頁）

6-14 俗説的解釈

スミスが文明社会を肯定的に見ていたことは間違いない。しかし、スミスの意図を超えた一面的な解釈が長年行われてきたのも事実である。例えば、「レッセ・フェール論者スミス」や、「スミスは政府を必要悪と見なしていた」といった俗説的解釈である。そもそもスミスは経済学を立法者の科学として提示したのであって、政府必要悪論などではない。むしろ国家収入の増大を目指していた。

> 「政治経済学は、およそ政治家あるいは立法者たるものの行うべき学の一部門としてみると、はっきり異なった二つの目的を持っている。その第一は、国民に豊かな収入もしくは生活資料を供給することである。つまり、もっとはっきり言えば、国民にそうした収入や生活資料を自分で

調達できるようにさせることである。第二は、国家すなわち公共社会に対して、公務の遂行に十分な収入を供することである。だから経済学は、国民と主権者の双方をともに富ませることを目指している。」（2-75頁）

『国富論』全体を政府と市民社会との分業論として読むことさえ可能である。すなわち、第1、2篇が市民社会内部の分業論を、第3、4篇が重商主義批判を通じて国家による分業の消極的側面を、第5篇が国家による分業の積極的側面を、それぞれ扱った「総分業体制論」として解釈できるのである。「商人〔民間〕の性格と主権者〔政府〕の性格ほど両立しえない性格はない」（3-212頁）と述べているように、市民社会と国家は全く異なる原理において機能する。今日的な表現を用いれば、民間のやるべき仕事と政府のやるべき仕事の違いをスミスは示そうとしたのである。

市民社会における資本家の利己的な活動をスミスは肯定する。しかし、資本家階級は政治の担い手にはふさわしくない階層と見なされている。『国富論』において政治の担い手として期待されているのは地主である。彼らは利己的な原理ではなく、社会全体の利害に即して行動すると考えていたからである（地代は社会の進歩とともに増大する。それゆえ、地主の利益と社会全体の利益は合致する、というのがスミスの見方である）。

文明社会において労働者が勤勉になっていくという肯定的側面を強調したが、同時に分業による部分労働者化の問題と都市における放縦の問題も見失ってはいない。

「分業の発達とともに、労働で生活する人々の圧倒的部分、つまり国民大衆のつく仕事は、少数のしばしば一つか二つのごく単純な作業に限定されてしまうようになる。……努めて理解力を働かせたり工夫を凝らしたりする機会がない。こうして、自然にこうした努力をする習慣を失い、たいていは神の創った人間としてなり下がれるかぎり愚かになり、無知になる。……進歩した文明社会ではどこでも、政府が何か防止の労をとらぬかぎり、労働貧民、つまり国民大衆が必然的に陥る状態なのである。」（3-143頁）

この対策として初等教育の義務化を提案している。小学校の建設は政府の負担である。文明社会の根幹に位置する分業でさえも、政府による教育抜きでは円滑に進展できないことを認めているのである。さらに文明社会がもた

らした放縦の問題にも目を向けている。

> 「田舎の村にいる間なら、彼の行動は注目もされようし、自分の行動に
> 気を配らなければならないかもしれない。……ところが、大都会に出て
> 来るやいなや、彼は世に埋もれ、不善のうちに身を潜める。……ありと
> あらゆる低劣な道楽と悪徳に身を持ち崩すことにどうしても陥りやす
> い。」（3 -169頁）

　このように手放しで文明社会を肯定していたわけではない。「資本主義体
制の擁護者スミス」といったスミス像にも大幅な修正が必要である。今日の
資本主義社会において金融システムが占めるウェイトはきわめて大きい。し
かし、18世紀の多くの論者に共通する金融に対する不信感をスミスも抱いて
いた。1772年に貸付を主要な業務とするスコットランドのエア銀行倒産をス
ミスは身近に見ていた。スミスも、商人が支払いの準備として手元に遊休さ
せておく金貨銀貨を活性化させるという限りでは銀行の役割を肯定的に見て
いる（1 -498頁）。また、鋳造コストを削減できるという点では銀行券のメ
リットも認めている。しかし、銀行には「紙券というダイダロスの翼で吊り
下げられている」危険性がたえずあると見ていた。信用貨幣はその背後に商
品の売買を伴うものでなければならないと考えていた（真正手形説）。スミス
は現代資本主義の根幹と言える株式会社制度も、過剰発券の危険性が高い信
用創造もともに否定している。

> 「銀行や銀行業者は、手形割引やキャッシュ・アカウント（確実な保証
> 人を条件とする貸し付け）という便宜を提供する以上に業務を広げよう
> とすれば、自分たちの利益と安全を損なうことになる。銀行というもの
> は、自分の利益に忠実であろうとすれば、一人の商人に営業する際の流
> 動資本の全部、またはその大部分でさえも貸し付けることはできない。
> なぜならば、……〔銀行への〕還流の総額は流出の総額からあまりにも
> かけ離れているからである。……まして銀行が、固定資本のかなりの部
> 分を貸し付ける余地などあろうはずはない。」（1 -472頁）

　基本的にスミスは、「自然的自由」を実現することが政府の役割であると
認めている。しかし、銀行による手形の振り出しについては、社会の安全を
脅かすという理由で、例外として「自然的自由」を侵害してもかまわないと
主張した。

「疑いもなくこのような〔手形発行・割引に対する〕規制は、ある点では自然的自由の侵害と見なすことができよう。しかし、少数の人の自然的自由の行使が、もし、社会の安全を脅かす恐れがあるならば、最も自由な政府であっても、最も専制的な政府の場合と同じように、政府の法律によって抑制できるし、また抑制されるべきものである。」（1 -505頁）

第7章　古典派経済学の展開

7-1　マルサスの時代

『国富論』は「分析的」というよりも、歴史叙述の多い「記述的」な性格の強い書物であった。産業革命期の経済社会を理論的に分析したのがリカードウ (1772-1823) である。記述的な『国富論』に対して、リカードウはきわめて論理的な体系を提示した。リカードウは古典派経済学の頂点に位置し、その経済学はマカロック (1789-1864) やジェームズ・ミル (1773-1836) などの古典派経済学者たちばかりでなく、マルクスにも継承されていく。他方で、リカードウの親友であり、論争相手であったマルサス (1766-1834) は、リカードウ経済学に反旗を翻した一人である。マルサスはイングランド南部に生まれ、ケンブリッジ大学を卒業し、イギリス国教会の牧師となる。後に東インド大学で経済学の教授となる。これは世界で最初の経済学の教授職と言われている。主著『人口論』(1798) は広範な領域に大きな影響を及ぼし、ダーウィンの進化論にもインスピレーションを与えた。リカードウとの経済学上の論争は『経済学原理』(1820) として結実した。

スミスは近代的な3階級社会として資本主義社会を把握したが、それは現実そのものというよりも将来社会の洞察にもとづいたものであった。マルサスが活躍した時代は、産業革命が独立生産者を没落させ、資本家・賃労働者・地主の3階級社会が完成していく時代であった（独立自営農民ヨーマンは1815年に消滅したとされている）。スミスが予想したように産業革命は飛躍的に生産力を上昇させていた。しかし、19世紀初頭のイギリス社会では、富裕の一般化は必ずしも妥当していたとは言えない。産業革命は貧しい労働者階級を生み出しつつあり、貧困と道徳的退廃が彼らの間に蔓延していた。資本主義社会はバラ色の社会と見なされていなかった。18世紀末になると食糧不足や物価上昇により農村は困窮した。これを救済するために1795年にスピーナムランド制度という救貧制度がイングランド南部で始まる。それ以前

の救貧制度は救貧院（ワーク・ハウス）に収容された貧窮者のみを救済の対象としていたが、スピーナムランド制度は救貧法を拡大適用し、院外にまで対象を広げて、低賃金の補填を教区（教会を中心に編成された地域行政の単位）が行うようにした。

7-2 マルサスの平等主義批判

　フランスでは革命（1789-1799）の勃発により旧体制は瓦解した。フランス革命はロベスピエールらのジャコバン派によって急進化する過程で、近代化への市民革命という枠を越えて、平等主義的な思想を生み出していく。この思想はイギリスにも影響を与え、労働運動や議会改革運動を活気づけることになった。フランス革命に対する熱狂的雰囲気の中で生まれたのが、無政府主義者ゴドウィン（1756-1836）の『政治的正義に関する研究』（1793）である。ゴドウィンは人間の進歩に全幅の信頼をよせており、ユートピア社会が実現できると考えていた。人間の理性はどこまでも進歩し、自然は理性が生み出したテクノロジーによって管理され、人間の欲望も理性によってコントロールされるようになると考えた（テクノロジーの進歩で人間は不老不死になるとさえ言っている）。こうした社会を実現するにあたって、私有財産制度や政府は障害でしかなかった。私有財産制度がなくなれば階級のない平等社会が実現し、労働時間は短縮され、貧困は解消すると考えた。さらに、平等社会が実現すれば、人々の間に支配従属関係がなくなるから、人々を抑圧する機関に他ならない政府は必要なくなると考えていた。

　マルサスはゴドウィンの平等主義を批判するために『人口論』を匿名で出版した。マルサスにとってユートピア社会の議論はまさに机上の空論であった。社会問題を全て社会制度に起因するとしたゴドウィンに対して、マルサスは社会制度ではなく、人間の本性こそが害悪の根源であると批判した。

　　「ゴドウィンが提唱している平等の制度は、疑いもなく、これまでに現れたいかなる制度にもまして、美しく魅力がある。理性と信念とだけによって創り出される社会の改良は、力によって実現され維持されるいかなる変革よりも、ずっと永続する見込みがある。……しかし、その時は決して来ることがないのである。その全部が夢であり、想像の美しい幻想にすぎない。われわれが現実生活にめざめ、地上における人間の状況を考察するとき、これら幸福と不死との『豪華な宮殿』、これら真理と

有徳との『荘厳な寺院』は、『基礎のない幻想の建造物のように』解体するであろう。」（110頁）

「ゴドウィンがその著作全体を通じて犯している大きな誤謬は、市民社会におけるほとんどすべての悪徳と不幸を人間の制度のせいにしていることである。……人間の制度は、人類にとって多くの害悪の明白かつ顕著な原因だと思われるけれども、だが実際には、人間の生命の源泉を腐敗させ、その全部の流れを混濁させる不純なもっと根深い諸原因に比べると、表面に浮かぶ羽毛にすぎない。」（111頁）

ゴドウィンが理想とした社会では、人々は平等で飢えの心配をすることもないし、両性の自由な交渉を保証するために結婚の制度もない。マルサスは子供の養育コストを親が負担しない理想社会は人口抑制の動機がなくなり、人口増加のゆえに破綻するであろうと批判した。

「私はこれほど人口増加に好都合な社会形態を考えることができない。……人口に対するこれらの途方もない刺激があり、また、われわれが仮定したように、人口減少のあらゆる原因が除去されるので、人口は必然的にこれまで知られたいかなる社会よりも急速に増大するであろう。」（117頁）

7-3　人口原理

体制変革の無効性を説くために求められた「人口法則」は、食糧増加率と人口増加率との相違から導出されたものである。マルサスは制限がなければ「人口は25年間で倍になる」と考えた（28頁）。実際に、人口増加に障害が少ないアメリカでは25年間で人口は倍になったという経験的証拠をマルサスはあげている。人口増加の根源にあるのは「情念 passion」（性欲）の不変性である。ゴドウィンが考えた理性による情念のコントロールという考えは、マルサスには空論と思われた。

「ゴドウィンは両性の間の情念は、いずれは消滅することもあろうと推測した。……しかし、両性の間の情念の消滅の方向に向かういかなる進歩もこれまで見られなかった。それは二千年、あるいは四千年前と同じ強さで、今も存在しているように思われる。」（22頁）

情念不変論は食糧があれば人口は増大する（増殖原理）という考え方を生み出した。このシンプルな主張がマルサス人口論の要である。人口は食糧の従属変数として決定される。マルサスは生活水準上昇の可能性もある程度認めていたが、増殖原理の作用はその実現を困難なものとしていた。こうした人口の捉え方は一人当たりの実質賃金が長期的には最低水準で一定となるという考え方を生み出した。この賃金論は古典派経済学の中で「生存費説」として共有されていく。独立変数である食糧の増加は人口増加には追いつけないとした。増加率の違いを「等比数列」と「等差数列」という言葉で表現したことはよく知られている。

　　　「人口は制限されなければ、等比数列的に増大し、人間のための生活資
　　　料は等差数列で増大する。」（26頁）

　　　「〔最初の25年で食糧を倍にできたとしても〕つぎの25年に生産が4倍
　　　になりうるであろうと考えることは不可能である。それは、土地の性質
　　　に関するわれわれ全ての知識に反しているであろう。われわれが考える
　　　ことのできる最大限は、第二の25年における増大は、現在の生産高に等
　　　しいであろうということである。それでも、真実をはるかに上回ってい
　　　ることは確かであろうけれども。」（28頁）

　食糧と人口の増加率の格差から、人口に対する「制限 check」の必然性が導かれることになる。この制限は「積極的制限」と「予防的制限」に分類される。前者は幼児死亡、飢餓、捨て子、戦争などによる死亡率の上昇であり、後者はこの時代には不妊の原因と見られていた乱交、避妊や中絶などによる出生率の低下である。ちなみに、避妊も中絶同様に当時は道徳的な悪と見なされていた。イングランドのように発展している国では、子供の養育による生活水準の低下を避けるために、上層階級には予防的制限が行き渡っているとした。下層階級には幼児死亡という積極的制限が作用していると見ていた。そのためにイングランドの人口増加率は低くなっているとした。

　　　「結婚に対するこれらの〔予防的〕制限の効果は、その結果としての、
　　　世界のほとんど全ての地域で生み出されている諸悪徳、両性を脱出しが
　　　たい不幸にたえずまきこむ諸悪徳のうちに、きわめて顕著に見られるで
　　　あろう。」（54頁）

積極的制限も予防的制限もいずれも決して望ましいものではなく、「人口の優勢な力は、不幸あるいは悪徳を生み出さないでは制限されない」（36頁）ということになる。ゴドウィンのユートピアとは対照的に、人間は不幸や悪徳を免れえない存在とマルサスは見たのである。

7-3-1　道徳的抑制

不幸や悪徳が必然であるとする主張には多くの批判が向けられた。そのために、『人口論』第2版（1803）から新たな制限として「道徳的抑制 moral-restraint」をマルサスは導入した。道徳的抑制とは「予防的制限のうち不規則な（irregular）満足を伴わないもの」であり、「慎重の動機から出た結婚の抑制とその期間中に厳密に道徳的な行動をとることを意味する」（6版12頁）

道徳的抑制は禁欲を伴う結婚の延期ということになる。マルサスにとって、これだけが道徳的な悪を伴わない望ましい人口制限である。ただし、道徳的抑制が十分に広まる可能性について必ずしも明るい展望を抱いていたわけではなかった。マルサスを批判する陣営からは、道徳的抑制を導入したことをもって、「情念不変論を放棄したことになるからゴドウィン批判に失敗した」とする受け止め方が生まれた。しかし、道徳的抑制を実行させるためには、私有財産制や結婚制度が必要であると考えているから、ゴドウィン批判に本質的な変化があったわけではない。

7-3-2　救貧法批判

スピーナムランド制度は賃金がある水準を下回った場合に、救貧税によって賃金補助を行う制度のことである。今風に言えば、地方自治体による公的扶助ということになる。この制度が実施されたために、中小の地主たちは救貧税の負担増大に対して不満を抱くようになる。『人口論』初版の主要な目的はゴドウィン批判であったが、第2版以後は救貧法批判が主要な目的となっていく。マルサスの救貧法批判のポイントは、労働者に給付を行うと予防的制限（あるいは道徳的制限）のインセンティヴが破壊されること、また給付を受けることで労働者の勤勉の精神が破壊されることにあった。

「その〔救貧法の〕第1の明白な傾向は、人口を扶養すべき食物を増加することなく、人口を増大させることである。貧民は、教区の扶助なしには家族を養っていける見込みがほとんどあるいは全くないのに結婚する。したがって、救貧法は貧民を創りだして、それを扶養していると言

えよう。」(6版、417頁)

「イングランドにとって幸いなことに、独立の精神はまだ農民層の間に残っている。救貧法はこの精神を根絶する強い傾向を持っている。」(6版、418頁)

マルサスは一定の周知期間の経過後に、救貧法を廃止すべきであると提言した。もっともマルサス自身は、救貧法は実際にそれほど人口を増加させていないと次第にトーンダウンしていくのだが、人口原理をベースにしたマルサスの救貧法批判は、救貧法改正運動の中で大いに利用されていくことになる。1834年に救貧法は改正され、院外給付は厳しく制限されていく。マルサスは政府が直接貧困問題を解決することは不可能であると見ていた。しかし、教育制度を整備することで、将来を配慮できる人間の育成を通じて、間接的に道徳的抑制を普及させる条件を整えることは可能であると考えていた。

救貧法のように強制的な救済ではなく、キリスト教の慈悲の精神から行なわれる自発的な貧者救済をマルサスは擁護した。しかし、自発的な貧者救済を実行しなくとも正義に反することはない。したがって、伝統的な分配的正義の考え方をマルサスは退けたことになる。貧者に食糧が行き渡るようにしても、それは人口増大を生み出すだけで、結局のところ貧困の解決にはならず、むしろ過剰人口の原因になる。分配的正義の実現は原理的に不可能ということになる。貧困の解決は人口の抑制を図る貧民自身に委ねられたのである。

7-4　リカードウと地金論争

リカードウ (1772-1823) は、株の仲買人として大もうけし、1799年に休暇先で読んだ『国富論』がきっかけとなり経済学の研究を開始する。19世紀初頭のイングランドで盛り上がった二つの経済論争、地金論争とその後の穀物法論争に加わることで自らの理論体系を構築していった。階級間での分配問題を焦点にした体系的な『経済学原理』(1817) は、数式こそ登場しないが、きわめて緻密な理論構成となっており、その時代としては異色であった。その

ために「宇宙人のようだ」と評された。

　18世紀にはまだ中央銀行が存在していなかった。民間の金融業者たちが設立したイングランド銀行は、ロンドンでの銀行券の独占的な発行権を持っていたが、あくまで民間業者に他ならず、他の地域では小規模な地方銀行がそれぞれの銀行券を発行していた。ナポレオン戦争期の1797年にフランス兵がウェールズに上陸した。この情報は人々をパニックに陥れ、人々は安全な資産である金を争って求めようとした。そのために、地方銀行は兌換請求（銀行券の金貨への交換）に見舞われる。金準備の枯渇した地方銀行はイングランド銀行から金貨を借り受けようとした。しかし、イングランド銀行も金準備が急速に減少していた。そこで政府はポンドと金の一時的な兌換停止を決定した。この兌換停止は1821年まで継続する。金本位制が停止したために多くの商品の価格が上昇し始め、とりわけポンドで表示される地金価格の上昇が注目をあびるようになった。また、為替市場では外国の通貨に対してポンドが下落する事態、すなわちポンド安が起きていた。こうした状況の中で物価上昇の原因やその対策をめぐる論争が生まれた。これが地金論争である。

　リカードウやマルサスは地金主義者と呼ばれた。彼らはイングランド銀行券の過剰発行が物価上昇の原因であるとした。もし、金貨だけが貨幣として用いられているとすれば、一国の経済を動かすのに必要な貨幣の流通必要量が存在すると彼らは考えた。必要量を越える貨幣が存在するとすれば、物価が上昇してしまう。これは国際的に見て貨幣の価値が下落することを意味する。そこで金貨は国内の流通に使われるのではなく、海外に送り出される。こうして流通必要量まで貨幣は減少する。銀行券が使用されていたとしても、兌換が維持されていれば、過剰な銀行券は兌換され金貨が海外に流出し、銀行券の流通量は減少する。こうして同様のメカニズムが働く。兌換が停止してしまうと、このメカニズムは働かない。流通必要量を上回る銀行券の過剰供給があれば、銀行券の価値は下落する（＝物価上昇）というのである。銀行券が過剰かどうかは地金価格を見れば判断できると地金主義者たちは考えた。

　これに対してイングランド銀行の理事たち反地金主義者たちは、銀行券の過剰発行という議論を否定する。彼らは商業手形の割引によって銀行券が発行されることを強調した。つまり、民間の経済活動を反映して銀行券の供給量が決定されていると地金主義者に反論したのである。反地金主義者の主張

によれば、物価上昇や為替下落の責任はイングランド銀行にはないことになる。

　商業手形の割引によって銀行券が発券される場合には、割引率（短期の利子率に相当）を変動させることで発券量を調整することが可能である。したがって、たとえ銀行券が需要に応じて発行されているにしても、利子率を操作することで発券量は異なるはずである。さらに言えば、民間への貸付という経路でも銀行券は発券されていく。貸出金利を操作すれば、貸付による発券量を調整することも可能である。つまり、発券量についてイングランド銀行に責任がないとする反地金主義者の主張には無理があったことになる。事実、1819年になると地金主義者の主張に沿う形で2年後の兌換再開が決定され、実行されていく。リカードウはこの論争を契機にして、準備金の増減に連動して銀行券を発行する中央銀行制度を提案する。

　理論的には地金主義者の方がはるかに緻密な議論を展開していたと言えよう。ただし、資金不足に見舞われていた地方銀行に資金供給を行わないならば、信用システム全体が崩壊しかねない状況が存在していた。イングランド銀行は銀行券の過剰発行を余儀なくされていたのである。今日的な言い方をすれば、「最後の貸し手」としての中央銀行の役割をイングランド銀行は事実上、果たしていたことになる。また、反地金主義者の主張の中には、物価上昇という犠牲を払えば利子率を低く抑えることで経済活動を促進できるとする見解もあった。つまり、金融政策による不況対策という考え方である。ステュアートにも見られたこのような考え方は、19世紀を通じてマイナーな経済学者の間で繰り返されていくが、表舞台に登場するのは20世紀のケインズを待たなければならなかった。

7–5　穀物法論争と穀物モデル

　1789年に勃発したフランス革命は急進化していく。1793年イギリスはプロイセン、スペイン、ポルトガル、オーストリアとともに対仏大同盟を組織して、反革命戦争を開始する。フランス側にナポレオンが登場することで戦線はヨーロッパ全域に広がるが、1815年に戦争は終結する。イギリスはもともと穀物輸出国であったが、産業革命開始期の1760年ごろから輸入国に転換していた。対仏戦争により輸入穀物価格は上昇し、ナポレオンによる大陸封鎖（1806年）がそれに拍車をかけた。穀物価格の高騰はイギリス国内の農業投

資を活発化させた。しかし、戦争終結が近づいた1813年には大陸からの穀物輸入と豊作とがあいまって、穀価は暴落した。そのために農業所得は激減し、多くの農業労働者が解雇された。議会は1815年に「穀物法」を改正させる。穀物法は穀価が下がったときに輸入小麦に高い関税をかけることで、国内の農業を保護しようとするものであり、地主階級の利害に立つ政策であった。

　穀物法の改正に際しては、その是非をめぐって議会内外で様々な論争が繰り広げられた。政治的に実権を握っていた地主階級の利害をどうすべきか、あるいは進展しつつあった工業化をどう評価すべきか、等々の論点が提出されたのである。この穀物法論争で活躍したのが、穀物法改正を支持したマルサスと反対したリカードウであった。ともにスミスによりながら、リカードウは『国富論』から投下労働価値説を取り出すことで、他方マルサスは価値構成説を取り出すことで、全く正反対の議論を展開したのである。

　穀物法論争において『利潤論』(1815) を執筆し、穀物法撤廃を主張したのがリカードウである。そこで用いられたのが、貿易が行なわれていない経済における資本主義的農業（イギリスで支配的であった地主、農業資本家、農業労働者からなる農業）を単純化した「穀物モデル」と呼ばれるモデルである。その前提は以下のとおりである。

　　(1)耕作を拡張するにつれて土地の生産性は低下する（収穫逓減）。
　　(2)マルサスの人口原理に由来する賃金の生存費説が妥当し、労働者の実質賃金は一定である。単純化のために労働者は小麦だけを消費する。
　　(3)農業で生産に土地と労働だけが用いられ、単純化のために労働者一人当たりの耕作面積は一定とする。
　　(4)資本家間で競争が行なわれるために利潤率（このモデルでは費用は賃金だけだから利潤率＝利潤÷賃金）は均等となる（均等利潤率）。

　貿易がないとすれば人口に比例して食料を生産する必要がある。それに応じて農業部面では優等地から順に肥沃度の劣る土地へと資本が投下されていく。生産物は賃金、利潤、地代に分配されるが、後述するように最劣等地では地代は発生しない。生存費説により実質賃金は一定であるから、最劣等地の生産物から賃金部分を引けば、残余が利潤ということになる。こうして最劣等地で利潤率が決定される。均等利潤率が成立しているから、最劣等地で決まった利潤率が他の土地における利潤率を決定することになる（さらには工業部門の利潤率も決定する）。肥沃度の高い土地では、生産物から賃金と利

潤を引いた部分が地代として残る。このように最劣等地との生産量の差に応じて生まれる地代を「差額地代」という。

　数字例を用いて説明しておく。表は１人当たりの生産量と分配を示したもので、数字は小麦量（Kg）である。最初は第１等地が全て耕作されていて、さらに第２等地も一部耕作に組み入れられているとする。労働者は賃金として50の小麦を受け取るとしよう。第２等地（最劣等地）は地代を生まないから、そこでの生産量から賃金分を引いたものが利潤40となる。均等利潤率が成立しているから、第１等地でも利潤部分は40となり、残りが地代となる。

　耕作拡張前

	生産量	賃金	利潤	地代
第１等地	100	50	40	10
第２等地	90	50	40	0

　ここで最劣等地において地代が生じない理由を説明しておく。全ての第２等地を耕作しなくとも社会的な需要は満たせるとしよう。そうすると借手のいない第２等地が存在することになる。借手がいなければ地代収入がゼロになるから、第２等地を所有している地主は、地代を引き下げてでも土地を貸そうとするはずだ。その結果、地代の引き下げ競争がおこり、第２等地の地代はゼロに近づいていく。

　人口が増大して食料需要が増大すると、第２等地を全て耕作しても小麦が足りなくなる。そうすると肥沃度の劣る第３等地にまで資本が投下されることになる。その結果、今度は第３等地が最劣等地となり、そこで利潤率が決定される。こうして耕作の拡張は利潤率を低下させ、地代を増加させる。

　耕作拡張後

	生産量	賃金	利潤	地代
第１等地	100	50	30	20
第２等地	90	50	30	10
第３等地	80	50	30	0

　見て分かるように、地代は増加するが利潤率は低下する。輸入が行われないと、利潤率は低下していき、やがては蓄積が停止してしまうであろうとリ

カードウは予測した。それを防ぐためには、穀物を輸入して利潤率の低下を回避することが必要となる。地主階級の利害と資本家階級の利害とが対立することを単純なモデルで示し、自由貿易が必要であることを示した。

リカードウの議論は生産性の低下、すなわち供給面に着目したものである。これに対してマルサスは需要の側面を問題にした。工業製品の主要な需要者は奢侈品を主に消費する地主であると考えた。それゆえ、自由貿易が実行されて地代収入が減少すると、工業製品への需要が減少し、農業のみならず工業でも生産が縮小すると予想した。マルサスも差額地代論を主張したが、重農主義者同様に地代の源泉を自然が生産してくれたものと考えた。また、マルサスは国の安全保障の観点からも、食料を海外に依存する危険性を主張した。

7-6 投下労働価値説と分配論

穀物モデルにおいては農業部門での投入と産出は穀物だけであった。しかし、現実には労働者は穀物以外のものを購入するし、また農業でも農機具なども使われる。それゆえ、より一般的な議論を行うためには、穀物に代えて価値論に立脚した分配論を構築する必要があった。こうして投下労働価値説を土台にした『経済学原理』(1817) が書かれることになる。『原理』は分析の出発点である投下労働価値説をまず提示し、そこから分配論を展開する構成となっている。主要な章は下記のとおりである。

第1章	価値論
第2、3章	地代論
第5章	賃金論
第6章	利潤論
第7章	貿易論
第8-18章	租税論

『原理』では経済学の目的とこれまでの経済学の欠陥が冒頭で指摘される。リカードウによれば、従来の経済学は投下労働価値説を採用しなかったために、分配の動向について分析的な結論を導出できなかったという欠陥がある。

「大地の生産物……は、社会の3階級、すなわち、土地の所有者、その

耕作に必要なストックつまり資本（キャピタル）の所有者、およびその勤労によって土地が耕作される労働者の間に分割される。……この分配を左右する法則を決定することが、経済学における主要問題である。この学問は、チュルゴー、ステュアート、スミス、セイ、シスモンディその他の著作家によって、大いに進歩したけれども、彼らは地代、利潤、賃金の自然の成り行きに関しては、満足な知識をほとんど与えていない。」(5頁)

「人間の勤労によって増加しえない物を除外するかぎり、これ〔労働〕が実際に全ての物の交換価値の根底であるということは、経済学におけるもっとも重要な学説である。……もしも商品に実現された労働量がその交換価値を左右するものとすれば、労働量のあらゆる増加は、労働が投下されたその商品の価値を増加させ、同様に減少は価値を下げる。」(16頁)

　投下労働価値説は商品の生産に必要な労働時間で商品の価値が決定されるとする理論である。それゆえ商品の投下労働が不変の時に、賃金の価値が上昇すると論理的に利潤の低下を導出することができる。ここで問題となるのが賃金の価値である。リカードウはそれを実質賃金の価値、すなわち労働者が購入する生活手段の価値で規定した。穀物モデルで想定したように労働者の生活手段が物的に一定の量であったとしても、その価値が上昇すれば、賃金の価値が上昇することになる。生産の領域で決定された価値が賃金と利潤に分解されるので、投下労働価値説を前提とした分配論は価値分解説と呼ばれる。

トピック：投下労働価値説と価値構成説

　スミスも資本主義以前の社会では、すなわち労働する者が生産手段を所有している社会では、投下労働価値説が妥当すると考えていた。そうした社会では利潤が存在しない。しかし、資本主義社会では利潤が発生するために、投下労働価値説が成立しないと考えた。労働が生み出す価値と賃金の価値を同一視していたために、スミスは利潤の発生を説明できなかったのである。仮に、8時間の労働だけで生産される商品があり、時給が1000円であるとしよう。労働が生み出す価値と賃金の価値が同じであるとすれば、商品の価値は8000円で賃金も8000円となり、利潤の発生する余地はなくなる。そこでスミスは投下労働価値説を放棄し、価値

構成説を採用した。スミスの価値構成説では、自然価格の構成要素の一つである賃金率と利潤率とは独立に価値が決定される。だから、賃金が上昇したとしても、利潤率が必然的に低下するとは言えない。例えば、賃金の上昇と比例して製品価格が上昇すれば、利潤率は低下しなくなる。賃金の価値をどのように規定するかが、リカードウとスミスの相違をもたらしたことになる。マルクスはリカードウを踏襲して、「労働力」の価値規定を行なうことになる。スミスの中に一部分存在していた投下労働価値説がリカードウ、マルクスへと継承されていったのである。

リカードウとマルクスの価値論にはこのように類似した点がある。だが、そのねらいは全く異なる。リカードウは地主の利害が他の２階級の利害と合致しないことを明らかにするために投下労働価値説を利用した。他方、マルクスは、資本家と労働者との対抗的な関係（搾取の存在）を明らかにするために投下労働価値説を利用した。賃金が増加すれば利潤が減少する（逆は逆）という関係のうちに、マルクスは労働者と資本家との利害の衝突を見出したのである。

投下労働価値説では、生産に必要な労働量によって商品の価値が決まる。それでは、農業のように土地の等級によって生産性が異なる場合には、どの土地が価値を決めると考えればよいのだろうか。リカードウは最劣等地の生産性が価値を決定すると考えた。このように考えることで、地代を価値の決定から除去することが可能となる。そして、穀物モデル同様に、最劣等地の地代がゼロならば、他の土地の地代は残余として決定されることになる。

「もしも穀物の高価格が地代の結果であって、その原因でないとすれば、価格は地代の高低に比例して影響を受け、地代は価格の一構成部分となるであろう。しかし、最大の労働量によって生産される穀物こそが、穀物の価格を規制するのであって、地代はその価格の一構成部分として少しも加わらないし、また加わりえないのである。……それゆえに地代は商品の価格の一構成部分ではないのである。」（91頁）

「〔最劣等地の商品の〕全価値は二つの部分に分割されるのみである。一つは資本の利潤を、他は労働の賃金を構成する。……利潤は賃金が低いか高いかに比例して高いか低いかであろう。」（128頁）

投下労働価値説と差額地代論、この二つをもってきわめてシンプルではあ

るが、分析的な議論が可能となる分配論をリカードウは展開できたのである。ここで数字例を用いて分配の動向を説明しておこう。先に取り上げた穀物モデルの表を再度掲載しておく。表中の数字は小麦の量（Kg）である。

	生産量	耕作拡張前			耕作拡張後		
		賃金	利潤	地代	賃金	利潤	地代
第1等地	100	50	40	10	50	30	20
第2等地	90	50	40	0	50	30	10
第3等地	80	—	—	—	50	30	0

　これを投下労働価値に還元してみよう。商品の価値は最劣等地における生産性によって決定される。だから、耕作拡張前ならば小麦の価値は第2等地で決定されることになる。仮に一人当たりの投下労働量を100時間（h）であるとすれば、穀物1Kgの投下労働価値は100÷90=1.111……となる。1物1価（同一のものは同一の価値を持つということ）が成立するから、第1等地の穀物も等しい価値を持つことになる。耕作拡張前ならば、小麦の量に1.111……（h/Kg）を掛ければ、分配分が投下労働価値に還元できる。耕作拡張後は第3等地が小麦の投下労働価値を決定することになる。今度は、100÷80＝1.25（h/Kg）が穀物1Kgの投下労働価値となる。これらをまとめると下記の表となる。表中の数字は生産量以外、投下労働価値（h）である。なお、自明のことながら、賃金と利潤を合計すれば常に100となる。

	生産量 (Kg)	耕作拡張前			耕作拡張後		
		賃金	利潤	地代	賃金	利潤	地代
第1等地	100	55.55…	44.44…	11.11…	62.5	37.5	25
第2等地	90	55.55…	44.44…	0	62.5	37.5	12.5
第3等地	80	—	—	—	62.5	37.5	0

　見て分かるように、労働価値に還元すれば、耕作拡張後には、賃金の価値が上昇し、利潤（ならびに利潤率）が低下する。また、地代の価値も増加している。

　地代は増加しているが、この地代の増加は純粋な価値の増加ではない。スミスの場合には、地代は自然の贈物（「自然が人間とならんで労働する」または「土地の多産性」）という発想がある（「資本の投資順序論」を見よ）。つまり、

自然が人間に与えてくれた贈物が地代ということになる。これに対してリカードウの差額地代論は地代を自然からの贈物とは見なしていない。第3等地が耕作されて初めて、第2等地は地代を生じている。したがって、自然の多産性という点では第2等地には変化がない。だから、自然の多産性に地代の原因を求めることはできないとリカードウは考えた。差額地代論の観点からは、耕作拡張前に資本家が受け取っていた利潤の一部が地主階級に移転されたものとして、地代が把握される。スミスにとって「自然は気前がよいbounty」が、リカードウにとって「自然はケチ niggard」なのである。こうした見方は重要である。産油国は油田が国富の源泉であるとも言える。しかし、油田（＝自然）そのものが経済的な価値を生み出したのではなく、たんに石油を購入する外国から富が移転してくるだけと見ることもできる。だから、もし世界中どこでも石油が掘れるようになれば（＝自然が本当に気前がよいのであれば）、石油の経済的価値はなくなるはずである。

　単純化した数字例で投下労働価値説を見てきたが、現実的な要素を入れても議論の本質は変わらない。例えば、小麦の生産に農機具も使用されていたとしよう。仮に工業製品である農機具は農業のように生産増大に伴う収穫逓減が作用せず、投下労働価値は一定であったとする。このとき、一定である農機具の価値を生産物の価値に加えて計算すればよいことになる。労働者の生活手段に工業製品が入っていたとしても、同様に処理すれば済む。

　リカードウの関心事であった長期的な分配の動向をみておこう。工業製品については生産の増大に伴い、「機械の改良、分業および労働配分の改善、生産者の科学および技術の両面における熟練の増進」（110頁）があるから、たとえ農業部門から購入する原材料の価値が上昇したとしても、工業製品の価値は低下していく傾向があると考えていた。これに対して農産物の場合には、土地が生産性に決定的な影響を与え、しかも肥沃な土地には限りがあるから、価値の上昇は避けがたいと考えていた。そのために生産が増大していけば、やがては利潤がなくなり蓄積が停止するであろうと予測したのである（停止状態）。

　　「利潤の自然の傾向は低下することにある。というのは、社会が進歩し富が増加するにつれて、必要とされる食物の追加量は、ますます多くの労働の犠牲によって取得されるからである。……必需品の価格と労働の賃金との上昇には制限がある。……というのは、賃金が農業者の全収入

に…等しくなるやいなや、蓄積は終わりを告げなければならないからである。」（141頁）

　このようにリカードウは、農業部門の生産性低下が経済成長のネックであることを明らかにした。閉鎖経済では地主のみが利益を得るから、イギリスは穀物法を廃止して自由貿易を採用すべきだと主張した。産業革命期に工業化しつつあるイギリスの変化をリカードウは前向きに受け止めたのである。

トピック：価値修正論

　投下労働価値説はきわめてシンプルであるが、「価値修正論」と呼ばれる欠陥がある。このことはリカードウも自覚しており、その解決に晩年まで苦労した。投下労働価値説では労働量が等しければ、商品の価値は等しくなる。しかし、利潤率が等しくなるように価格が決まれば、商品の価格は投下労働量から乖離する可能性がある。リカードウの弟子たちが簡略化した例を使って説明しよう。例えば、それぞれ100時間の労働だけを投下して、ぶどう酒を二樽仕込んだとする。このときそれぞれ100万円の賃金費用がかかったとしよう。一樽は 1 年目に販売して、もう一樽は 2 年目に販売したとする。仮に年間の利潤率が10％であるすれば、最初のぶどう酒は110万円で販売されるが、 2 年熟成させたぶどう酒は121万円で販売されるはずだ。こうして、同じ投下労働量で製造された商品が異なる価格で売られることになる。本質的にはこれと同じことに帰着するが、リカードウは流動資本（賃金）と固定資本（機械）との構成が異なる場合に、利潤率の変動が価格にどのように影響を与えるか、あるいは機械の耐久性が異なる場合に価格がどのように投下労働量から乖離するかを問題にした。結論としては、価値修正の問題を解決できず、修正はあまり重視する必要はない、ということで曖昧な妥協をせざるをえなかったのである。

　リカードウを悩ませた価値修正論は、同じく投下労働価値説を採用したマルクスにより解決が図られることになる。マルクスは価値の次元と生産価格の次元とを区別した。資本主義社会の階級関係を価値の次元で説明し、現実の商品の価格を生産価格の次元で説明したのである。しかし、マルクスも価値と生産価格がいかなる関係にあるかを厳密に説明することはできなかった。こうした課題は20世紀の数理マルクス経済学者の手に委ねられていく。

7-7 労働者の生活習慣

　スミスの自然価格と市場価格の区別をリカードウも踏襲している。リカードウにとってとりわけ重要なのは、賃金の自然価格と市場価格の区別である。大枠ではマルサスの人口論を受け継いでいたリカードウは、人口を一定に保つ賃金水準を賃金の自然価格と考えていた（リカードウが「労働の自然価格」を議論するときには、生活資料を労働価値で計る場合と、生活資料の実物での大きさを問題にする場合とがあり、やや混乱している。ここでは後者の意味で用いる）。

> 「売買された分量を増減できる他の全ての物と同じく、労働は自然価格と市場価格とを持っている。労働の自然価格とは、平均してみれば労働者たちが、生存しかつ彼らの種族を増減なく永続させうるのに必要な価格のことである。」（109頁）

　蓄積により労働需要が増加すると、賃金の市場価格は自然価格を上回るようになる。そうすると、人口の増殖原理が作用するために、人口は増加し、やがて自然価格にまで賃金は低下すると想定されていた。ここまではマルサスの人口原理を踏襲した賃金の生存費説である。しかし、リカードウは人口が増加するには時間がかかるから、市場賃金は自然賃金を長期間にわたり上回ることがあると考えていた。どれだけの期間上回っているかを左右するのは、労働者が賃金の上昇を生活水準の上昇に振り向けようとするか、それとも子供を増やすのに振り向けるかによって決まる。言いかえれば、労働者が生活習慣を変えて、高い生活水準を維持するために、人口増加を抑制するならば、賃金は長期間にわたり低下しないことになる。生活水準が上昇することは、賃金の自然価格が上昇したことを意味する。

> 「社会が進歩し、その資本が増加するにつれて、労働の市場賃金は上昇するであろう、しかし、その上昇の永続性は、労働の自然価格もまた騰貴したかどうかの問題に依存する。」（112頁）

　生活水準の上昇は、労働者が食料だけではなく、様々な慰安品や享楽品（製造品）を消費することで実現できるとリカードウは考えた。

> 「人道の友としてはこう望まざるをえない。すなわち、全ての国で労働者階級が慰安品や享楽品に対する嗜好を持つべきであり、そしてそれら

の物を取得しようとする努力が、あらゆる合法的手段によって奨励されるべきであると。過剰人口を防ぐには、これよりもよい保障はない。」（116頁）

　工業化の進展を反映する労働者の生活様式の変化を、リカードウが期待していたことが読み取れるであろう。リカードウのこうした想定は、実はマルサスもある程度、共有していた。マルサスも労働者階級が人口を増やす代わりに、生活水準を上昇させるような習慣を形成してくれることを希望していたし、その可能性を認めていた。しかし、情念不変論を強く持っていたために、リカードウほど楽観的な展望を持つことはなかった。リカードウの周辺にはJ.S.ミル（1806-1873）やフランシス・プレイス（1771-1854）などの急進主義者たちがいた。彼らは、マルサスが考えた道徳的抑制は非現実的であり、避妊による産児制限を行うことで、労働者が自発的に人口抑制することを期待していた。こうした考え方は「新マルサス主義」と呼ばれる。プレイスやJ.S.ミルは避妊方法の宣伝活動を行なった。しかし、当時の社会通念では避妊は非道徳的な行為であった。そのためにリカードウもその宣伝には否定的な立場をとっていた。

7-8　比較優位説

　リカードウは自由貿易のメリットを説くために、利潤率の低下傾向とは異なるロジックである「比較優位説」（比較生産費説とも言う）という議論も展開した。比較優位説は現代の経済理論でも根幹に位置付けられているきわめて重要な理論である。この議論のポイントは、貿易を行う両国が比較優位を持つ産業に生産を特化するならば、双方が共に貿易から利益を受けるというところにある。リカードウは自由貿易が国際分業を引き起こすことで、世界全体が普遍的な利益を得つつ結びついていくことを強調した。

　　「完全な自由貿易制度のもとでは、各国は当然その資本と労働を自国にとって最も有利となるような用途に向ける。……それは労働を最も有効にかつ最も経済的に配分する。一方、諸生産物の全般的数量を増加させることによって、それは全般の利益を普及させ、そして利益と交通という一つの紐帯によって、文明世界を通じて諸国民の普遍的社会（universal society）を結びつける。」（156頁）

現代の理論につながるように簡単な数字例で比較優位説を説明しておこう。ここではＸ国とＹ国だけが存在し、商品はＡ，Ｂの２種類だけが生産されているとしよう。両国とも貿易を行なわずに、それぞれ下記の労働者数で、商品Ａ、Ｂを１単位ずつ生産しているとする。いずれの生産でも生産量は労働者数に比例するとしよう（収穫一定）。つまりその商品を生産している労働者数を増減させれば、それに比例して生産量が変わるとする。

	Ｘ国	Ｙ国
商品Ａ	300人	120人
商品Ｂ	200人	180人

絶対的な生産性を比較すれば、いずれの生産においてもＹ国の方が生産性は高いことになる。だが、両国で無駄のない生産を行なうためには、絶対的な生産性の相違は重要ではない。そこで、機会費用を用いて、相対的な生産性の比較を行なうことにする。例えば、商品Ａ１単位を生産するのにどれだけの商品Ｂの生産を犠牲にしているのかを比較するのである。機会費用を表にまとめると次のようになる。

	Ｘ国	Ｙ国
商品Ａ	商品Ｂ$\frac{3}{2}$単位	商品Ｂ$\frac{2}{3}$単位
商品Ｂ	商品Ａ$\frac{2}{3}$単位	商品Ａ$\frac{3}{2}$単位

この表から、商品Ａ１単位の生産に犠牲となる商品Ｂの生産量はＹ国の方が小さく、商品Ｂ１単位の生産に犠牲となる商品Ａの生産量はＹ国の方が小さいことが分かる。機会費用の小さい生産に「比較優位」があると言う。したがって、Ｘ国は商品Ｂの生産に比較優位があり、Ｙ国は商品Ａの生産に比較優位がある。比較優位のある生産に専念すると無駄のない生産が可能となる。Ｘ国の500人が商品Ｂだけを生産しＹ国の300人が商品Ａだけを生産したとしよう。

	Ｘ国	Ｙ国
商品Ａ	0単位	2.5単位
商品Ｂ	2.5単位	0単位

仮に商品Ａと商品Ｂが両国の間で１対１の比率で交換されるとしよう（この比率はリカードゥの議論では決定できない）。そしてＸ国から商品Ｂ1.25単位が輸出され、Ｙ国から商品Ａ1.25単位が輸出されたとしよう。そうすると両

国の消費量は以下のようになる。

	X国	Y国
商品A	1.25単位	1.25単位
商品B	1.25単位	1.25単位

　貿易がない時には両国とも1単位ずつしか消費していなかったから、両国ともに貿易以前よりも消費量が増えることになる。つまり絶対的には生産性が劣っている国であっても、貿易のメリットを享受できることになる。これが比較優位説の結論である。さて、ここでは投下労働価値説は使用されていないことに注意しよう。リカードウ以後、比較優位説は交換比率も決定できる相互需要論として整備され、今日の貿易論の基礎になっている。

第8章　歴史学派の経済学

8-1　後発国の経済

8-1-1　リストとドイツ

　18世紀後半にスミスは楽観的な資本主義像を描き出した。スミスは自由放任を主張したわけではないが、競争的な市場によって繁栄がもたらされると見ていた。国内経済の問題を自由貿易によって乗り越えようとするリカードウも、スミスの継承者と言うことができる。19世紀イギリスは世界の工場として君臨し、古典派経済学はそれを支える体制的イデオロギーとなっていた。とはいえ、19世紀の中ほどになると古典派経済学に対抗する経済思想が登場してくる。そのひとつがリストに代表されるドイツ歴史学派である。彼らは後発国の立場に立って、古典派経済学が先進国に都合の良いイデオロギーであり、後進国には適用すべきでないと主張した。もうひとつが、マルクスに代表される社会主義の経済思想である。スミスの富裕の一般化という予想に反して、資本主義社会は大量の貧しいプロレタリアートを生み出していた。経済は周期的な恐慌に見舞われ、1840年代のヨーロッパは各地で革命的状況が生まれていた。社会主義者たちは資本主義社会を否定して新たな経済システムの実現を追求した。

　ここではリストを中心にドイツ歴史学派の経済思想を見ていこう。フリードリッヒ・リスト（1789-1846）は、フランス革命が勃発した年に南ドイツのロートリンゲンで生まれる。リストが生まれたころのドイツは神聖ローマ帝国の傘下にあったが、200以上の領邦と1500近い騎士領から成っていた。言語こそ一つであったが、それぞれ政治的には独立で、相互に対立していた。経済的には度量衡や通貨単位が統一されておらず、領邦を通過するたびに商品に関税がかけられていた。近代化の遅れていたドイツの国力は弱く、ナポレオン戦争でフランスの支配下におかれてしまう。1813年にナポレオンが敗北すると、勢力を伸ばしてきたプロイセンを中心にして、次第

に国家統一の機運が高まってきた。経済的統一の第一歩が、1834年プロイセン主導で結成されたドイツ関税同盟である（政治的な統一は1871年のプロシア王国を待たなければならない）。リストはテュービンゲン大学教授の職を捨てて議員となり、ドイツ統一の論陣を張るが、プロイセン主導の統一とは相容れない立場であった。急進的なリストは迫害され、1825年アメリカに渡ることを余儀なくされる。

　19世紀前半のドイツはエルベ河の両側で経済のあり方が全く異なっていた。エルベ河東部は大土地所有の保守的貴族層であるユンカーが実権をにぎる農業地帯であった。その最大勢力がプロイセンである。農奴解放後もユンカーは経済外的な諸特権（僕婢奉公の強制、団結禁止権、領地内警察権など）にもとづいて、封建的な色彩の強い雇用関係を農民との間に結んでいた。経済的に弱小な農民は土地から離れることができず、ユンカーのもとで農奴同様に働かされていた。賃金は現物で支給され、ユンカーの所有地での賦役までも課せられていた。ユンカーは農民を酷使することで安価に生産された穀物をイギリスなどに輸出し、大きな利益をあげていた。プロイセン主導の関税同盟は穀物輸出に都合が良いように、対外的にも低い関税を採用することになる。これに対して、エルベ河西側のライン地方をはじめとする工業地帯は、生産力の点ではイギリスやフランスから見ればはるかに遅れた状況であった。競争力はまだ弱く、関税の引き下げは工業にとって死活問題であった。事実、関税の引き下げとともに、イギリス製品が大量に輸入され、ドイツの新興産業、とりわけ繊維工業は大きな打撃をこうむっていた。工業地帯は保護貿易を望んでいたのである。

8-1-2　リストとアメリカ

　リストがアメリカを訪れた1825年はアメリカ体制学派がアメリカで誕生しつつあった時期である。その起源は、A．ハミルトン（1757-1804）に遡ることができる。ワシントン政権期の初代財務長官に就任したハミルトンは、建国期アメリカの様々な経済問題に直面する。独立戦争の戦費調達のために起債した連邦債の償還や、連邦政府の財源確保、製造業の保護育成といった問題である。これらに対してハミルトンがとった政策を総称して「ハミルトン体制」と呼ぶ。その骨子は、幼稚産業の段階にとどまっていた工業に対する振興政策と関税による保護であり、農業と歩調のとれた工業の発展を促そうとするものであった。このような経済政策を正当化するために、イギリス古典派経済学とは異なる経済学を構築しようとしていたのがレイモンド

109

（1786-1849）や H.C.ケアリ（1793-1879）であった。彼らの経済学がアメリカ体制学派と呼ばれる。リストはレイモンドから大きな影響を受けることになる。

　リストはイギリスからの工業製品の流入にさらされつつあったアメリカに、ドイツと類似した状況を見出した。幼稚産業の段階を脱していなかった工業にとって、イギリスからの製品輸入は脅威であった。そのために彼らは保護関税を求めていた。他方、黒人奴隷を使って安価な綿花をイギリスに輸出していた南部は、自由貿易を望んでいた（この対立は最終的には1861年に始まる南北戦争によって決着がつけられることになる）。こうした対立の中で、リストは北部工業地帯の利害を擁護することになる。そのきっかけとなったのが、保護貿易の推進団体であったペンシルヴェニア工業・技術促進協会から依頼された『アメリカ経済学綱要』の執筆である（1827）。この執筆を契機としてリストはアメリカ体制学派の中心的な論者となっていく。同じ視点で帰国後に書かれた主著『経済学の国民的体系』（1841）の中から、アメリカ経済についてのリストの見解を見ておこう。

　　　「アメリカ合衆国は、それ以前の他のあらゆる国家よりも多くの利益を
　　　貿易の自由から引き出せる立場にあり、その独立の当初にすでに世界主
　　　義的学派の学説に影響されていたので、他のあらゆる国民よりもこの原
　　　理を模範としようと努力した。しかし、この国民はイギリスとの戦争
　　　〔独立戦争と第二次対英戦争〕によって二度にわたり、自由貿易の場合
　　　に他国民から買い付けていた工業製品を自分で製造しなければならなく
　　　なり、平和状態が訪ずれた後には二度にわたって、外国の自由競争に
　　　よって破滅の淵に追い込まれる。そこから次のことを我々は警告された
　　　のである。すなわち、現在の世界状勢では、国民はすべて、永続的な繁
　　　栄と独立との保障を、何よりもまず自国の諸力の自立的で均衡的な発展
　　　に求めなければならないということである。」（177頁）

　保護主義者としてアメリカで活躍したリストは、1832年にアメリカ領事の資格で帰国する。ドイツでは鉄道建設に尽力しながら、自らの学説を『経済学の国民的体系』として完成させる。

8–2　自由貿易と国民経済学

　ドイツにおいても競争力の低い工業を発展させるためには、保護貿易によってイギリスなどとの競争から国内産業を保護する必要があった。同時に、封建的な状態に縛り付けられている農民を解放して、近代的な農民を形成する必要もあった。後者は近代化のプロセスであると同時に、工業製品に対する需要者の形成という点で、国内市場を拡大する意味もあった。国内的には封建的勢力と対抗し、対外的にはイギリスと対抗することがリストの課題となる。両者を結びつけている自由貿易というイデオロギーを反駁することがリストに求められたのである。

　リストによれば、イギリス古典派経済学は全人類がいかにすれば幸福になるかを教える科学であった。リストも経済が発展していくならば、やがてはスミスの主張する自由競争や自由貿易が望ましいものになることを認めている。しかし、リストの目には、スミスの議論は国ごとの発展段階を無視した議論と映った。それを「世界主義経済学（kosmopolitische Öekonomie）」と呼び、交換価値を主要な対象とする学説であるとした。これに対して、生産力を主要な対象とする「国民経済学」（別名「政治経済学」）を対置する必要をリストは説いた。

　　「人間の社会は二重の観点から見ることができる。すなわち、全人類を視野におく、世界主義的観点によるものと、特別な国民的利益や国民的状態を考慮する政治的観点によるものとである。それと同様に、個人の経済と社会の経済とを問わずあらゆる社会は二つの観点から見ることができる。すなわち、富を生み出す個人的、社会的、物質的諸力を考慮する場合と、物質的諸財の交換価値を考慮する場合とである。／こういうわけで、世界主義的経済学と政治経済学、交換価値の理論と生産諸力の理論とがある。それらは本質的に異なり、独立に発展させられなければならない。」（56頁）

　世界主義経済学、すなわち自由貿易を理念とする古典派経済学は、「自分が科学に与えた政治経済学（political economy）という名前にもかかわらず、国民国家の性質を全く無視」している（246頁）。この学派の欠陥は、「やがては成立するはずの状態を現実に存在していると見なした」上で、そこから「自由貿易が大きい利益をもたらすという結論を引き出した」（190頁）とこ

ろにある。

「世界の現状のもとでは一般的自由貿易から生まれるものが、世界共和
国ではなくて、支配的な工業・貿易・海軍国の至上権におさえられた後
進諸国民の世界的隷属より他にない。これにはきわめて強い根拠が、し
かも我々の見解では、くつがえすことのできない根拠がある。」（190頁）

「イギリスの国民のようにその工業力が他のあらゆる国民を大きく陵駕
している国民は、その工業・貿易上の支配権を、貿易が自由であればあ
るほどよく維持し拡大する。この国民の場合には、世界主義的原理と政
治的原理とはぴったり同じものである。」（62頁）

しかし、イギリスとて、その歴史を振りかえれば、航海条例やキャラコ輸
入禁止などさまざまな保護貿易や産業保護によって現在の地位を築いたので
ある（107-111頁）。アメリカも製造業の保護があったからこそ、北部諸州で
木綿工業が興隆できたのである（160-162頁）すなわち、自由貿易を普遍的に
正しい政策と考えるのは、歴史的な経験に照らせば、誤りであることは明ら
かである。

温帯の地域では、未開状態→牧畜状態→農業状態→農・工業状態→農・
工・商業状態へと経済発展していくとリストは考えた。しかし、各国が同じ
経済発展段階になければ、農業状態から農・工・商業状態へと自然と移行で
きるわけではない。後進国は関税制度によって工業化を推進する必要がある。
その結果、最終段階に達したならば、自由貿易に切りかえることが正しい政
策であるとしている。つまり、単純な自由貿易否定論を唱えていたわけでは
ない。「保護貿易が是認されるのは、国内工業力の促進と保護とを目的とす
るときに限られる」と、保護貿易に厳しい制約も課しているのである（364
頁）。

8-3　国民的生産力

リカードウが説いたように、自由貿易が貿易国双方にとって利益をもたら
すこと、そして保護貿易は当面の利益を損失させることを、リストも認めて
いる。しかし、将来の生産力を育成するためには、現在の利益を犠牲にする
ことが必要であると説いた。「富を作り出す力は富そのものよりも無限に重

要である」と考えたのである。

　「国民は精神的ないし社会的諸力を獲得するためには、物質的財を犠牲にして、その欠乏を忍ばなければならず、将来の利益を確保するためには、現在の利益を犠牲にしなければならない。」(208頁)

　「保護関税によって国民がこうむる損失は、いつの場合でもただ価値に関するものであるが、その代わりに国民は諸力を獲得し、これを使っていつまでも莫大な額の価値を生産することができるようになる。したがって、価値のうえでのこの失費は、もっぱら国民の工業的育成の費用とみなすべきものである。」(63頁)

　リストは生産力をどのように把握していたのであろうか。リストが問題にする「生産力」は個々の産業の生産技術にとどまらず、産業の結合を重視したものである。そこでは交通や通信の発達は言うまでもなく、スミスが不生産的労働と位置付けた領域をも包含されており、むしろ精神的諸力の方が重視されていると言えるほどである。

　「生産諸力の増大が、作業の分割と個人的諸力の結合との結果、個々の工場にはじまって国民的結合にまで高まってゆく次第を注目されたい。……一つ一つの工場の生産力は、その国の全工業力があらゆる部門にわたって発達していればいるほど、またこの工場が他のあらゆる工業部門と密接に結合していればいるほど、いよいよ大きい。農業生産力は、あらゆる部門にわたって発達した工業力が地域的、商業的、政治的に農業と密接に結びついていればいるほど、いよいよ大きい。」(216頁)

　「国民の中での最高の作業分割は、精神的作業と物質的作業との分割である。両者は相互に制約し合う。精神的生産者が、道徳性、宗教心、啓蒙、知識の増大、自由と政治的改善との普及、国内での生命財産の安全、国外へ向けての国民の努力、これらの促進に貢献すればするほど、物質的生産はますます大きくなるであろう。そして、物質的生産者が財を生産すればするほど、それだけ精神的生産は促進されうるであろう。」(223頁)

　スミスは分業を強調したが、それに対抗するかのようにリストは「作業の

分割ではなく、むしろ、個々人を一つの共同の目的のために精神的、肉体的に結合すること」(57頁)と結合を重視した。注意すべきは、単なる農業や工業といった産業部門の結合だけではなく、国民を結合させる政治制度まで生産力に組み込まれている点である。生産力の中に国家統一というドイツの課題が組み込まれていると言っていいだろう。それゆえ、リストは生産力を「国民的生産力」として規定することになる。「結合」の総括として国家が位置づけられているのである。

> 「国民はその生産力を、個々人の精神的および肉体的諸力から、あるいは彼らの社会的、市民的、政治的状態および制度から、あるいは彼らの自由にできる自然資源から、あるいは彼らの所有している用具、すなわち以前の精神的および肉体的努力の物質的産物から汲み出す。」(283頁)

> 「個々人がどれほど勤勉、節約、独創的、進取的、知的であっても、国民的統一がなく国民的分業および国民的結合がなくては、国民は決して高度の幸福と勢力とをかちえないであろうし、またその精神的・社会的・物質的諸財をしっかりと持ち続けることはないであろう。」(57頁)

リストの生産力の理論は、後発国ドイツが持っていた様々な解決すべき課題を要約したものと言えよう。リストが唱えた包括的な「生産力」の規定はドイツ歴史学派に継承されていく。今日の主流となっている経済学の視点では、こうした規定は経済学の範囲を逸脱しているようにも見えるであろう。結合を重視するリストは、リカードウ貿易論が含意していたような工業化路線を好ましいとは考えておらず、農業・工業・商業の均衡のとれた発展を目指そうとした。そのために、農業と工業との利害の一致をリストは主張する。

> 「国内工業のための保護政策が工業製品の消費者には不利益となり、ひとり工業家だけを富ませるものだとすれば、この不利益は主として、こういう消費者の中の一番多数で重要な階級である地主と農業者とが負うに違いない。ところが、この階級にとってこそ、工業の勃興から生まれる利益は工業家自身にとってよりもはるかに大きい、ということが立証される。なぜならば、工業によって、いっそう多様でいっそう大量の農産物に対する需要が創り出され、この農産物の価値が高められ、農業者はその土地とその労働の諸力とをいっそうよく利用することができるようになるからである。」(294頁)

ここでリストは原料供給部門あるいは工業労働者の消費財供給部門として、農業に対する需要の側面から工業を見ているが、リストは農業による工業製品の消費にも同時に着目していた。つまり、農業と工業が互いに生産物を需要しあいながら、発展していく国家を構想しているのである（類似の議論としてマルサスの「農工均衡発展論」がある）。こうした議論は『国民的体系』の続刊として1842年に刊行された『農地制度論』で詳しく展開された。

　工業保護だけではなく、ドイツ東部あるいは南部に残されていた封建的体質の農業を近代化することもリストの課題であった。そこでは、均分相続制度が生み出した零細経営の農民が沢山おり、彼らは「塩なしのジャガイモと脂肪抜きの牛乳とで暮らす」と言われていた。こうした小規模の農業を適正規模にすることで生産性の上昇と農民の生活水準の上昇を構想したのである。しかし、リストはイギリスで進行していたような、農業の資本主義化（＝農民層分解）には問題があると見ていた。農業プロレタリアートの増大による階級闘争の激化を懸念していたからである。工業では不可避的に労働者階級は増大し、階級間の対立は強まっていく。そこで、家族的な中規模経営による農民を育成することで、社会のプロレタリア化への対抗勢力が生まれることに期待をかけていた。中小規模の近代的な農業（近代的な独立自営農民）が創出され、「豊かで教養があり、しかもそれによって自立している中産階層」へと農民が近代化され、政治的な担い手になることを期待していたのである。そのために、(1)国有地や村有地を売却して私有地にすることで農地面積を拡大すること、(2)分断され、入り組んでいる耕地を整理すること、(3)過剰な農民を商業や工業に吸収させること、(4)過剰な農民をハンガリーからバルカンにかけて組織的に移民させること、などを提案した。

8-4　リスト以後のドイツ歴史学派

　リストの活躍にもかかわらず、19世紀半ばのドイツの大学において優位を占めていたのはイギリス古典派の流れを汲む自由主義的な経済学であった。彼らは自由貿易のメッカであったイギリスの工業都市マンチェスターの地名をとって、「ドイツ・マンチェスター学派」と呼ばれていた。ドイツ・マンチェスター学派はスミスやリカードウ以上に経済への国家干渉を嫌っており、国家の役割は国防と治安に限定すべきであると考えていた。そのために、彼らの国家観は「夜警国家」と呼ばれる。封建的な制度・思想が依然として強

115

いドイツにおいて、急速に市場を押し広げることで近代化を遂げようとする思想的な表明であったと見なすことができよう。

　リストによって生み出されたドイツ歴史学派は、ロッシャー（1817-94）、ヒルデブラント（1812-78）、クニース（1821-98）らに引き継がれていき、後に「旧歴史学派」と呼ばれる。彼らは学問の方法の相違を強調することで、ドイツ・マンチェスター派に対抗しうる経済学を整備しようと試みていく。古典派経済学は少数の仮定から理論を演繹的に作りあげようとした。彼らは市場における個人（原子的な個人）が利己心に基づいて行動することで市場に秩序が生まれ、経済活動が営まれていくと考えた。古典派経済学は普遍的な性格を持つ理論を追求していたと言える。これに対して、（新・旧）歴史学派は歴史記述的な性格が強い。法則を問題にする場合も、演繹的に法則を導くのではなく、歴史的経験から法則を帰納しようとした。また社会は個人の総和以上のもので、それぞれの国家の制度・思想・文化などによって個人が形成される側面を重視した。

8-4-1　ロッシャー

　ハノーヴァーに生まれたヴィルヘルム・ロッシャーはゲッティンゲン大学で学び、『歴史的な方法による国家経済学要綱』（1843）を著す。ロッシャーが構築しようとした「国家経済学（Staatswirtscahft）」は、政治学、法学と密接に結びついた学問であった。それは、個人を越える有機的な社会を対象とする「経済学」である。ロッシャーはリカードウの演繹的な経済学の方法を、抽象的・観念的な方法と批判した。経済が現在に到ったプロセスを把握することで、はじめてその国の国民の思想、経済的達成を説明できると考えた。そのために経済学の基盤を歴史研究に求めている。ロッシャーは大著『国民経済学体系』（1854-94）において、ヨーロッパにおける農業、商工業、財政、社会政策の諸制度を網羅的に記述した。それは政策的な知識を提供する百科事典的な体系であった。こうした姿勢は後の「新歴史学派」へと継承されていく。

　ロッシャーも歴史記述だけを目標にしていたわけではない。生物学が進化法則を生み出したように、「国家経済学は国民経済の進化法則に関する学問である」と述べている。歴史の中から発展法則を見つけ出すのが目標であった。国民経済の発展を幼年、青年、成年、老年の4段階になぞらえて、文明の発展が原始─文明─原始のサイクルをとるものとした。文明の発展段階は、

自然・労働・資本の生産の3要素のいずれが支配的になるかで決まるとロッシャーは説明している。自然が支配的な段階が古代、労働が支配的な段階が中世、資本の支配的な段階が近代であるとした。近代は文明の最高段階であるが、有機体同様に衰退していき、やがて自然が優位な段階に進み、老年期を迎え原始に戻るとされた。

8-4-2　シュモラー

　1830年ごろから、ドイツは関税同盟（加盟国間の関税廃止・対外関税の統一）を通じて経済的に統一されていった。政治的には軍備を増強してオーストリアやフランスとの戦争に勝利したプロイセン主導で統一がはかられていき、1871年にドイツ帝国として統一される。この時、首相として活躍したのがユンカー出身のビスマルク（1815-1898）であった。この時期のドイツは産業革命がほぼ終了し、重工業がすでに発展しつつあった。プロイセンの経済的基盤は、重工業資本家層とエルベ東部のユンカーたちとの妥協であった（鉄と小麦の同盟）。リストが予想したように、工業化の進展は労働運動を激化させてゆく。労働者階級はマルクスの影響を受けながら、階級闘争による社会変革を模索していく。1875年には社会主義政党であるドイツ社会民主党SPDの母体となる政党が誕生する。

　ドイツは短期間で重化学工業化を押し進めることに成功する。次第に農業も保護主義的要求を強めていく。こうして、ユンカー階級と独占体となっていた重工業の保護主義の利害は一致していく。ユンカー出身であったビスマルクは、もともとは自由貿易政策を擁護していたが、やがて農業と重工業の利害を体現していくようになる。ビスマルクが採用したのが、いわゆる「飴と鞭」の政策による体制の統一であった。すなわち、一方で、ドイツ社会主義労働者党の台頭に際しては、1878「社会主義者鎮圧法」によって弾圧を加え、他方では社会保険立法（疾病保険や養老保険）を整備した。

　1873年に結成された社会政策学会に結集した歴史学派を、それ以前のロッシャーたちと区別するために、「新歴史学派」と呼ぶ。その代表がグスタフ・シュモラーである。シュモラー（1838-1917）はリストと同じく西南ドイツに生まれ、チュービンゲン大学で学び、官吏となる。シュモラーは当時台頭してきた階級闘争による社会変革という主張には賛成せず、国家による

社会政策をもって社会の調和を生み出すべきだと考えた。

シュモラーは、それまでスミスなどによって否定的に扱われていた重商主義を積極的に評価した。シュモラーは村落経済→都市経済→領邦経済→国民経済という発展図式を考えた。ここで強調されているのは、村落経済や都市経済から領邦経済への発展に果たした領主の役割である。領主こそが、村落や都市レベルではなく、領邦単位での貨幣の流通や租税制度を生み出しだと主張される。スミスは封建領主の武力が経済の発展を阻害したことを強調し、商品経済の発展こそが経済発展の原動力であったと強調したが、シュモラーはこうした考え方を否定した。この議論の延長上で、西ヨーロッパ各国に対してドイツの経済発展が遅れた理由を説明している。すなわち、各領邦間の利害の調節を図ることができず、統一的な国民国家の建設が遅れたために、ドイツの経済発展が遅れたと考えたのである。シュモラーは個別利害を超越して全体の利害（＝国民経済の利害）を追求したのが、西ヨーロッパの重商主義政策であったと主張した。「重商主義はその真髄においては国家形成に他ならず、しかも国民経済の形成に他ならなかった」。

古典派（および新古典派）経済学においては、個人の総和として経済社会が考察される。そこで前提とされる個人は、自己利害の単純な損得勘定（＝効用計算）にもとづいて行動する個人である（原子的個人の総和としての社会）。これに対してシュモラーは国家という全体に規制された個人（＝国民）という前提から出発する。『国民経済』（1893）の中で次のように述べている。

「国民とは、言語と血統、慣習と道徳によって統合され、多くの場合はさらに法と教会、歴史と国家制度によって統合された多数の人間集団であって、彼らは、他の諸国民よりもはるかに緊密な紐帯によって結び付けられている。この紐帯は、近代の国民言語や国民文学によって、また今日の学校教育、新聞、世論によって絶えず増強させられている。かつては家族・自治団体・氏族の成員の間でのみ強固な内面的・心的な連帯感が存在したが、今日ではそれは国民の間に生じている。統一的感情の総体が国民に生命力を与え、統一的観念の総体が国民的意識に入り込み、われわれが統一的な国民精神と名づけるものを作り出す。それは統一的な慣習、努力、意志的活動のなかに現れ、すべての個々人の行為と衝動を経済的側面においても支配する。社会の精神生活における多くの領域の中で……国民という言葉で呼ぶ領域が最高かつ最強である。」（10頁）

古典派（および新古典派）は、少数の心理学的前提のもとに行動する個人から経済社会を想定した。それゆえ、彼らの経済学は少数の前提から演繹的に導出された学問となる。これに対して、シュモラーは現実の人間が国民という複雑な社会関係に規制されている個人であるがゆえに、そこから経済社会がどう運動するかを演繹できないと批判する。シュモラーが重視した経済学の方法は歴史と統計を重視した帰納法であった。

> 「イギリスにおけるスミスのエピゴーネンのように、政治経済学はほぼ完成されていると考える人にとって、もちろんそれは純粋な演繹的科学である。バックルは自己満足して『政治経済学は本質的に幾何学と同じ演繹的科学である』と大風呂敷を広げた。もし、われわれの学問の完成度の低さを知っている人が同じ発言をしたら、ただ驚くほかはない。もっともその場合に彼らが考えているのは比較的単純な問題や、交換論・価値論・貨幣論といったわれわれの学問の完成した部分のことなのである。そこでは、一つないし若干の心理的前提からの演繹によって主要な現象を説明できる。しかし、例えば、社会問題のような複雑な現象を研究している人は、ここではなお帰納を大いに必要としていることを明確に認識するであろう。」(136頁)

　経済学に演繹的な部分が必要であることをシュモラーは必ずしも否定したわけではない。しかし、演繹的な部分を重視することはなかった。こうしたシュモラーの姿勢は、新古典派経済学の創始者の一員であったオーストリア学派のメンガーの目からは法則定立的な学問としての経済学を否定するものと映じた。両者の間で「方法論争」が繰り広げられていく。

8-5　社会政策学会

　1873年に社会改良を指向する学者によって「社会政策学会」が設立される。その中心は、シュモラーやブレンターノ（1844-1931）ら新歴史学派であった。彼らの多くも最初は自由主義経済学を支持したドイツ・マンチェスター学派であったが、次第に社会問題の存在に目覚め、国家的な干渉を支持していくようになる。社会政策学会には、シュモラーら大学教授に加えて、開明的な官僚・企業家、労使協調路線をとる労組指導者たちも参加していた。ビスマルクは社会政策学会を支援し、逆に社会政策学会はプロイセンの立憲君主的

官僚主義を支えていく。社会政策学会の政策指向は、ドイツ・マンチェスター学派から「講壇社会主義」と揶揄された。

　社会政策とは、階級間の利害関係に国家的な干渉を加えて（例えば、失業保険）、社会を安定させる政策である。雇い主も含めて強制的に負担させることで、こうした制度を整備しようというのが社会政策学会のねらいであった。それは官僚主導の上からの改良ということができる。学会の性格は下記のシュモラーの開会演説によく表れている。

　　「われわれは、営業の自由の撤廃も労使関係の廃止も望んでいません。しかし、空理空論を尊重するあまり、ひどい弊害を甘受し、それをはびこるままにしておこうとは思いません。われわれが要求しているのは、国家が誤った実験のために下層階級にお金を与えることではなく、国家が従来とは全く異なる立場から、彼らの教化と教育に取り組むこと、国家が労働者層の地位を必然的に圧迫している居住条件や労働条件に関心を持つことなのです。」（出典：トマス・リハ『ドイツ政治経済学』152頁）

　シュモラーは「分配的正義」を復権させる。国家こそが「分配的正義」を実行する代表者であり、社会政策の価値判断を下しうる唯一の主体であるとした。ここには政策指向の強い新歴史学派の性格がよく現れている。このころ社会主義勢力は急速に発展しつつあった。1871年のパリ・コミューンは短期間ではあったが、労働者が政権を奪取した事件である。一方ではこうした労働者を主体とした下からの社会主義運動に対しては弾圧を加え、他方では政府による上からの社会政策によって労働者と資本家との対立を緩和する。これが社会政策学会を基盤にしていた新歴史学派のもくろみであった。労働運動は否定しなかったが、それが秩序を形成していく積極的な要因になるとは考えなかった。彼らはあくまでも、官僚主導の社会立法によって問題を解決しようとした。新歴史学派は多くの社会調査を実行するが、そのねらいは官僚主導の政策に役立てることにあった。

　19世紀の末になると、社会政策の進展による費用の負担を産業界は拒否するようになり、「社会政策の黄昏」などと言われるようになる。新歴史学派の主張も、だんだんとその中身を変えていく。もともとは幼稚産業保護を目指した保護関税論も、急速に発展した重化学工業の独占価格を支える工業関税論に姿を変えていた。また、ロシアやアメリカからのヨーロッパへの低価

格の穀物の輸入が増大するにつれて、東エルベの農業地帯も厳しい競争にさらされるようになった。そこで、ユンカー勢力も農業保護関税を要求するようになる。新歴史学派はこの農業関税をも肯定するようになる。こうしてリストの問題意識を継承した新歴史学派は、その役割を世紀末にほぼ終えたことになる。

8-6　ドイツ歴史学派と日本

8-6-1　自由貿易・保護貿易論争

　1868年に明治維新をむかえた日本はドイツと類似した経済発展を遂げていく。経済学の発展もまた類似していた。日本では幕末から自由主義的傾向の強いイギリス経済学の導入が開始されていた。その潮流を代表するのが、田口卯吉（ウキチ、別名：鼎軒、1855-1905）である。田口は渋沢栄一の援助を受けながら『東京経済雑誌』（1879）を創刊して、自由貿易の論陣をはる。これに対抗して保護貿易論をいち早く展開したのが、若山儀一（ノリカズ、1840-91）であった。若山は1871年（明治4年）に岩倉遣外使節にも随行した大蔵省役人であった。欧米への出発直前に保護貿易の必要を説く『保護税説』を刊行した。若山は早くからリカードウの比較優位説を理解していたが、日本の貿易も産業も列強と競争するには弱体であり、不必要な外国製品の流入を抑制するために保護貿易が必要であることを『保護税説』で説いている。その「付録」では、リストと共にアメリカ体制学派の一翼を担ったケアリを典拠にした保護政策の成功事例が列挙されている。

　1889年にはリスト『経済学の国民的体系』が大島貞益（1845-1914）によって翻訳される（邦訳名『李氏経済論』）。大島はリストによりながら、リカードウの自由貿易論は結局のところ「独り農国は農を守り、製造国は製造を守るべし」という主張であると批判した。大島は政府が商工業に干渉して工業育成を試みることは必要不可欠であると主張した。5・15事件で暗殺される犬養毅もケアリを紹介し、保護貿易の立場から田口と論争を行っている。こうした保護貿易の主張は、不平等条約を撤廃し、関税自主権を獲得することで実現されていく（1894年から1911年にかけて）。

8-6-2　金井延と社会政策学会

　1890年代の日本では工業労働者が急速に増大していた。しかし、労働組合の力は弱く、政府の規制がないために労働環境は劣悪であった。こうした状

況の中で、工場法を制定し労働条件を整備する必要が政府の間でも認識され始めていた。しかし、田口卯吉のような自由主義者からは、雇用者や株主の不利益をもたらすという批判が工場法に向けられていた。下層武士の子供として生まれた金井延（エン、1865-1933）は東京大学で統計学や経済学を学び、卒業後、ドイツに留学してシュモラーの講義を受け、傾倒する。金井は労働運動に批判的で、シュモラーにならって弱者を保護し、強者を抑制することが国家の義務であると考えていた。

ドイツ社会政策学会を手本にして、1896年（明治29年）に社会政策学会が設立される。当初は小規模な研究会であったが、1907年以降、「大会」という形式で広範な聴衆を相手にした時事問題を論じる場を提供するようになる。そのテーマは、「工場法と労働問題」、「関税問題と社会政策」、「移民問題」、「労働争議」、「婦人問題」、「小作問題」などであった。1900年に公表された「社会政策学会趣意書」には次のように書かれている。

> 「余輩は放任主義に反対す。何となれば、極端なる利己心の発動と制限なき自由競争とは貧富の懸隔を甚だしくすればなり。余輩はまた社会主義に反対す。何となれば、現在の経済組織を破壊し、資本家の絶滅を図るは国運の進歩に害あればなり。余輩の主義とするところは現在の私有的経済組織を維持し、その範囲内において個人の活動と国家の権力とによって階級の軋轢を防ぎ、社会の調和を期するにあり。」（T.モーリス＝鈴木『日本の経済思想』p.106より）

ここで語られているのは、私有財産制を維持しながら、それが生み出す階級対立を放任するのではなく、国家が調和すべきという主張である。工場法が1911年に制定されたことで、社会政策学会の当初の目標は実現したことになる。しかし、1917年のロシア革命の成功により、日本ではマルクス主義が勢力を強めていく。社会政策学会が掲げた国家による社会の調和という主張は、労働者階級による社会主義の実現という要求にとって代わられるようになる。一時期勢力を誇っていた社会政策学会は1920年代に分裂していく。

第9章 マルクスの経済思想

9-1 資本主義批判の潮流

　19世紀の初頭から市場とは異なる共同的な組織による社会を実現しようとする思想が生まれていた。初期社会主義と呼ばれる政治・経済思想である。その内実は多様で、その中でも私有財産を全面的に否定する思想については共産主義と呼ばれることもある。初期社会主義者のうちよく知られているのが、サン・シモン（仏：1760-1825）、フーリエ（仏：1772-1837）、オウエン（英：1771-1858）の3名である。彼らは三大「空想的社会主義者」などと称されている。この名称には科学的でないという蔑称の含みがある。しかし、オウエンたちの社会構想は、たとえ失敗に帰したにしても、少なくとも実験的なコミュニティを提示しえるだけの具体性を有していたことを否定すべきではないだろう。彼らは単純な絵空事を夢想していたわけではない。

　市場経済を批判したイギリスの経済学者には、「リカードウ派社会主義」と呼ばれる一群の経済学者たちもいた。彼らは資本家の獲得する利潤の源泉を問題にすることで、市場経済が持つ不平等性を批判しようとした。彼らは、スミスをして投下労働価値説を放棄させることになった労働の価値を問題にし、スミスとは異なる結論にたどり着いた。労働の価値どおりに賃金が支払われているとすれば、利潤は発生しない。だから、利潤の存在は賃金が不公正に決定されていることを意味する。生産力が上昇してもその恩恵は利潤として資本家が取得してしまうために、労働者は不当に低い賃金を受け取っていると論じた。本来ならば利潤部分も労働者が受け取るべきであると彼らは主張した（労働全収権論）。こうした主張は後にマルクスによって、相対的剰余価値論として乗り越えられていく。リカードウ派社会主義者たちの多くは、労働組合による賃金引上げや生産協同体の結成といった提案を行った。

9-2 マルクスの時代

　カール・マルクス（1818-1883）は、現在のドイツ南部で生まれる。ヘーゲル哲学の批判的研究から出発し、資本主義社会を理解するためには、経済構

造を解明する必要があることを悟り、経済学の研究を開始する。危険人物としてマークされ、パリやブリュッセルなどを転々とし、最終的にはイギリスに落ち着き、主著『資本論』を執筆した（第1巻1867、第2、3巻はマルクスの遺稿をもとにエンゲルスが編集したもの）。他の著作として『経済学批判』（1859）、『ルイ・ボナパルトのブリュメール18日』（1852）や、エンゲルスとの共著『ドイツ・イデオロギー』（1846）、『共産党宣言』（1848）がある。

マルクスが活躍した19世紀半ばのイギリスは、産業革命が終わり、世界一の経済力を誇っていた。しかし、工業地帯に目を向ければ、富めるものはますます豊かになり、貧しい者はますます貧しくなる、という状況が生まれていた。スミスの富裕の一般化という予想とは裏腹に、不況に陥るたびに多くの失業者があふれ、資本主義社会の負の側面を露呈させていた。1848年に、アイルランド反乱、フランス2月革命、ウィーン・ベルリン3月革命、ミラノ暴動、ハンガリー独立運動などの内乱や革命が集中的に勃発した。これらの政治的事件はナポレオン失脚後に形成されたウィーン体制の破綻が引き起こしたものである。しかし、マルクスはこれらの政治的事件の背景にある経済的な変化に着目した。「一つの妖怪がヨーロッパをさまよっている。共産主義という妖怪が。」という有名な文章ではじまる『共産党宣言』は、1848年2月革命前夜に発表されたものである。「これまでの全ての社会の歴史は階級闘争の歴史である」という階級闘争史観で書かれている。

マルクスがまず着目するのは「ブルジョア」と「プロレタリアート」という2大階級の対立という状況である。残存してきた小生産者（独立自営農民や生産手段を所有する職人など）は没落し、ブルジョアとプロレタリアートの2大階級へとますます分裂しつつあった。マルクスはブルジョアジーが果たしてきた歴史的役割を最も高く評価した思想家の一人でもある。

「ブルジョアジーは、その100年足らずの階級支配の間に、過去の全世代を合わせたよりもいっそう大量的で、いっそう巨大な生産諸力を作り出した。自然力の征服、機械、工業や農業への科学の応用、汽船航海、鉄道、電信、大陸全体の開墾、河川の運河化、地から湧いて出たような人口。これほどの生産諸力が社会的労働の胎内に眠っていようとは、こ

れまでのどの世紀が予想したであろうか？」（4 -480頁）

　こうした経済の変化が一国レベルのものではなく、世界規模のものであることをマルクスは強調する。生産と消費は世界市場の中で結合しているのである。例えば、イギリス人が好んで飲む紅茶もイギリス国内で栽培されたわけではない。インドや中国からの輸入品に他ならない。イギリス産業革命の基軸産業であった木綿工業も、その原材料の綿花はインドやアメリカからの輸入品である。そもそもインドから輸入される綿布を国内で生産する輸入代替化戦略として産業革命は始まり、そして工業化に成功すると逆に、輸出品として大量生産されていったのである。

　　「ブルジョアジーは世界市場の開発を通じて、あらゆる国々の生産と消費とを全世界的なものにした。……国産品で充足されていた昔の欲望に代わって、はるかに遠い国々や風土の産物でなければ満たされない新しい欲望が現れてくる。昔の地方的、または国民的な自給自足や閉鎖に代わって、はるかに諸国民の全面的な交通、その全面的な依存関係が現われてくる。／ブルジョアジーはあらゆる生産用具を急速に改善することで、またすばらしく便利になった交通によって、あらゆる国を、もっとも未開な国までも、文明に引き込む。彼らの商品の安い価格は、どんな万里の長城も打ちこわし、未開人のどんなに頑固な外国人嫌いも降伏させずにはおかない。……あらゆる国民に、いわゆる文明を自国にとりいれるように、つまりブルジョアになるように強制する。一言で言えば、ブルジョアジーは自分の姿に似せて一つの世界を作り出す。」（4 -479頁）

　こうした世界規模での生産・消費の発展も限界に来ていると『宣言』では主張する。いわゆる「生産関係と生産力の矛盾」である。この矛盾は過剰生産として周期的に現象する。

　　「このような巨大な生産手段と交通手段を魔法のように忽然と出現させた近代ブルジョア社会は、自分で呼び出した地下の悪霊をもはや制御できなくなった、あの魔法使いに似ている。この数十年来の工業と商業の歴史は、近代的生産諸関係に対するブルジョアジーとその支配との存立条件である所有諸関係に対する近代的生産力の反逆の歴史にほかならない。周期的に繰り返し襲ってきた……あの商業恐慌をあげるだけで十分

である。……恐慌の時には、以前のどんな時代の目で見ても不合理としか思えない一つの社会的病気が、過剰生産という疫病が発生する。」（4-481頁）

　この矛盾は増大していき、やがてブルジョア社会を滅亡させることになる。その担い手が、ブルジョアジーが生み出してきた近代的なプロレタリアートである。「ブルジョアジーは何よりもまず、自らの墓堀人を作り出したのである」。プロレタリアートの勝利が近いとマルクスは見ていた。『宣言』の刊行直後、二月革命の炎はヨーロッパ各地に飛び火した。しかし、48年の革命的情勢は資本主義社会の構造を変革するものではなかった。マルクスは資本主義社会を解明すべく、古典派経済学の研究に沈潜していく。

9-3　唯物史観

　マルクスが経済学に着目していくプロセスを追ってみよう。ドイツ観念論を集大成したヘーゲル（1770-1831）を若きマルクスは研究していた。ヘーゲルは神を中心とした世界観・歴史観を構築した。神がこの世の中を創り、それが歴史を動かしていくという考え方である。神の意図は人間だけではなく、自然などあらゆるものに貫徹しており、あたかも神に操られるあやつり人形のようにして歴史が創られていくという体系であった。ヘーゲルの没後、その哲学はいくつかのグループに批判的に継承されていくが、その代表がフォイエルバッハ（1804-1872）であった。

　フォイエルバッハは「宗教の秘密は人間学である」という有名な言葉を残しているが、神中心のヘーゲルの体系から神を追放してしまう。分かりやすく言えば、「人間こそが神を生み出したのであり、人間の本質を投影したものが神である」という考え方である。フォイエルバッハは『将来の哲学の根本命題』（1843）で次のように述べている。「ある惑星に住んでいる思考する生物が、神の本質を論じているキリスト教の教義の2、3節を読んだとしよう。この生物はここからどんな結論を出すだろうか？　キリスト教の意味での神の存在であろうか？　そうではない。……人間による神の定義を、人間自身の本質の定義と見るだろう」。このようにして、フォイエルバッハはヘーゲルが神と言っていたものを、人間に置き換えたのである。マルクスはさらにこの考え方を押し進め、そしてフォイエルバッハを批判した。マルクスの「フォイエルバッハに関するテーゼ」（1845）から引用しておこう。

「フォイエルバッハは宗教の本質を人間の本質に解消する。しかし人間の本質は、個人に内在する抽象物ではない。人間の本質とは、現実には社会的諸関係の総和である。」（3 -593頁）

　「したがってフォイエルバッハは、『宗教的心情』そのものが一つの社会的産物であるということ、彼が分析する抽象的個人が現実には特定の社会形態に属していることを見ない。」（3 -594頁）

　要するに、「人間」という抽象的なものを持ち出しても、何にも説明したことにはならない、「人間」と言っても時代や場所によって異なる。だから、人間とは何かを分析するためには、個人を成り立たせている社会とは何かを分析しなければならないという批判である。一人一人の人間は、彼をとりまく様々な社会的環境（家庭や学校や職場等々）の中で育ってきたし、さらに社会的環境を離れて存在することはできない。社会こそが人間を生み出し、そして人間を人間たらしめているのである。だから、社会の分析から始める必要がある。

　このような全体（社会）は個に先立つという観点から分析する方法を、「方法論的全体（総体）主義」と呼ぶ（全体主義は「ホーリズム」の訳語）。シュモラーなどもこの系譜に入れることができる。方法論的全体主義は経済学よりもむしろ社会学で発展した考え方で、今日の現代思想にまで及んでいる。新古典派の方法論的個人主義とは対立する。さて、社会といっても、宗教、政治など様々な側面があるが、経済的な側面から、社会を分析していこうとする立場がある。その代表が、マルクスの考え方の基本をなしている「唯物史観」という社会観、歴史観である。少々長くなるが、唯物史観の定式化として知られる『経済学批判』の「序言」を引用しておく。

　「人間は、彼らの生活の社会的生産において、一定の、必然的な、彼らの意志から独立した諸関係に、すなわち、彼らの物質的生産諸力の一定の発展段階に対応する生産諸関係に入る。これらの生産諸関係の総体は、社会の経済的構造を形成する。これが実在的土台であり、その上に一つの法律的および政治的上部構造がそびえ立ち、そしてそれに一定の社会的意識諸形態が対応する。物質的生活の生産様式が、社会的、政治的および精神的生活過程一般を制約する。……社会の物質的生産諸力は、そ

の発展のある段階で、それらがそれまでその内部で運動してきた既存の生産諸関係と、あるいはそれの法律的表現にすぎない所有諸関係と矛盾するようになる。これらの諸関係は、生産諸力の発展諸形態からその桎梏に一変する。そのときに社会革命の時期が始まる。経済的基礎の変化とともに、巨大な上部構造全体が、あるいは徐々に、あるいは急激にくつがえる。……大づかみに言って、アジア的、古代的、封建的およびブルジョア的生産様式が経済的社会構成のあいつぐ諸時期として表示されうる。」(13-6頁)

この中身は(1)社会構造の理論と(2)移行の理論との二つに分けられる。

(1)社会構造の理論

上部構造	イデオロギー
	政治や法律
下部構造	経済（＝生産力＋生産関係）

ある経済的関係が決ると、それに応じて政治や宗教などが決るという考え方である。生産力とは、簡単にいってしまえば、人間が物を作り出す能力である。おおよそは技術によって規定される。生産関係とは、生産にあたって人と人とが取り結ぶ関係のことであり、主に生産手段の所有の仕方によって規定される。

(2)移行の理論

生産力が高まると、新しい経済システム（生産関係）に移行する。例えば、農業生産性や工業生産性が高まることによって、それまでの封建制的な経済システムでは経済はうまく動かなくなり、新しい資本主義的な経済システムに移行したと説明される。

9-4 『資本論』の構成

『資本論』は、マルクス自身の手によって刊行されたのは第1巻（1867）だけで、第2巻、第3巻はいずれもマルクス没後、彼の草稿をもとにしてエンゲルスが編集し刊行したものである。第1巻は、投下労働価値説をベースにして、マルクス経済学にとってキー概念である「剰余価値」が生み出されるメカニズムが分析される。ここでは階級関係が再生産されるメカニズムも

分析される。第2巻は資本の回転や産業部門間の関係が分析される。剰余価値は直接目に見える形で現象するわけではない。そこで第3巻では、利潤や地代という実際に目に見える形で剰余価値が分配されるメカニズムが分析される。『資本論』の構成は次のように整理できる。

巻数	分析レベル	考察対象	分析の主要視座
第1、2巻	本質（=資本・賃労働関係）	商品と貨幣 剰余価値の生産 階級関係の再生産	価値
第3巻	現象	剰余価値の分配 ＝利潤・地代・利子	生産価格

『資本論』の議論を整理すれば、おおよそ次のようになろう。「地代とか利潤など日常目にする所得は、剰余価値の現象形態に他ならない。その背後には剰余価値を生み出す階級関係がある。しかし、日常的な意識からは、この本質的な階級関係は覆い隠されている。投下労働価値説にもとづく剰余価値論によって、階級関係が明らかとなる」。ここには現象と本質という図式が貫かれている。マルクスは、現象形態にとらわれて需要と供給で決まる価格分析に終始した経済学者たちを、「俗流経済学者」と呼び批判した。現象の背後にある本質を探る、というマルクスの経済学の構図はその説得力を増大させるのに貢献したと言えよう。確かに、資本家階級と労働者階級の階級的関係が資本主義社会の構造を基本的には規定している。しかし、本質によって現象が規定されるという論法は、反証不可能な本質論を独断的に展開するという代償を払うことになった。

　第1巻は「価値」を用いて分析が行われ、第3巻から「生産価格」を用いて分析が行われている。価値と生産価格との関係をマルクスは単純に考えていた。しかし、価値と生産価格とを関連付けようとすると、論理的に転形問題というやっかいな問題が生じる。そのために、多くの論争を生んできたし、マルクス経済学の最大の弱点とする主張もある。ここでは、次元の違う分析装置が使われている、とおさえておけばよいだろう。

9-5　商品生産

　『資本論』は次のセンテンスで始まる。「資本主義的生産様式が支配的な社会の富は、一つの『巨大な商品の集まり』として現れ、一つ一つの商品は、

その富の基本形態として現れる。それゆえ、われわれの研究は商品の分析から始まる」（23a-47頁）。商品の交換は単なる物と物との交換だけを意味しているのではない。マルクスは商品交換の背後にある人間の関係に着目する。人間と人間との関係が、媒介物である物と物としての関係として現れる。分業が行われている社会における個々の労働に着目してみよう。社会全体を見るならば、各人の労働は社会全体で必要とされる労働の一部分を担っているはずである。つまり各人は「社会的な労働」を行っているのである。しかし、商品経済社会では各人の労働が生産物の交換に先立って、予め社会的に必要な労働であったかどうかは分からない。生産した商品が売れて初めて「社会的な労働」であったことが実証されるのである。

> 「生産者たちは自分たちの労働生産物の交換を通じて初めて社会的に接触するようになるのだから、彼らの私的労働の独自な社会的性格もまたこの交換において初めて現れるのである。言い換えれば、私的労働は、交換によって労働生産物がおかれ労働生産物を介して生産者たちがおかれる関係によって、初めて実際に社会的総労働の一部分として実証されるのである。……諸個人が自分たちの労働そのものにおいて結ぶ直接に社会的な関係としてではなく、むしろ個人の物的な関係および物の社会的な関係として、現れるのである。」（23a-99頁）

　では、商品の交換比率を決定するものは何なのか？　マルクスは投下労働価値説によって、すなわち商品を生産するのに必要な労働時間で商品の価値が決まるとする。価値の大きさを決定する投下労働量をマルクスは「価値実体」と表現している。価値実体を、商品の中に含まれている目に見えない「凝固物」であるかのようにマルクスは語っている。だが、それはあくまで比喩的な表現に他ならない。商品の背後にある労働の関係が商品の価値を規定しているのに、あたかも商品自体が価値そのものを持っているかのように交換比率を規制し、運動していく。人間の関係が商品そのものの関係であるかのように現象する。このことを価値実体という言葉で表現しているのである。

> 「それ〔商品〕の価値の大きさはどのようにして計られるのか？　それに含まれている価値を形成する実体の量、すなわち労働の量によってである。労働の量そのものは、労働の継続時間で計られる……。一商品の価値がその生産中に支出される労働の量によって規定されるとすれば、

ある人が怠惰または不熟練であればあるほど、彼はその商品を完成する
のにそれだけ多くの時間を必要とするので、彼の商品はそれだけ価値が
大きいと思われるかもしれない。しかし、価値の実体をなしている労働
は、同じ人間労働であり、同じ人間労働力の支出である。……価値量を
規定するものは、ただ、社会的に必要な労働量、すなわち、その使用価
値の生産に必要な労働時間だけである。」(23a-53頁)

『資本論』第1巻では、価値どおりの交換が前提されている。とはいえ、マ
ルクスにとって個々の商品の交換比率はさして重要な問題ではなかった。価
値どおりの交換を前提にすることで、資本主義社会における階級関係を説明
することが目的であった。

9-6 労働力商品と産業資本

資本主義社会の特徴は「労働力」が商品として売買されていることである。
労働力とはさしあたり、労働者の労働する能力と考えておけばよいであろう。
マルクスは労働力を売る自由があり、かつ生産手段がない (free) という意
味で、「二重の意味で自由」な労働者の存在があって初めて資本主義社会が
成り立つと考えている。

「貨幣が資本に転化するためには、貨幣所持者は商品市場で自由な労働
者に出会わなければならない。自由というのは、二重の意味でそうなの
であって、自由な人として自分の労働力を自分の商品として処分できる
という意味と、他方では労働力の他には商品として売るものをもってい
なくて、自分の労働力の実現のために必要なすべての物から解き放たれ
ており、すべての物から自由であるという意味で、自由なのである。」
(23a-221頁)

この労働力という商品の価値はどのようにして決まるのであろうか？　こ
こでも他の商品と同じように投下労働価値説の原則が貫徹する。すなわち、
労働力の生産に必要な労働時間で決まるのである。だから、労働者が生きて
いくのに必要な生活手段を生産するのに必要な労働時間で労働力の価値が決
まることになる。この考え方はリカードウの賃金の価値規定と同じである。

「労働力の価値は、他のどの商品の価値とも同じように、この独自な商

品の生産に、したがってまた再生産に必要な労働時間によって規定されている。……労働力の生産は彼自身の再生産または維持である。自分を維持するためには、この生きている個人はいくらかの量の生活手段を必要とする。だから、労働力の生産に必要な労働時間は、この生活手段の生産に必要な労働時間に帰着する。言い換えれば、労働力の価値は、労働力の所持者の維持のために必要な生活手段の価値である。」(23a-223頁)

　労働力の価値と労働者が働く労働時間とは別ものであることに注意してもらいたい。マルクスは価値と対比させて、労働者が働く労働時間を労働力の使用価値と説明している。例えば、労働者が1日に10時間労働するとしよう。労働者が消費する生活資料の価値が労働力の価値である。労働力の価値は10時間の労働とは無関係である。1時間の労働が1000円の価値を生み出せるとしよう。例えば、5000円の原材料を購入し、雇用した労働者を10時間働かせて商品を生産している工場を考えよう。価値を新たに形成できるのは労働だけである。原材料の価値は生産物にそのまま移転されるだけである。したがって、生産物は15時間の労働を含んでいるから、15000円の価値を持つことになる。労働者の受け取る賃金が6000円であるとしよう。それは労働者が消費する生活手段が6時間の労働で生産されていることを意味する。つまり、6時間分の労働で生産された生活手段を消費することで、労働者は10時間分労働できる、ということになる。6000円で購入した労働力商品が、10000円の価値を形成したのである。

　労働力の再生産に必要な労働時間をマルクスは「必要労働」と呼び、そしてそれを超過する労働時間のことを「剰余労働」と呼んだ。上の例では、6時間が必要労働で4時間が剰余労働である。剰余労働が形成する価値を「剰余価値」と呼ぶ。これが利潤や地代の源泉であると考えた。

　マルクスは価値を増大させてゆく運動として「資本」を捉えた。こうした「資本」の把握は、機械や工場などのいわゆる「資本ストック」として資本を捉える新古典派経済学とは異質である。剰余価値を生産する資本の運動が「産業資本」である。産業資本の運動は次のように定式化することができる。

$$
貨幣(G)—商品(W) < \genfrac{}{}{0pt}{}{生産手段(Pm)}{労働力(A)} \cdots 生産過程(P) \cdots 商品(W')—貨幣(G')
$$

このように、資本は、あるときは貨幣であったり、あるときは商品であったりと、いろいろと形を変えながら運動していくのである。この運動の中で労働力だけが価値を増大させるから「可変資本」と呼ばれる。これに対して、生産手段（原材料や機械など）は価値を移転させるだけなので、「不変資本」と呼ばれる。

　ある階級が生み出した剰余価値を、商品交換の法則に即して他の階級が取得することをマルクスは「搾取」と呼んだ。労働者も自由な商品の売り手である。その限りでは、資本家も労働者も対等な関係である。資本家がインチキや不正によって利潤を得ているという非難をマルクスは行わなかった。むしろ、商品交換の原則に従っていながら、なおかつ剰余価値が生まれることを示すのがマルクスのねらいであった。つまり、形式的には平等な関係が（言い換えれば、交換的正義が貫徹していても）、実質的な不平等が生まれることを問題にしたのである。

9-7　機械化の進展とその帰結

　生産力上昇の主要な要因をスミスは分業に求めたが、マルクスは機械化に求めた。機械化は単に生産効率を高めただけではない。それまで熟練を必要とした作業が機械化により単純な作業へと変質することで、労働者の熟練は不要なものとなり、労働市場を拡大させることになった。さらに機械は筋力のない女性や児童をも労働者に組み込むことを可能とした。機械化の進行は労働力に対する生産手段の割合を増大させることになる。これはいわゆる合理化による労働者の解雇という状況を潜在的にはたえず生み出すことを意味する。実際にはほぼ10年周期で起きた恐慌の局面において、労働者は現実に失業の脅威にさらされることになった。マルクスは失業者を「相対的過剰人口」と呼んだ。それは可変資本に対して相対的に労働人口が過剰であるという意味である。相対的過剰人口の存在は就業者の賃金を引き下げる役割を果たすことで、労働者階級の生活水準の上昇を困難にする。資本主義社会という経済システムは生産力の爆発的な上昇を実現しながら、スミスが描いたような富裕の一般化ではなく、労働者階級の貧困を解決しえなかった。これがマルクスの資本主義観であった。

　こうした事態を剰余価値という観点から見ておこう。労働者の消費する生活資料の物的な内容が不変だとしよう。生産力の上昇が起きていれば、商品

の価値は低下する。したがって、生活資料が物的には不変であったとしても、その価値は低下する。その結果、労働力の価値の低下、すなわち、必要労働時間の短縮が起きる。労働時間が一定であるとすれば、必要労働時間の短縮は剰余労働時間の増大となる。こうして労働時間を延長させることなく、剰余価値の増大が実現する。このような剰余価値の増大のさせ方をマルクスは「相対的剰余価値の生産」と呼んだ。

　相対的剰余価値の生産は、個別の企業が意識的に行なうものではない。なぜならば、個々の企業は労働力の価値を引き下げようとして、生産性を上昇させるのではないからだ。他社に先駆けて生産コストを引き下げれば、その分だけ他社よりも大きな利潤（超過利潤）を得ることができる。逆に生産性上昇に遅れれば、利潤は減少し、市場からの撤退を余儀なくされる。こうした絶えざる競争が新しい生産方法を普及させてゆく原動力である。新しい生産方法が当該産業全体に広まれば、超過利潤は消滅し、商品の価値は低下してしまう。だが、資本の競争は資本の側に何も残さないわけではない。商品の価値の低下は、その商品が労働者の生活資料の一部を構成する場合、あるいは生活資料の生産において生産手段として間接的に入り込む場合、いずれでも労働力の価値を引き下げることになる。つまり、競争にさらされている個別企業の行動が、結果的には社会全体で労働力の価値の引き下げという意図せざる帰結をもたらすのである。これが相対的剰余価値生産のメカニズムである。

　　「労働力の価値を下げるためには、労働力の価値を規定する生産物、したがって慣習的な生活手段の範囲に属するかまたはそれに代わりうる生産物が生産される産業部門を、生産力の上昇がとらえなければならない。……ある一人の資本家が労働の生産力を高くすることによって、たとえばシャツを安くするとしても、決して、彼の念頭には、労働力の価値を下げてそれだけ必要労働時間を減らすという目的が必然的にあるわけではないが、しかし、結局はこの結果に寄与する限りで、彼は一般に剰余価値率を高くすることに寄与するのである。」(23a-415頁)

　機械化の進展は相対的剰余価値の生産によって利潤の源泉を大きくする。だが、メカニズムは全く異なるが、スミスやリカードウと同様に、マルクスもまた利潤率低下傾向を説いている。マルクスはリカードウとは対照的に、生産性の上昇が利潤率を低下させるという逆説を提示する。不変資本をＣ、

可変資本をV、剰余価値をMとしよう。一般に機械化の進展は、労働者に対して生産手段を大規模なものにすると考えられる。これを労働力の価値に対する生産手段の価値の割合で表現すれば、「有機的構成」と呼ばれる$\frac{C}{V}$という分数となる。生産性の上昇を意味する有機的構成の上昇が利潤率を低下させる理由は、次のように説明される。

　利潤率は費用に対する利潤の割合である。よって、剰余価値と利潤が等しいとすれば、利潤率$=\frac{M}{V+C}$となる。分母と分子をVで割れば、利潤率$=\left(\frac{M}{V}\right)／\left(1+\frac{C}{V}\right)$となる。さて、もし$\frac{M}{V}$（剰余価値率）が一定であれば、$\frac{C}{V}$の増大は、確かに利潤率を低下させる。マルクスのロジックでは相対的剰余価値の生産によって$\frac{M}{V}$が上昇するから、必ず利潤率が低下するとは言えない。しかし、生産力の上昇は常に利潤率を低下させる可能性を持っていることになる。少なくとも、搾取の増大を意味する$\frac{M}{V}$の上昇なくして、生産力の上昇は利潤率の低下を免れないのである。

　　　「資本主義的生産様式の一法則として、この生産様式の発展につれて可変資本は不変資本に比べて、したがってまた動かされる総資本に比べて相対的に減少してゆくのである。……一般的利潤率が次第に低下していく傾向は、ただ、労働の社会的生産力の発展の進行を表す資本主義的生産様式に特有な表現でしかないのである。」（25a-266頁）

　スミスの富裕の一般化とは全く逆に、このように生産力上昇がもたらす逆説を通じて資本主義社会の矛盾をマルクスは明らかにしたのである。資本主義的生産様式は生産力上昇の桎梏となり、やがて労働者階級の反抗により経済システムは覆されていくとマルクスは展望した。

9-8　マルクス経済学の変容

　マルクスの経済思想は社会主義を目指す政治運動とともに世界に広まってゆく。その過程で様々なヴァリエーションを生み出していく。それらは、『資本論』で描き出された経済像と現実との不一致を整合させる試みと言える。20世紀の資本主義は19世紀イギリス経済とは異なる様相を呈し始めていた。『資本論』がモデルにしていた経済像を、そのまま現実に適応することが困難になり始めていたのである。

後発資本主義国ドイツは19世紀末に急速に重化学工業化を押し進めることに成功し、経済的にイギリスを凌駕しつつあった。こうしたドイツ経済の発展を支えたのが、銀行を中心とした株式会社制度である。「金融資本」という概念を用いて、新たな資本主義経済像を描き出したのがドイツのマルクス経済学者ヒルファディングであった。また、資本主義国家は国内の経済問題を国外に転化することで解決を図っているという議論が生まれてくる。その代表がレーニンである。マルクスが資本主義国内の問題に着目したのに対して、レーニンは世界レベルで資本主義経済の問題を把握しようとしたのである。イギリスの場合には、封建的な自営農民層は一方で農業資本家へと成長し、他方では農業労働者あるいは工業労働者へと没落していった。ところが、ドイツや日本では農民層分解が進まないうちに、重化学工業化が押し進められていた。マルクスが描いたのとは異なる経済社会のパターンがあるのかいなか、という論争が日本やドイツで行われた。

9-8-1　ヒルファディング

マルクスの理論を受け継いだドイツ社会民主党（SPD）の中で、カウツキーやヒルファディングといった理論家たちが、資本主義の発展を『資本論』をベースにしながら理論化しようと試みた。ヒルファディング（1877-1941）はウィーン生まれで、ドイツで活躍した。1910年に主著『金融資本論』を著す。1923年と1928-29年にSPD政権で大蔵大臣を務め、レンテンマルクの発行によって第一次大戦後のインフレーションの収束をはかった。ヒトラーの権力掌握後に亡命し、国外からナチスを批判しつづけるが、1941年逮捕されパリの監獄で死去する。

南海泡沫事件の後遺症でイギリスは長い間、株式会社を原則的に禁止していた。そのために個人が集めた資金により企業が立ち上げられていた。繊維産業のように固定資本が比較的小規模な産業ならば、資金の調達はそれほど大きな問題にならない。しかし、重化学工業のように大規模の設備が必要とされる産業では個人の資金だけでは容易に企業を立ち上げることは困難である。個人資金に代わって、株式会社制度によって大量の資金を集めることに成功したのがドイツであった。

この事態をヒルファディングは「金融資本」という概念で説明した。ヒルファディングが強調したのは銀行の役割の増大である。イギリスの銀行は伝統的に商業手形の割引に従事する商業銀行にとどまっていた（短期・小額・つなぎ融資的性格）。これに対してドイツでは銀行が証券の売買も行い、大量の資金を市中から集め、それを産業資本に流し込む役割を果たした。こうした金融と産業資本とが一体となった状態をヒルファディングは金融資本と呼び、「銀行はその資本のますます多くを産業に固定せざるを得ない。これによって銀行はますます多く産業資本家となる」と論じた。

重化学工業は株式を発行することで大量の資金を集めた。その際、銀行が株式の引き受けを行った。産業資本は独占企業として高い配当利回りを確保できた。そのために銀行が一括引き受けした株式は、額面以上の金額で市中に売却することが可能であった。この差額の取得を創業者利得と呼ぶ。1株の額面が50円であったとしよう。仮に1株当り年間4円の配当が保証されていたとする。利子率が5％であれば、この株式の市場価格は理論的には80円となる。この算出方法を「資本還元」と呼ぶ。さて、銀行は額面で引き受けた株式（＝1株当り50円を産業資本に支払って株式を購入）を、市中に80円で売却すれば30円の儲けが生まれる。これが創業者利得である。銀行は創業者利得を獲得するだけではなく、大株主として産業資本に役員を派遣することで、産業資本の経営にも介入していくようになる。こうして、人的な結合を通じて、銀行による産業資本の支配が行われていく。銀行による経営のコントロールは、もともとは競争関係にあった複数の産業資本の競争を回避させ、独占価格の維持などを可能にした。ヒルファディングはここに生産の社会化の展望を見出だした。すなわち、銀行による生産のコントロールの延長上に、国家による生産のコントロールという社会主義の構想を描くことになる。

9-8-2 レーニン

SPDは党内の路線対立もあって、第一次世界大戦に対して反戦の立場を貫くことができなかった。そのためにSPDの権威は失墜する。ロシア革命の指導者レーニン（1870-1924）は、「帝国主義戦争を内乱へ」というスローガンのもとに、SPDを中心勢力とする第2インターナショナルを批判した。第一次大戦中にレーニンはスイスからロシア共産党を指導し、大戦末期に、「封印列車」でロシアに

帰国する。1917年、11月〔10月〕革命を成功させ、ソビエト労農臨時政府の人民委員会議長に選出される。

　主著『帝国主義論』（1917）は、その内容の多くをヒルファディングに負っている。だが、理論的な内容よりも、予言の的中という点で『帝国主義論』は際立っていた。レーニンの予言は二重に的中する。ひとつはソビエト社会主義の誕生であり、もうひとつが第二次世界大戦の勃発である。そのために、マルクス経済学「正統」としてのレーニンの権威が生まれた。

　マルクスが対象にした19世紀の資本主義社会は資本家間での競争が活発に行われている自由競争の経済であった。これに対して、レーニンが対象にした20世紀初めの資本主義社会は、企業規模が大きくなり、少数の独占企業が市場を支配する状況であった。独占資本による生産の管理のうちに、レーニンもヒルファディング同様に生産の社会化を見出すことになる。つまり、生産の社会化の一歩手前の段階、すなわち社会主義の入り口にまで資本主義社会が到達していると判断したのである。

　　「競争は独占に転化する。その結果、生産の社会化が著しく前進する。とりわけ、技術上の発明や改善の過程も社会化される。これは……未知の市場での販売のために生産している経営者たちの旧来の自由競争とは、まったく異なるものである。……資本主義はその帝国主義的段階で、生産の全面的な社会化にぴったりと接近する。それはいわば、資本家たちを、彼らの意志と意識とに反して、競争の完全な自由から完全な社会化への過渡的な、ある新しい社会秩序に引きずり込む。」（235頁）

　しかし、生産は社会化しつつあっても所有は私的なままにとどまっている。資本主義的な所有制度では、労働者の生活水準は上昇し得ない。すなわち、労働者の消費需要は低く押さえ込まれたままである。だから、巨大な生産力がありながら、それを発揮することは不可能である。この生産と所有との矛盾を解決する方法が、収益性の高い海外への直接投資や債券投資による資本輸出であった。こうして、もはや資本主義の矛盾は一国内では解決できず、植民地支配による帝国主義として存立せざるをえなくなったとレーニンは見た。この資本輸出こそ、レーニンが20世紀の資本主義を帝国主義として規定した理由である。

「自由競争が完全に支配していた古い資本主義にとっては、商品の輸出
　が典型的であった。だが、独占が支配している最新の資本主義にとって
　は、資本の輸出が典型的となった。……先進諸国では膨大な「資本の過
　剰」が発生した。……資本主義が資本主義である限り、過剰な資本は、
　その国の大衆の生活水準を引き上げることには用いられないで──なぜ
　ならば、そうしてしまえば資本家の利潤が下がることになるから──、
　国外へ、後進諸国へ資本を輸出することによって利潤を高めることに用
　いられるであろう。これらの後進諸国では利潤が高いのが普通である。
　なぜならば、資本が少なく、地価は比較的低く、賃金は低く、原料は安
　いからである。」(277頁)

　このように海外に依存することでしか存立し得ない資本主義を、レーニン
は「寄生的で腐朽した資本主義」と呼んだ。帝国主義は資本主義の最終段階
で、まさに末期的な「死滅しつつある資本主義」であると、その滅亡が近い
ことを予言した。

　「帝国主義のもっとも本質的な経済的基礎のひとつである資本輸出は、
　金利生活者層の生産からこの完全な遊離をますます強め、いくつかの海
　外の諸国や植民地の労働の搾取によって生活している国全体に、寄生性
　という刻印を押す。」(319頁)

　レーニンは植民地の再分割のために、戦争が不可避であること、すなわち、
第二次世界大戦を予言した。第一次世界大戦直後に語られたこの予言は20年
後に的中する。ここにレーニンの絶対的な権威が成立することになる。

　「アメリカその他の国の金融資本は、非平和的な方法によって一変され
　つつある新しい勢力関係を基礎として、世界を再分割しつつあるのでは
　ないだろうか？……いったん勢力の相互関係が変化した場合、矛盾の解
　決は、資本主義のもとでは力による以外には何に求めることができよう
　か？」(316頁)

　レーニンの『帝国主義論』から資本主義の「全般的危機論」が導き出され、
スターリンらによって広められていくことになる。長い間、マルクス経済学
の世界では「全般的危機論」のもと、20世紀の資本主義の展開は、資本主義
の矛盾の激化とその一時的な弥縫策という単純な図式で把握されることと

なった。

9-8-3 日本におけるマルクス経済学の発展

大正期のデモクラシーの進展は様々な思想を発展させる機会を生み出した。学者の間ではマルクス主義への関心が生まれていた。他方、1900年代から開始される印刷工組合や鉄工組合といった労働組合の結成によって、次第に組織的な労働運動が展開されていく。1917年ロシア革命の影響もあり、両者は結びついていき、学問的研究と政治活動とが融合していくようになる。日本経済を分析するために、1920年代ごろから独自の経済理論が求められるようになった。

日本の経済を経済発展の段階としていかに規定すべきか、問題は学問的な問題にとどまらず、実践的な意味も持っていた。マルクスの唯物史観によれば、封建社会は市民革命を経て資本主義社会になり、資本主義社会は社会主義革命を経て社会主義に到るはずである。日本がまだ封建社会ならば政治的課題は市民革命であるし、すでに資本主義社会であるならば社会主義革命が課題となる。明治維新は市民革命なのか。これが論争の起源であった。論争は経済学者、歴史学者を二分する日本の社会科学史上、最大の論争へと発展する。一方のグループは『日本資本主義発達史講座』（1932-33年）に結集したために「講座派」と呼ばれた。もう一方のグループは雑誌『労農』において論陣をはったために「労農派」と呼ばれた。

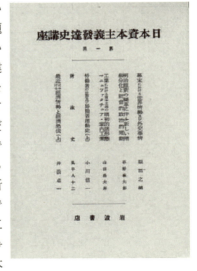

講座派の見解では、当時の日本はフランスの絶対王政期（ルイ14世の時代）に相当するとされた。つまり、明治維新は天皇を中心とする絶対王政を成立させたもので、市民革命ではないということになる。それゆえ、日本経済の根底には封建的な農業が置かれていることを強調した。このグループを代表するのが、野呂栄太郎（1900-1934）、山田盛太郎（1897-1980）らであった。これに対して労農派の見解では、明治維新は市民革命である。したがって、

すでに日本は資本主義社会に到っている。労農派の論者は、日本の社会に数多く残っている封建的な要素も資本主義社会の中でやがては消滅していく残滓に他ならないと主張した。このグループを代表するのが、櫛田民蔵（1885-1934）、向坂逸郎（1897-1985）、猪俣津南雄（1889-1942）らであった。

　山田盛太郎の主著『日本資本主義分析』（1934）によって、講座派の見解を眺めておこう。日本は後発国として工業化を進展させるが、その過程で地主と小作農との半封建的な関係は解消しないどころか、ますます強化された。また、政治体制についてみれば、天皇を中心とする官僚および軍部による強力な政治機構が誕生した。山田は「軍事的半農奴制的資本主義」という概念によって日本資本主義を規定した。そのポイントは日本資本主義を欧米とは異なるロシアや日本に独自なタイプと見ているところにある。すなわち、労農派のように、欧米的な資本主義に向かう一時的な過渡期としてではなく、一つの類型として戦前の日本資本主義を位置づけたのである。

　　「英国資本主義は自由競争の祖国として現われ、独米資本主義は集中独
　　占の本場として現われ、露日資本主義は軍事的農奴制的＝半農奴制的の
　　典型国として現われ、いずれもそれぞれ、世界史的意義を劃している。」
　（23頁）

　山田の見解では、一方での重工業の展開と、他方での貧しい農民経済は相互補完的な日本経済の両輪である。ただし、経済の主要な基盤は農村にあると見ていた。両者の関係は次のように説明されている。海外へ進出するために強力な軍事力の維持と、軍需工業を中心とした重工業の育成が必要である。必要となる資金は財政でまかなわれる必要がある。農村の高い地代にかけられる税金がこの財源となっている。高い地代を可能としたのが、封建的な農村社会の存在である。農民は封建的な旧来の地主・小作関係に縛られることで、搾取されており、それにより地主は高い地代を獲得している。こうして工業と軍事を支える資金が農村から供給されていると山田は主張した。さらに、農民の低い生活水準は、結果的に工業労働者の賃金を低く抑えることにも貢献した。また、軍事力は海外への進出のためだけではなく、貧しい農民たちの反乱を抑え込む装置としても機能する。これが山田の見解であった。

　資本主義が発展すれば、地代も市場メカニズムによって規制されるはずである。しかし、日本の高率な地代は市場価格を反映しておらず、軍部の存在

を背景とした地主の政治的な力、すなわち「経済外的強制」によって決定されている。こうした地主・小作関係を山田は「半封建的」あるいは「半農奴制的」と表現した。

> 「半隷農的零細耕作農民および半隷奴的賃金労働者の地盤＝供給源たる所の、厖大なる半農奴制的零細耕作土壌そのもの、それの同時的、相互規定的の、強力的な創出過程。かくの如き関係下における創出になる半封建的土地所有制＝半農奴制的零細農耕は、軍事的半農奴制的日本資本主義の基本規定として現われる。」(225頁)

　こうした見解に対して、労農派の土屋喬雄は、徳川時代後期からすでに地主と小作人との間には商品経済的な関係が浸透し始めており、一部では土地の売買が行われていることを指摘した。つまり、資本主義の萌芽的な姿が明治以前に存在していることを指摘したのである。向坂逸郎は山田の分析が経済を静態的に把握しているために、日本資本主義のダイナミズムを見過ごしていると批判した。労農派に近い立場にいた宇野弘蔵 (1897-1977) は、農民の貧しさを農村の封建的な性格に求めるのではなく、有機的構成の高い重工業では労働雇用量が少ないために、農村に相対的過剰人口を滞留させたと説明した。また、「半封建的」などの「半」という概念規定がそもそも概念規定上無益な概念であるといった批判も行われた。

第10章　限界革命

10-1　新古典派経済学とは何か

　「新古典派経済学　neoclassical economics」という名称は、19世紀末にアメリカ制度学派に属するヴェブレン（1857-1929）が作り出したものである。ヴェブレン自身は主に、ケンブリッジ学派のマーシャルを念頭におきながらこの名称を用いた。しかし、今日では19世紀後半に誕生したローザンヌ学派、オーストリア学派、ケンブリッジ学派などを源流とする複数の学派を包括する名称となっている。以下の表は新古典派経済学の代表的な学派である。

	1870年代	20世紀前半	第二次大戦後
イギリス	ケンブリッジ学派		
オーストリア	オーストリア学派		
スイス	ローザンヌ学派		
スウェーデン		スウェーデン学派	
アメリカ			シカゴ学派（マネタリズム）
			合理的期待形成学派

　新古典派経済学と言っても学派ごとに相違する点も多い。ここでは比較的多くの学派に含まれる共通点を最初に提示しておきたい。そのエッセンスは今日のミクロ経済学の教科書に凝縮されていると言えるかもしれない。

トピック：近代経済学

　後に見るようにケインズは方法論的個人主義や市場の自己調整力を否定した。それゆえ、ケインズ経済学は新古典派経済学に含まれない。ただし、今日のマクロ経済学の多くは創始者ケインズから乖離しており、新古典派経済学に含めることが可能である。また、ミクロ経済学の中でもゲーム理論や社会的選択論などは、新古典派経済学に含まれない。なお、日本ではマルクス経済学と対になる「近代経済学（近経）」という表現が広く用いられている。おおよそ「新古典派＋ケインズ経済学」の意味で使用されている。しかし、日本流の「近代経済学 modern economics」と

いう名称は海外では通用しない（日本の「近代経済学」に最も近い言葉は、non-marxian economics である）。

10-2　方法論的個人主義と最適化仮説

　学派を成立させる社会観や分析手法を方法論と呼ぶ。新古典派経済学の方法論上の第一の特徴は、方法論的個人主義である。それは、個々の経済主体（生産者・消費者）の行動の総和として経済全体の動きを説明しようとする方法である。方法論的個人主義は、個人がまず存在していて、個人の集まりとして社会が成り立つという社会観に支えられている。階級というくくり方をした古典派経済学と異なり、個人に着目したのは、社会における階級構造が希薄化したことや、生活水準の上昇により消費における個々人の選択の余地が広がったことなどをあげることができる。ちなみに、方法論的個人主義と対になる考え方が、マルクス経済学やドイツ歴史学派に見られる方法論的全体主義である。こちらはまず社会があり、それが個人の存在の仕方を規定するという社会観を背景に持っている。

　個人の集まりとして理論的に経済社会を構成するために、諸個人が最適化行動をとることが仮定された。これを最適化仮説と呼ぶことがある。各経済主体は自己の経済的利益を追求する合理性を備えており、そしてそれを実行する主体として想定されているのである。このような主体を「経済人（homo economics）」と呼ぶこともある。ここで言う「合理性」とは、ある目的が与えられた場合に最適な行動を選ぶという意味の目的合理性である。新古典派経済学における目的は、消費者の場合は効用最大化であり、企業の場合は利潤最大化である。この二つの経済主体の最適化行動を理論化する道具として、「限界（marginal）」概念に重要な役割が与えられた。限界概念を導入することで、最適化行動は微分を用いた極大・極小問題で表現する可能性が開かれたのである。

　個々の経済主体が需要者と供給者として出会う場が市場である。市場では、経済主体が互いに調整を行いながら、需要と供給を均衡させていく。市場は財や生産要素が取引される場であると同時に、経済主体の行動を最適化する場でもあるのだ。そのために、市場における需要と供給の均衡は、単に均衡点における価格や供給量・需要量の決定という意味だけではなく、社会の調和・秩序という意味合いも合わせ持つようになる。均衡に達するメカニズム

は緻密に理論化されていくが、それは市場の自律性を理論化したものと言うことができるだろう。

　新古典派経済学の特徴は、ミクロ経済学の教科書における市場均衡までの流れを思い浮かべてもらえればよく分かるだろう。個々の経済主体がとる最適化行動から個別的需要曲線、個別的供給曲線を導出し、それらを集計して市場需要曲線、市場供給曲線を求める。この両曲線の交点として市場均衡が説明され、その効率性が論じられる。

消費者行動論	個人の効用最大化→個別的需要曲線→市場需要曲線	＞市場均衡
企業行動論	個別企業の利潤最大化→個別的供給曲線→市場供給曲線	

　最後に新古典派経済学に共通する付随的な特徴をあげておく。厳密な理論的体系を構築するために、新古典派経済学はいつかの補助的な仮定を用いた。その一つが財に関する全ての情報を経済主体が入手できるという完全情報の仮定である。また、取引にあたって、移動に必要な交通の費用、あるいは情報入手、交渉や手続きに関する時間的・金銭的費用が一切かからないという、取引費用ゼロの仮定も用いている。例えば、一物一価の法則はこうした仮定があるから成り立つのである。瑣末なように見えるが、取引費用は理論的には興味深い。企業の存在理由を説明する標準的な理論は、企業は取引費用を小さくする仕組みというものである（コースの企業論）。2010年ノーベル経済学賞を受賞したP.ダイヤモンドらの研究は、取引費用をコストとして計上した労働市場のモデル化である（サーチ理論）。

トピック：経済人の仮定

　現実の人間は利他的な振る舞いもするし、合理的な行動ばかりとるわけではない。新古典派経済学者も現実の人間が経済人であると考えたわけではない。理論構築のための単純化の産物であると自覚していた。とはいえ、経済人の仮定から出発する以上、出来上がった理論に修正を加えたとしても、現実の経済には近づき得ないとする批判が昔からある。新古典派経済学者の一員であるマーシャルでさえこのような批判を行っている。最近の行動経済学などは、経済人の仮定を最初から否定し、実験で得られたデータをもとにした主体から理論を構築しようとしている。

10-3　限界革命とジェヴォンズ

　イギリスのジェヴォンズ（1835-1882）、オーストリアのメンガー（1840-1921）、スイスのワルラス（1834-1910）が限界概念を用いて、それまでの古典派経済学を一新させた。3人は全く独自に、また地理的に異なった場所でありながら、1870年ごろほぼ同時に同一の考え方を提示した。これ以後、限界概念は経済理論の中心に位置するようになる。そのために、この3人による経済理論の革新を「限界革命」と呼ぶ。

　リヴァプール生まれのジェヴォンズはロンドンのユニヴァーシティ・カレッジで論理学や数学を学ぶ。家業の倒産のために、学業半ばでゴールド・ラッシュのオーストラリアの造幣局に分析官として赴任した。仕事の傍ら、統計的手法による気象観測や地質調査を行なった。帰国後、マンチェスター大学の前身であるオーエンズ大学で論理学や道徳の教鞭をとる。記号論理学の業績を残すとともに、自然科学の方法論も論じた。この科学観のもとに経済学も自然科学と同様に厳密な科学にすべきと考えるようになる。限界効用理論は1860年ごろ着想されたという。経済学の主著は限界理論を展開した『経済の理論』（1871年）であるが、本人は太陽黒点の増加が好景気をもたらすとする太陽黒点説こそ不滅の業績であると自認していた。かつては一笑に付されていた太陽黒点説であるが、近年では再評価されつつある。『経済の理論』は1878年に早くも翻訳が刊行されており、我が国に導入された最初期の欧米経済学の一つでもある。日本が欧米文化の導入に邁進していた時期の興味深い歴史の一コマである。

　経済学を厳密科学にしようとするジェヴォンズの発想は、ベンサム（1748-1832）の功利主義に源泉がある。18世紀末から19世紀初めにかけて活躍したベンサムは、快楽と苦痛の比較考量にもとづく功利主義思想を展開し、19世紀の社会思想に大きな影響を与えた。ベンサムが法律などの社会制度の適否を判定するのに用いた utility（＝効用、功利）を、ジェヴォンズは商品の価値や労働供給を説明するキー概念として利用していく。

　「快楽および苦痛は、疑いもなく経済の計算の究極的な目標である。最

少の努力をもってわれわれの欲望を最大限に満たすこと——最も多くの望ましいものを、最も少ない望ましくないものと引き換えに取得すること——言い換えれば、快楽を極大にさせることが経済学の問題である。」
（29頁）

　これはベンサムの快楽計算そのものであるが、ジェヴォンズはそれを経済学の出発点に置いた。エンジニアであったジェヴォンズは、ニュートンに代表される古典力学を模範として、経済学も数理的な学問、とりわけ極値問題として体系化されうる学問と考えていた。そのために、経済学を「快楽および苦痛の微積分学」と表現した。数理化の追求は、効用という主観をもやがては計測できるという信念に支えられていた。かつては数量化できなかった温度も、温度計の発明で客観的に数量化された。それと同様に、やがて快楽や苦痛も客観的に測定可能になるとジェヴォンズは信じていたのである。

10-4　限界効用理論

　古典派経済学やマルクス経済学は生産費説や投下労働価値説といった、若干のヴァリエーションはあるにせよ、商品の価値は供給面で決定されると考えていた。その根底にあるのは、価値と使用価値との分離という考え方である。この区分を定着させたのはスミスである。生命の維持に必要不可欠の水はタダであるのに、なくてもさして困らないダイヤモンドは高価である。この逆説を「水とダイヤモンドのパラドックス」と呼ぶ。スミスはこのパラドックスを解消するために、価値と使用価値とは全く次元の異なるものであると主張した。そして、水は使用価値が高いが生産費がかからないために価値が低いと説明した。古典派経済学はこの考え方を継承し、商品の価値についてはもっぱら生産面に焦点をあてることになった。その結果、消費者の主観に依存する使用価値（＝効用）の分析を発展させる道を閉ざした。

　ジェヴォンズはこれを逆転させて、使用価値の分析に焦点をあてた。そこで用いられたのが、限界効用による価値の説明である。ジェヴォンズは商品から得られる効用（満足度）を最大化するように消費者は行動すると考えた。ここで重要なのが「限界効用（度）逓減」という考え方である。夏の暑い日に飲む生ビールはたいへんうまい。とはいえ、2杯目のうまさは1杯目ほどの感激を伴わないであろう。3杯目ともなるとそのうまさはだいぶ減るにちがいない。この効用を1本ずつの棒グラフで表そう。横軸にはビールの消費

147

量をとり、棒グラフの面積でビール1杯から生まれる「効用」を表すようにしよう。1杯目は高さの高い棒グラフに、2杯目はそれより高さの低い棒グラフに、3杯目はもっと低い棒グラフとなる。厳密に言うと、棒グラフの面積で効用が表現されており、棒グラフの高さは「効用度」と呼ばれる次元である（この事例では、ビール一杯の量が一定だから、効用度と効用は比例している）。最後の棒グラフの面積を「限界効用」、その高さを「限界効用度」と呼ぶ（ジェヴォンズは「限界」ではなく「最終」という表現を持っていた）。このように消費量の増加につれて、効用度が低下していくことを限界効用（度）逓減の法則と呼ぶ。さて、消費量が連続的に変化し、それにともなう効用度も連続的に変化するとしよう。そうすれば棒グラフは曲線のグラフとなる。そうすると、効用度と効用の関係は微分と積分の関係になる。

> 「u をして〔財貨の量〕x の消費から得られる効用の全体を示すとする。……$\frac{du}{dx}$ は x 量の財貨に対する効用度である。数学用語をもってすれば、効用度は x の関数と考えられた u の微分係数である。」(38頁)

　微分可能な曲線として効用度の関数が与えられれば、それを積分することで総効用（グラフの面積）を算出することができる。ジェヴォンズが経済学を「快楽と苦痛の微積分学」と呼んだ所以である。さて、限界効用の視点に立つと、スミスの価値と使用価値の区分は、総効用と限界効用との混同に由来していることになる。水とダイヤモンドのパラドックスは総効用と限界効用との区分によって解消可能である。「われわれは水がないと生活出来ないが、水にほとんど価値を置かない。それはなぜか？　われわれは通常、限界効用度がほぼ0になるほど多くの水を持っているからである」。こうして効用という消費者の主観の側から価値を分析する道が開かれたのである。

> 　注：ジェヴォンズは一般に使われている「限界 marginal」ではなく、「最終 final」という用語を用いた。意味は同じなので、本書では final も「限界」と訳しておく。なお、今日のミクロ経済学の教科書では、しばしば限界効用と限界効用度が区別なく使われているが、本来は次元が異なるものである。棒グラフに即せば、限界効用（面積）＝限界効用度（高さ）×追加商品1単位である。

10-5　交換理論

　ジェヴォンズは古典派経済学の伝統を覆すために、生産費と無関係に交換比率が説明できる事例をとりあげた。それが、肉を持つ商品所持者と穀物を持つ商品所持者との物々交換を説明する交換理論である。ジェヴォンズの議論に補足説明を加えて追っていこう（1から5は肉所持者の話であることに注意）。

　(1)肉所持者の肉と穀物についての限界効用度のグラフを書く。いずれのグラフも右下がりのグラフとなる（左端は所持量がゼロに近いから限界効用度が高くなる）。

　(2)ある交換比率が与えられたとして、同じ横幅で交換によって受け取る量（穀物）と渡す量（肉）とが一致するように横軸の縮尺を変える（価格を用いて説明すれば、横軸の同一の長さが、同じ金額で買える穀物と肉の量を表示するように縮尺を変える）。

　(3)穀物のグラフを左右逆にする。肉の初期保有量と穀物のグラフの原点が一致するように重ねる。そうすると、途中で交差するX型のグラフが書ける。

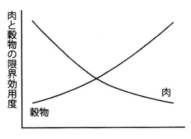

　(4)交換の始まる前が一番右端である。交点よりも右側だと肉の限界効用度よりも穀物の限界効用度が高い。だから、もっと肉を手放して穀物を得た方が良い。なぜならば、交換に手放す肉の効用（すなわち失う効用）よりも、交換で得る穀物の効用（得る効用）の方が大きいからである。交点よりも左側だと、失う効用の方が大きいから、交換が行き過ぎることになる。

　(5)グラフの交点で交換を行うと総効用が最大になる。

　交点のところで、細い棒グラフを立ててみよう。それは同一金額（例えば1円分）で購入できる、肉と穀物の効用が一致することを意味する。すなわ

ち、「価格1単位あたりの各財の限界効用が等しい」場合に交換が成立することが分かる。この考え方を応用すれば、商品の物々交換だけではなく、買い物をするときの最大化の条件も分かる。最終一単位の貨幣をもって、いずれの商品を買ったとしても追加的に得られる効用が等しくなるような買い物、これが効用を最大化させる消費者行動ということになる。

　ジェヴォンズはこの交換理論をもって、限界効用による商品の交換比率の説明に成功したと勘違いした。上の説明ではすでに交換比率が与えられている場合に、効用を最大化させる交換を説明しているにすぎず、交換比率の決定方法が欠落している。交換理論を完成させるためには、相手（穀物所持者）が交換に応じるかどうかを検討する必要がある。そこで次のような操作が必要になる。肉所持者と穀物所持者それぞれについて、交換比率を少しずつ変化させて、交点の異なるグラフを沢山書いていく。このグラフの中から、交換が成立するグラフ、すなわち相手に手渡す量と相手が受け取る量が相互に一致するグラフを探し出す。このようにジェヴォンズの説明を補えば、確かに限界効用から商品の交換比率を説明できる。こうして、それまで生産面で考察されてきた価値論は、消費の側で決定されるべき理論へと一新されたのである。

　ジェヴォンズは交換が生み出す効用最大化に着目し、自由貿易擁護論まで展開した。ここにはかなり無理があるのだが、自由貿易のメッカ、「世界の工場」の中心地マンチェスターで活躍したジェヴォンズらしい議論である。

　　「誰でも購入から利益を期待できないかぎりは、物を買うことはない。したがって、交換の完全な自由は効用を極大にさせる方法なのである。……関税は収入を増加させる手段としては必要かもしれないが、関税をもって貿易調節の手段として、または効用を増加させる交換の自然的傾向に対する干渉手段として、経済学者が関税に少しでも賛成する時代は終わったのである。」（108頁）

10-6　労働理論

　限界理論の応用として、ジェヴォンズは労働理論（労働供給論）も論じた。農場で働く労働者を考えてみよう。生産物はそのまま労働者が消費できるとする。労働者は生産物から得られる効用度と、労働からの苦痛度（負の限界

効用度）とを比較して 効用—苦痛を最大化させるように働くのが合理的であるとジェヴォンズは考えた。横軸に労働時間をとり、縦軸のプラス部分に生産物からの効用を、そしてマイナス部分に労働からの苦痛を計ることにしよう。生産関数 x=f(t)、効用関数 u=g(x) とすれば、労働と効用との関係は次のような、合成関数で決まることになる。u=g(f(t))［労働時間(t)→生産物量(x)→効用

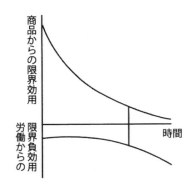

(u)］。生産関数が収穫逓減であるとすれば、限界効用逓減の効果も加わるから、このグラフは明らかに右下がりとなる。

　労働からの苦痛（限界負効用 ℓ）は、労働時間が増大すれば次第に増大するであろう。例えば、最初の1時間の苦痛よりも、10時間働いた後の1時間の苦痛の方が常識的に考えればはるかに大きいといえそうだ。よって、このグラフも右下がりとなる。

　苦痛よりも効用が大きい間は労働時間を増大させていく方が効用は大きくなる。苦痛と効用との大きさが等しくなる時間（絶対値が等しいという意味）を越えると、苦痛の増大の方が大きくなるから、等しくなる時間で労働するのが合理的である。

>　「労働が延長されるにしたがって、努力は原則として次第に苦痛になる。……肉体の精力が消耗するにつれて、仕事を続けることが辛くなり、精力の枯渇が近づくと継続的努力はますます耐えることが難しくなる。」
>　（128頁）

>　「$\frac{dl}{dt}=\frac{du}{dx}\times\frac{dx}{dt}$……経済学の他の方程式と同様に、全ては最終増量に関わる。上記の公式は労働と効用との最終的な均等を示したのである。」
>　（132頁）

　ジェヴォンズのモデルは、自分で生産したものを自分で消費する単純商品生産者モデルであるから、資本主義社会の労働市場における労働供給モデル

にはなっていない。ジェヴォンズの議論は限界概念の有効性を説こうとする
あまり、その経済学的な意味合いの考察が不十分である場合が多い。

　ジェヴォンズは労働供給量の決定だけではなく、労働をどの部面に配分す
ればよいかという資源配分論も論じている。複数の労働部面がある場合に、
効用を最大化するためには、最終時間の労働をどの部面に投下してもそこか
ら得られる効用が同一でなければならない。今日のミクロ経済学の目的は、
しばしば希少資源の配分であるとされるが、それとほぼ同じことをジェヴォ
ンズも述べている。

> 「経済学の問題は、さまざまな欲求と生産諸力とが与えられ、かつ一定
> の大きさの土地およびその他の資源を持つ一定数の人口が与えられた場
> 合、生産物の効用を極大にさせるためには、どのように労働を用いるべ
> きか、ということである。」（195頁）

10-7　ジェヴォンズ以後の効用理論の発展

　ジェヴォンズの効用理論は、商品ごとに独立に効用が決まり、それを足し
合わせることで消費者の効用が定まると想定されている（加算型効用）。これ
は古いタイプの効用理論である。今、2財だけの効用を数式で表現すれば、
$u=u1(x)+u2(y)$ となる。y財の量とは無関係に限界効用が決まるのだ。した
がって、例えばx財の限界効用を考える時には、u1(x)を微分すればよい。
労働理論にも加算型効用が用いられていることが分かるであろう。こうした
加算型効用はマーシャルにも継承されていく。

　しかし、後のパレート（1848-1923）やヒックス（1904-1989）らは加算型効
用を批判した。例えば、砂糖入りコーヒーは好きだが、ブラック・コーヒー
は飲めないという人にとって、砂糖の量を無視してコーヒーの限界効用を決
定することは出来ない。そこでヒックスたちは無差別曲線タイプの効用理論
を導入した。関数で書けば、$u=u(x,y)$ となる。x財の限界効用はxで偏微
分すれば求められる。当然のことながら、y財の量が変化すれば、x財の限
界効用も影響を受ける。ミクロ経済学で学ぶように、やがて無差別曲線の導
入は限界効用を不要とする方向へ進んでいった。

　限界代替率さえ分かれば、限界効用を用いた議論は不必要となる。こうし

て無差別曲線の導入は基数的な効用という想定も不用なものとした。基数というのは、例えば重さのように2倍とか1.5倍とか比較できる量のことである。無差別曲線による消費論にとって、効用は大小関係さえ比較できればよく（序数的効用）、基数的なものである必要はない。基数的効用分析と序数的効用分析は以下のような関係にある。

	基数的効用分析	序数的効用分析
基本的関数	効用関数	無差別曲線
基本的概念	限界効用	限界代替率
基本的法則	限界効用逓減の法則	限界代替率逓減の法則
効用最大化条件	限界効用／価格　の均等	限界代替率＝価格比

　さらにジェヴォンズの効用理論は加算型効用という側面だけでなく、効用の個人間比較の不可能性という批判にもさらされた。すなわち、異なる人間の効用の大きさは比較できないという批判である。ジェヴォンズは将来、効用という心理的な量も客観的に測定可能になると考えていた。しかし、そのような想定は不可能であるだけでなく、消費理論にとって不必要であるとされた。もっとも、ジェヴォンズの主要な議論には、効用の個人間比較は用いられていない。よってこの批判はジェヴォンズの経済理論にとっては、それほど重要ではない。しかし、19世紀に支配的であったベンサム以来の功利主義を基盤とする政策論に深刻な打撃を与えることになった。この点については功利主義に基づいて政策を正当化しようとしたピグーのところで詳しく論じることにする。

トピック：「功利主義プロジェクト」

　18世紀末に登場したベンサムは、功利（不幸なことに、わが国では utility を政治学や倫理学では「功利」、経済学では「効用」と訳す慣例がある）を用いて法律の基礎付けを行なおうとした。ベンサム以前は、自然法が法の根拠を与えると考えられていた（ただし、スミスは同感論）。例えば、所有権を正当化するロジックは次のようになる。自然法論者ならば、実定法に先行する自然法から正当化するだろう。これに対して、功利主義者は、所有権を設定するとその結果、功利が高まるという理由で正当化する。ベンサムはこうした功利主義の論法を法の基礎付けだけではなく、統治の形態や、政策の当否を判定するのにも応用した。しばしば誤解されているが、ベンサムの言う功利は、個人の功利を社会的に合計したもので、言わば社会的功利であることに注意する必要がある。誰かの功利を低下

させる法律や政策も、他の人たちの功利の合計がそれを上回るほど増大すれば、その法律や政策は正当化されることになるのだ。功利主義は単純な思想である。しかし、だからこそ19世紀の支配的な思想となり、政治制度や法体系を改革する強力な武器となった。19世紀の一連の社会改革は「功利主義プロジェクト」と呼ぶことさえ可能である。ジェヴォンズの経済学もこのプロジェクトの一部として誕生したことになる。

　ベンサムは、意図的に諸個人を均質なものと見なそうとした。だから個人間の功利の比較や加算可能性の問題を真剣に考えることはなかった。このように個人を均質なものとみなす人間観は、18世紀末や19世紀はじめには、それ自体が画期的なものであった。しかし、20世紀の人間観としては限界があるのかもしれない。社会的功利が計算不可能であるとすれば、功利主義の根幹が揺らぐことになる。経済学が提起した効用の個人間比較の不可能性という問題は、功利主義にやっかいな難問を突きつけている。

第11章　ワルラスの経済学

11-1　土地国有化論と経済学の方法

　限界トリオの一人であるレオン・ワルラスは1834年フランスに生まれた。大学受験に失敗し国立高等鉱業学校に入学するが、実学志向の学校になじめず留年し、中退してしまう。新聞記者や鉄道会社などの職を転々とし、租税問題の論文を書いたことがきっかけとなって、スイスのローザンヌ大学に就職する。ワルラスは3部門から成る経済学体系を構想した。第1部門は純粋な理論を扱う純粋経済学、第2部門は経済政策を扱う応用経済学、第3部門は所有権や所得分配を扱う社会経済学である。しかし、完成できたのは最初の純粋経済学だけであった。それが主著『純粋経済学要論』（第1分冊1874、第2分冊1877）である。ローザンヌ大学における後継者パレートらとともにローザンヌ学派と呼ばれる学派を形成した。

　労働者の貧困解決は重要な課題であり、ワルラスは社会主義者という一面を持っていた。1910年に没するまで社会主義者の志を変えなかった。若い時には、サン・シモン主義者と親交を持ち、父オーギュストからは土地国有化思想を受け継いだ。経済発展につれて、人口は増大し、資本も増大する。ところが、土地は増大しない。つまり、土地はますます希少な資源となり、地代は上昇していくことが予想される。その結果、土地所有者のみ豊かになっていくという不平等が生まれる。これを是正するために国家が土地を買い上げる土地国有化が必要である。これがワルラスの考えた社会主義である。土地を国有化し、地代収入を歳入とすれば税金は不要になる。この構想を実現するためには、地代の必然的上昇を厳密に論証することが必要である。ここにワルラスの経済学研究の出発点がある。『純粋経済学要論』は社会主義的であるとしてフランスではあまり受け入れられず、イタリアやアメリカで支持者を獲得していった。ワルラスに起源を持つ一般均衡論は今日の経済理論

155

の中核であるが、彼の社会主義者の側面が顧みられることは少ない。

　ワルラスもジェヴォンズ同様に、経済学は厳密な学問でなければならず、そのために有効な方法が「解析的表現」（数式）と「幾何学的表現」（グラフ）の使用であると考えていた。経済学への本格的な数学の導入はワルラスに始まる。価格と需要量・供給量のグラフも一般に広めたのはワルラスである（ただし、横軸と縦軸が現在のものと逆）。ワルラスは自明と考えられる命題も全て証明が必要であると主張している。例えば、超過需要があれば価格を上昇させることで均衡価格に到達しなければならない、という自明に見える命題も証明の必要があるとワルラスは言う。

　　「科学の基本法則を厳密に証明することは重要なことであろうか。それとも重要ではないのだろうか。今日、数えきれないほどの経済学の学派がある。……しかし私は２つの学派しか認めない。一つはその命題を証明しない学派である。もう一つはそれを証明しようとする学派であり、私はその確立を目指している。近代産業の奇跡を実現させたのは、幾何学や代数学の基本的な定理を厳密に証明し、次にこれから演繹される解析学や力学の定理を証明し、さらにこれを経験的条件に適用したことである。経済学においても同様に進んでいくならば、経済や社会秩序においても物理や産業の秩序においてなしたと同様に、事物の性質を管理することができるようになるだろう。」（507頁）

11-2　交換の理論

　基本的な命題を厳密に証明するためには、単純化したモデルから出発する必要がある。ここにワルラス経済学の特徴がある。最も単純なモデルである交換だけのモデルから出発して、生産を含むモデル、資本を含むモデル、貨幣を含むモデルへと進んでゆく。価格の表示は用いられているが、それは交換比率を示すだけで、貨幣が登場するまでは、物々交換によって取引が進行していくことになる。

　最初は２商品（例えば肉と小麦）の交換モデル（市場参加者は多数）である。市場参加者は所与の商品量（初期保有量と呼ぶ）をもって、市場に参加する。せり人が提示した価格に応じて、効用を最大化するように各商品の売りに出す量（供給量）と買う量（需要量）を決定する。貨幣が存在しないから（＝貯

蓄が存在しないから）、市場参加者はそれぞれ販売額と購入額を一致するように需要量と供給量を決定しなければならない（予算制約）。価格といっても物々交換だから、価格の比だけが問題となる。例えば、1キロあたり肉30円と小麦10円でも、肉300円と小麦100円でも需要量と供給量に相違はない。そこでいずれかの商品を基準として、例えば小麦1キロを1円と固定しても問題ない。この基準となる商品を「ニュメレール（尺度財）」と呼ぶ。

　各自が予算制約のもとで需要量と供給量を提示しているのだから、各自の需要額と供給額を足せばゼロになる（主体均衡）。したがって市場全体（表の太枠内）での両商品の需要総額と供給総額は足せばゼロとなる。ただし、肉の需要総額と供給総額、小麦の需要総額と供給総額は偶然でもない限りゼロとはならない（市場均衡）。

例：肉1キロ3円、小麦1キロ1円のとき（数字は金額、＋は需要額、－は供給額）

	Aさん	Bさん	Cさん	Dさん	合計（超過需要）
肉	＋300	＋200	＋50	－100	＋450
小麦	－300	－200	－50	＋100	－450
各自の予算制約	0	0	0	0	0

　肉は超過需要で小麦は超過供給となっている。そこでせり人は肉の価格を上げて価格を再提示する。

例：肉1キロ5円、小麦1キロ1円のとき

	Aさん	Bさん	Cさん	Dさん	合計（超過需要）
肉	＋120	＋50	－40	－130	0
小麦	－120	－50	＋40	＋130	0
各自の予算制約	0	0	0	0	0

　肉と小麦の超過需要と超過供給は解消した。この価格（均衡価格）で取引が実行される。1商品だけでなく全ての商品の均衡を問題にしているので、「一般均衡論」と呼ばれる。ところで、2商品の場合は容易に分かるように、どちらか一方の商品（例えば肉）の需要と供給が一致すれば、必ず他方の商品（小麦）の需要と供給も一致している（ワルラス法則）。

　ワルラスは2商品の交換に続いて、商品の種類をm種類に増やして検討している。m種類になっても、表の行数が増えるだけで本質はそれほど変わら

ない。ワルラス法則は次のように定式化される。「m種類の商品のうち、m-1種類の商品の需要と供給が一致すれば、残り1種類の商品の需給も一致する」。逆に言えば、超過需要の商品が存在する時、必ず超過供給の商品が存在していなければならない。単純だが、ワルラス法則は経済理論を検討する場合、とても重要な法則である。例えば、失業が労働の超過供給であるとすれば、どこかに超過需要の商品ないし生産要素が存在していなければならないことになる。

トピック：均衡価格の存在

　全ての商品の需要と供給を一致させる価格は本当に存在するのだろうか？　この問題を均衡価格の存在証明と呼ぶ。ワルラスは方程式の本数と未知数の数から簡潔な説明を与えた。先の事例を数式を用いて表現すると、未知数は各自の肉と小麦の需要量（供給量はマイナスの需要量と考える）の計8個と、商品価格の2個で合計10個となる。ただし、小麦の価格は1円と決めてあるから、実際には9個となる。

　次に方程式の数を数えてみよう。2種類の方程式が成立する。i) 主体均衡：価格が与えられた時、各自は効用を最大化するように需要量を決める。表では縦方向に見て方程式を立てると考えれば良い。ワルラスは主体均衡を肉と小麦の単位価格あたりの限界効用の均等式（最後の1円分の支出から得られる限界効用が等しい）と予算制約式の2本で表した（ワルラスのやり方は分かりにくいかもしれない。現代的には予算制約式のもとで効用関数を最大化するラグランジュ乗数法を用いるが、方程式の数はやはり2本となる）。同様にして4人分の方程式が導けるから、主体均衡は全部で8本の方程式で表現される。ii) 市場均衡：市場全体で肉と小麦それぞれの需要と供給を一致させる必要がある。これは表を横方向で見て方程式を立てると考えれば良い。肉と小麦で2本成立する。合計すると方程式は10本となった。

　ただし、ワルラス法則から市場均衡式のうち1本が成立すると、残りも必ず成立する。つまり、1本は他の式を変形させると導出されてしまうからなくともよい（数学的には「独立でない」と言う）。したがって、独立な方程式は合計で9本ということになる。方程式と未知数の数は一致した。ワルラスはこれで均衡価格の存在証明に成功したと考えた。

　しかし、本当はあまり厳密な証明ではない。方程式の本数と未知数が一致しただけでは経済学的に有意味な解があるとは言えないからだ。ワルラス以後、均衡価格の存在と解の1意性について研究が進められた。

第二次世界大戦後、位相数学を利用して均衡価格を成立させる条件などが詳細に解明された。

11-3　生産の一般均衡論

　生産論では、土地を提供する地主、労働を提供する労働者、資本を提供する資本家、それに生産を組織化する企業者（アントルプルヌール）が登場する。前3者はそれぞれ、地代、賃金、利子を収入として得る。そしてその収入を用いて生産物を需要する。なお、ワルラスの資本は機械、建物、道具、家畜など生産に必要な動産を

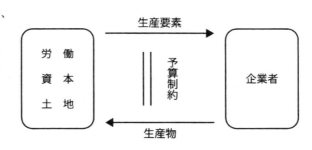

全て含んでいる。資本は1種類ではなく、複数種類が存在するモデルとなっている。労働や土地も同様である。

　資本の項目の中に建物が含まれていることから分かるように、マーシャル的な時間区分では長期に相当する。ところが、ワルラスのモデルでは、生産要素の提供者も生産物を提供する企業者も市場に一同に会して、せり人のもとで生産要素と生産物の均衡価格を決定し、取引を開始する。これは生産要素の購入と同時に生産物が販売されることを意味する。ワルラスは単純化のために次のように述べている。「交換の場合には、ひとたび均衡が原理上成立すれば、直ちに交換が行われる。しかるに生産ではある遅れが生じる。われわれはこの遅れを純粋に単純に捨象することによって、この困難を解決しようと思う」（233頁）。こうした単純化をとらえて、ワルラスの経済学は無時間的な理論と評されることがある。

　ワルラスは企業者についても大胆な単純化を行なっている。生産の一般均衡論では、生産要素の売り手は自らが販売した生産要素の金額と同額の生産物を購入することになっている（予算制約）。これを企業者の側から見れば、費用と販売額の一致ということになる。生産の方程式体系では、これが均衡

条件として組み込まれている。つまり、利潤の発生する余地はない。そもそも企業者は利潤最大化を目指すとは想定されていない。ワルラスもこの想定が非現実的であることを認めている。

> 「生産物の販売額が生産要素の費用に絶対的に等しいということは決してありえない。……しかし、この状態は、生産および交換に自由競争の規制が適用される時には、自然にそれに向かって落ち着いてゆくであろう状態であるという意味で正常な状態である。実際にこの規制のもとにおいては、もしある企業の生産物の販売額が生産要素の費用よりも大であれば、それによって利益が生じ、企業者がその市場に流れこむか、または生産を拡張し、生産物の量を増加させ、価格を低下させ、その差益を減少させる。」（210頁）

今日のミクロ経済学では、「利潤が存在すると新規参入がおきるので、長期の利潤はゼロになる」と説明されるが、ワルラスの考えに由来している。ただし、ワルラスの均衡状態には、長期と短期の区別はないし、最初から利潤の発生する余地はないのである。企業者は同時に生産要素の提供者として収入を得ることで生活すると説明している。

> 「生産の均衡状態においては、企業者は利益も得なければ、損失も受けない。この場合、企業者は企業者として生計を立てるのではなく、自分のまたは他人の企業の中で、地主、労働者または資本家として生計を立てるのである。」（211頁）

ワルラスの経済学は静態的な経済学であると評されている。資本理論において経済成長を扱ってはいる。しかし、そこで提示されているモデルは均衡価格を維持したままの成長を前提としており、厳密に定式化すると、全ての生産要素が均等に増大していくことが必要となる。これは土地が相対的に希少となることから、土地国有化を正当化しようとしたワルラスの当初の意図を裏切るものであった。ワルラスの一般均衡論は、それ自体が市場の相互連関を解明しようとした優れた業績と評価できる。そればかりでなく、解決すべき多くの問題を残したという点でも経済学への貢献は大きい。ワルラスの不完全な均衡価格の存在証明は、アロー（1921-2017）、ドゥブリュー（1921-2004）、二階堂副包（1923-2001）などにより、位相数学を導入しながら精緻化が図られていった。

第12章　ケンブリッジ学派の経済学

12-1　新古典派経済学とマーシャル

　ジェヴォンズとケンブリッジ学派の創始者アルフレッド・マーシャル（1842-1924）は対照的な経済学者である。ジェヴォンズが古典派との断絶を強調したのに対して、マーシャルは古典派との連続性を強調した。マーシャルは「自然は飛躍せず」を座右の銘としていたが、自然現象や社会現象だけではなく、経済理論にも飛躍を認めなかったのである。また、ジェヴォンズは弟子を作らず一匹狼的な存在であった。これに対して大器晩成型のマーシャルは、母校ケンブリッジ大学で教鞭をとりながら多くの弟子を養成しただけではなく、教科書『経済学原理』を執筆することで新古典派経済学を世界的に普及させるのに貢献した。

　マーシャルは新古典派経済学を代表する経済学者であるが、後の新古典派の主流からは一線を画している。マーシャル以後、新古典派は現実からの乖離という代償を払って、数学的に定式化される厳密な論理を追求する方向に進んでいく。しかし、マーシャル自身は数学化を押し進めなかった。その要因として、若いころドイツで学んだドイツ歴史学派の影響を指摘することができる。ドイツ歴史学派は社会を個人の単なる集合として見るのではなく、個人の総和を越える有機体として把握する傾向があった。生物体は、器官や組織の分化と同時に、器官や組織の緊密な相互依存にもとづいて全体が構成されている。それと同様に社会を扱おうとしたのである。ドイツ的な社会観に加えて、進化論からもマーシャルは大きな影響を受けていた。1859年に刊行されたダーウィンの『種の起源』は生物学だけでなく、社会科学にも多大な影響を与えていた。ジェヴォンズら新古典派の多くは力学をモデルに経済学の革新を試みたが、マーシャルは力学にとどまらず、さらに生物学をもモデルにしなければならないとした。産業の生成と発展を、世代を越えて生命を発展させていく生物と同じように見ようとしたのである。「組織（＝ organization 有機体）」はマーシャル経済学のキーワードの一つである。力学モデルの到達点は均衡である。しかし、マーシャルはそれを越えて、成長・発展

を遂げる経済を解明しなければならないと主張した。「動態」はもう一つの
キーワードである。均衡の分析は動態を解明するための通過点にすぎないと
見ていたのである。

　マーシャルの貧困に対する姿勢も新古典派の主流とは一線を画している。
マーシャルの活躍した時代のイギリスは、繁栄と貧困が共存していた。自ら
貧民街を訪れ、ヴィクトリア朝の繁栄の裏側にある貧困の実態を見たことが、
経済学の研究に従事するきっかけであったという。マーシャルはケンブリッ
ジ大学の教授就任演説の中で、経済学を志す者は「冷静な頭脳と温かい心
cool head but warm heart」が必要であると語り、ロンドンのスラム街である
イーストエンドを見聞するように弟子たちに促した。価値判断を免れた「資
源配分の科学」は、マーシャルにとって経済学の進むべき方向ではなかった。
貧困の解決や人間の発展という価値判断を含む問題（損する者と得する者が
発生する場合の政策決定問題と言い換えられる。誰もが得する場合は価値判断が
入らない）こそが、経済学の中心におかれるべき課題であった。

　イギリスは19世紀後半から長期的な物価の下落を経験していた。マーシャ
ルはその原因を「収穫逓増の法則」に求めた。産業の集積が生み出す輸送費
用の逓減などが生産性を上昇させると考えていた。今日のミクロ経済学の教
科書に従えば、完全競争と収穫逓増は共存しない。完全競争が前提するよう
に価格が所与であれば、収穫逓増産業は生産を拡大させるほど利潤が増大し
ていく。その結果、寡占や独占といった不完全競争に到ることになる。しか
し、マーシャルは収穫逓増下でも競争が存続し続けると考えていた。こうし
た想定も、標準的な新古典派とマーシャルとの相違点の一つである。

12-2　『経済学原理』の構成と部分均衡論

　『経済学原理』（以下『原理』）を著したのは限界革命からおよそ20年後の
1890年であった。『原理』は方法論から応用までを含んだ体系的な書物で、
長い間、世界中で用いられた標準的な教科書である。マーシャルが開発した
多くの概念は、現代でも使われている。需要論と供給論をそれぞれ説き、両
者を市場均衡として結合させる構成も、現代のミクロ経済学の教科書の原型
となっている。しかし、すでに見てきたように、標準的な新古典派経済学か
らはみ出る多くの論点も『原理』は含んでいた。むしろ今日のミクロ経済学
が省みないこうした論点こそ、マーシャル経済学の特徴と言えるかもしれな

い。

　新古典派が想定する人間は、自己の利益を追求する合理的な「経済人
（homo economics）」である。しかし、マーシャル経済学では、より現実に近
い倫理的な人間が出発点におかれる。それだけでなく、人間それ自体が経済
学の対象とされた。

　　「政治経済学または経済学は日常生活の実務における人間の研究であり、
　　人間の個人的、社会的行為のうちで、福祉（wellbeing）の物的条件の獲
　　得と利用にもっとも密接に結びついた部分を考察の対象とする。それゆ
　　え、経済学は一面においては富の研究であると同時に、他面においては
　　人間研究という、より重要な側面を持っている。」（1‐1頁）

　　「倫理的な諸力（forces）もまた経済学者の考慮すべき諸力の一部であ
　　る。これまで『経済人』という名称の下に、いかなる倫理的な力の影響
　　をも受けることなく、細心に、精力的に、しかし機械的、利己的に金銭
　　的な利益を追求する人間の行為に関して、抽象的な科学を構想する試み
　　が行われたことがあるのは事実である。しかし、そのような試みは成功
　　したことがなく、また徹底的に遂行されたこともなかった。なぜならそ
　　うした試みも、人間を完全に利己的な存在として扱わなかったからであ
　　る。人間は自らの家族のために生活の糧を準備するという非利己的な願
　　望に動かされている場合ほど、苦役と犠牲によりよく耐えうる。人間の
　　正常な動機の中には家族に対する愛情が含まれていることを暗黙の前提
　　としてきたからである。……規則的な行為を生み出す動機については、
　　単にそれが利他的であるという理由で、その影響を排除する試みを一切
　　していない。」（1‐序文2頁）

　このように『原理』が仮定する人間像は今日のミクロ経済学のものから大
きく乖離している。そうした特徴は篇別構成にもよく表れている。

　　第1篇　方法論
　　第2篇　基本概念
　　第3篇　需要論
　　第4篇　生産論
　　第5篇　部分均衡論

第6篇　国民所得分配論

　第3篇から第5篇までは、生産や消費、交換の一般的な状態が不変と想定されており、マーシャル自身が「仮説的休眠状態」と呼ぶ状態を扱っている。この部分は今日の標準的なミクロ経済学の教科書がカバーする範囲と合致する。しかし、マーシャルの主たる関心は第6篇の国民所得分配論にあった。第6篇では有機体としての経済という、より現実的な市場に近づこうとしている。第6篇の最終章は「進歩と生活水準の上昇」というタイトルが付されており、労働者の生活水準の上昇を伴う経済成長の可能性が探られている。こうしたテーマは古典派経済学の問題関心を継承したものである。

　マーシャルが経済学の最終目標としたのは、所得分配の変化、すなわち経済動学である。そこに向かう過程で使われたのが部分均衡論として知られる静学であった。そこでは「他の事情が等しければ（other things being equal）」という条件をつけて、一市場だけを孤立化させて均衡を分析する方法が用いられる。ただし静学は動学と断絶したものではなく、一定と想定された条件を緩和することで動学へと近づいていくものとマーシャルは考えていた。第8版の序文で次のように述べている。

　　「取り上げるべき諸力がきわめて多数であるから、一時に少数の力を取り上げ、主たる研究のための補助として役立つ多数の部分的な解答を作り出しておくことが最善である。それゆえ、ある特定の商品に関して供給、需要および価格の第一次的な関係を分離することから始める。『他の事情が等しければ』という但し書きによって、他の全ての力は作用しないものと仮定される。それらの力が作用しないというのではなく、しばらくの間はそれらの活動を無視するのである。……第二の段階でより多くの諸力が強制された仮眠から解放される。特定のグループの商品に対する需要と供給の状態における変化が作用し始め、それらの相互の複雑な作用の観察が始まる。動学的な問題の領域は徐々に広がり、静学的な仮定が暫定的に置かれる領域は狭くなる。そして最後に莫大な数にのぼる各種の生産要因の間での国民分配分（＝国民所得）の分配という中心的な重要問題に到達する。」（1-序11）

　均衡の分析自体はおおよそ今日のミクロ経済学の教科書で説かれているものと同じである。しかし、均衡の分析を一通過点に他ならないとしたマー

シャルにとって、主眼は均衡の安定性にではなく、むしろ均衡量と均衡価格がたえず変動する現実の経済にあった。

> 「需要と供給が安定均衡状態にある時には、何らかの偶発時によって生産の規模が均衡状態から乖離するとしても、均衡状態に戻す傾向を持つ力がただちに作用するであろう。紐に吊り下げられた石が均衡の状態から移動させられた時には、引力が均衡の位置にただちに戻す傾向があるのと同じであろう。……しかしそのような振動は、現実の生活においては、紐に自由に吊り下げられた石のように、規則的であることはほとんどない。……なぜならば、需要表と供給表は実際には長時間にわたって不変のままにとどまることはなく、絶えず変化しつつあり、それらの変化につれて均衡量と均衡価格が変化し、振動の中心となるべき点が新しい位置に変わるからである。」（3 -34頁）

トピック：マーシャルとワルラス

　現実の市場では、数多くの生産物や生産要素の需要と供給が相互に影響しあっている。このような市場相互の依存関係を理論化したのがワルラスの一般均衡論である。現代経済学の大御所サミュエルソンは一般均衡論こそ経済学の完成形態であるとして、マーシャルの部分均衡論を不完全な経済学であると低く評価した。確かに、市場の相互依存関係を理論化しているという限りでは、一般均衡論は部分均衡論よりも優れていると言えるだろう。事実、今日の経済理論の根幹に置かれているのは一般均衡論に他ならない。だが、無時間の生産や、一般均衡が成立するまで取引が一切行なわれないという想定は非現実的である。均衡価格にたどり着くまでの過程を模索過程（タートヌマン）と呼ぶ。各財の需要について粗代替性という簡単な条件を満たしていれば、論理的には均衡価格に収束することが今日では証明されている。しかし、せり人が価格を提示し、それを修正しながら均衡価格に到達するワルラスのモデルをスーパー・コンピューター上でシュミレーションしようとしても、商品が100種類程度でも膨大な時間が必要なことが知られている。

　マーシャルも「明確に定義された限界内では」方程式体系による理論化も可能であることを認める。しかし、「重要な多数の考慮が時間と結びついた問題では、容易に数学による表現になじまず、完全に無視されるか、刈り込まれ、取り除かれて型にはまった飾り物の鳥や獣に似たものにしかならない」として、その無時間的な体系化を批判した（3 -328頁）。

こうしてマーシャルは一般均衡論の方向には進まなかったのである。

12-3　均衡の時間区分

　マーシャルは右下がりの個別的需要曲線の導出を詳しく検討していない。限界効用逓減の法則を前提として、かつ一般的な購買力を有する貨幣によって効用度が直ちに価格として表現できると想定した。ギッフェン財のように需要曲線が右上がりになるケースが発生することもマーシャルは知っていた。しかし、そのような例外的なケースを扱う必要を認めなかった。『原理』の中では右下がりの需要曲線は分析の対象ではなく、議論の出発点であると言ってもよい。

> 「われわれの研究の当面の段階で可能な需要の議論は、ほとんど純粋に形式的な種類の入門的な分析に限定せざるを得ない。消費のより高度な研究は経済分析の本体の後に来るべきであって、その先に来るべきではない。その出発点は経済学の固有の領域内に存在するけれども、その結末はその領域内に見出すことはできない。」（1-131頁）

　マーシャルは需要論を軽視していたわけではない。「需要の弾力性」や「消費者余剰」など、今日でも使われている重要な概念をいくつも創造した。しかし、需要を規定する人間の欲求そのものの分析については、経済学の範囲を越えるものと見なしていたのである。

　ジェヴォンズは限界効用による価値の説明をもって古典派経済学との断絶を強調した。これに対してマーシャルは、生産費を重視した古典派経済学の系譜をも継承しようとする姿勢を打ち出した。それゆえ、ジェヴォンズが論じた交換論は『原理』の片隅で論じられているにすぎず、あくまでも市場における現実的なプロセスの分析を重視し、需要曲線と供給曲線との交点として均衡価格を考えようとした。需要と供給に関する有名な鋏の比喩は、ジェヴォンズ批判を含意したものである。

> 「価値が生産費によって支配されるか効用によって支配されるかを問うことは、紙を切るのが鋏の上刃であるか下刃であるのかを問うのと同じ程度の合理性しか持たないといってよいだろう。不注意な簡略法としてならば、一方の刃を固定しておいて、他方の刃だけを動かして紙を切っ

た時には、紙を切ったのは動かした方の刃であると言ってよいかもしれない。しかし、そのような言い方は厳密には正しくない。……一般原則としては、とりあげる期間が短ければ、価値に対する需要側の影響を重視しなくてはならないし、期間が長ければ、生産費の影響を重く考えなくてはならない、と結論してさしつかえないようである。」(3-37頁)

　マーシャルは一時的、短期、長期、超長期の4種類の時間区分を用いて均衡を分析した(3-79頁)。超長期を除く時間区分は需要に対応するために供給側が行う調整の仕方による理論的区分であって、現実の時間の長短と合致しているわけではない。変化の要因をどこまで認めるか、言い方をかえれば、どの条件を不変と想定するかによる時間区分となっている。なお、超長期については知識や人口の発展や、需要と供給との世代から世代への変化を生み出す期間であるとしているが、市場均衡そのものについての説明はないので、以下、超長期を除く3区分のみ見ていく。

(1)一時的：現在では「超短期」とも呼ばれる。供給の調整が一切行なわれずに、水揚げされた魚を全て売り切る魚市場のような市場での均衡である。グラフでは垂直の供給曲線と需要曲線との交点が均衡価格となる。ここでは生産費は価格に一切、影響を与えておらず、需要曲線だけが価格決定力を持つ。

(2)短期：供給の調整においては、機械や土地などを一定のままにして、原材料や労働時間の調整によって生産量を変化させる場合がある。このような調整のもとで成立する均衡が短期均衡である。マーシャルは費用を、主に原材料費と出来高に応じて支払われる労働の賃金からなる「主要費用(prime-cost)」と、主に耐久的な設備の費用と上級被雇用者の俸給からなる「補足的費用」とに分類する(3-53頁)。前者は今日の可変費用、後者は固定費用に相当する。短期の供給で問題になるのは主要費用だけである。短期では一般に収穫逓減が作用するために、限界費用曲線は右上がりとなる。

　短期の調整の仕方にマーシャルが想定する市場の特徴がよく表れている。ワルラスの市場には価格を提示してくれる「せり人」がいるが、マーシャルの市場には「せり人」がいない。市場に供給された供給量に応じて、まず一時的均衡として取引が成立すると想定されている。生産者はその価格を参照して、予想した価格よりも高ければ生産量を増加させ、逆ならば生産量を減少させて、再度、供給が行なわれる。こうした調整プロセスによって、「せ

り人」のいない市場でも均衡価格への調整が行なわれていく。

「需要価格が供給価格よりも大きいような〔供給〕量である時には、売り手はその量を市場にもたらすのに十分と考えている以上の金額を受け取る。そこで販売のためにもたらされる量を増加させる傾向が強い力を作用させることになる。」(3-33頁)

右上がりの供給曲線と右下がりの需要曲線であれば、均衡価格に向かって調整が進んでいくし、「何

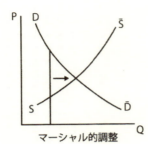
マーシャル的調整

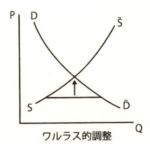
ワルラス的調整

らかの偶発事によって生産の規模が均衡状態から乖離するとしても、均衡状態に戻す傾向の力がすぐに作用する」(3-34頁)。つまり、均衡は安定している。仮に、供給曲線が右下がりとなる特殊ケースであったとしても、需要曲線よりも傾きが緩やかであれば均衡は安定する。ちなみに、この特殊ケースが長期では一般的となる。なお、マーシャルの調整を「数量調整」と呼ぶこともあるが、硬直的な価格のもとでの数量調整の意味と誤解されやすいので注意が必要である。

(3)長期：収穫逓減と収穫逓増の傾向はたえず同時に作用しているとマーシャルは見ている。「生産において自然の果たす役割は収穫逓減の傾向を示し、同じく人間の果たす役割は収穫逓増の傾向を示すと言ってよい」(2-266頁)。この二つの傾向の強さ次第で収穫逓増か否かが決定される。古典派経済学では土地生産性低下による収穫逓減が重視されていたが、マーシャルは長期では多くの場合、収穫逓増になると考えていた（したがって長期の供給曲線は右下がりとなる）。さて、今日のミクロ経済学では固定設備を変化させる時間区分として「長期」を考える。しかし、マーシャルの「長期」は固定設備だけではなく、組織の変化、さらに外部経済の変化をも伴う期間である。こうした想定は、生産性を上昇させつつある現実の経済に理論を近づけようとするマーシャルの方法に由来するものである。

長期において収穫逓増となる主要な理由をマーシャルは「内部経済」と「外部経済」が作用することに求めた。内部経済とは個々の企業の経営効率によって決まる経済性のことである。企業の規模が大きくなるにつれて、適正な分業が実現することで効率が高まる。これに対して、外部経済とは、その産業全体の発展によって生じる経済性のことである（今日の「外部経済」とは意味がやや異なる）。マーシャルが重視した収穫逓増の要因は外部経済の方であった。例えば、ある産業が特定地域に集中して立地することで、その産業に必要な熟練労働者の形成を容易にしたり、交通・通信手段が発展したりする。こうして個々の企業では実現できない生産費の引き下げが、産業全体で実現する。

　　「生産全体の規模の増大は、個別企業の規模に直接依存することのない経済を当然増大させる。そのうちで最も重要なのは、おそらく同一地方に集中することによって、もしくは蒸気機関による輸送、電信と印刷機によって提供される現代の通信の便宜を利用することによって、相互に助け合う産業の関連分野の成長から生ずるものである。」（2-264頁）

　　「需要の漸進的な増大があるときには、上述のような代表的企業の規模と効率が徐々に増大することを予想し、それが支配できる内部および外部の双方の経済が増大することを予想する。／これらの産業において、長期の供給価格表を作成するときには、われわれは財の産出量の増大に対して減少する供給価格を書き込む……。」（3-194頁）

　マーシャルの議論はやや複雑である。収穫逓増といっても、個別企業の費用曲線が最初から右下がりというわけではない。個別企業については、産出量の増大につれて費用を逓減させるほど内部経済は作用しないであろうと述べている（3-194頁）。つまり個別企業だけを取り出すと、費用曲線は右上がりになると想定されているのだ。「需要の漸進的な増大」がある時に、産業の集積によって生じる外部経済が、産業全体での長期の供給曲線を右下がりにする。こうした複雑な議論を採用したのは、理論的に独占の成立を回避しようとしたからである。もし、現代の教科書が想定するように、個別企業の費用曲線が右下がりであるならば、その企業は生産量を増大させるほど利潤が増加する。その結果、生産量を増大させ続け、理論的には独占に行き着くはずである。しかし、マーシャルは収穫逓増と競争的市場との共存が一般

的であると見ていた。マーシャルのように個別企業の費用曲線を右上がりとしておけば、独占の成立を回避できる。しかし、個別供給曲線の集計ではないものを供給曲線とするには無理があるし、また外部経済の導入は他の条件一定という部分均衡論の前提からも逸脱していた。そこでマーシャルの没後、弟子たちはその難点を指摘し、「ケンブリッジ費用論争」が展開された。この論争は1930年代の寡占理論を準備することになる。

12-4 組織と有機的成長

マーシャルは経済社会をシステム全体が自律的に、生物のように進化、発展するものと見ていた。これを「有機的成長（organic growth）」と呼び、力学ではなく生物学こそが経済学の究極の目標であるとした（経済生物学）。しかし、この方向に新古典派の主流は進まなかった。

> 「〔最初は経済学者（マルサス）から生物学者（ダーウィン）が恩恵を受けたが〕今度は経済学者の方が、一方においては社会組織、特に産業組織と、他方においては高級な動物の身体の組織間に発見された、多数の深い類似性によって、多くの恩恵を受けるようになっている。……その統一性とは社会的有機体であると自然的有機体であるとを問わず、その発展においては、一方において個々の部分の間における機能の分割の増大と、他方においては個々の部分の間の緊密な結合が進行するという、一般原則にほかならない。」（2-157頁）

生物学から受けた影響の一つとして「組織（organization）」の重視を指摘することができる。通常、生産要素は労働、土地、資本の3種類である。しかし、第3版から、「組織を独自の生産の要素として加えることが最善であるように思われる」（2-3頁）として、組織を第4の生産要素に付け加えた。組織のレベルは様々であり、一企業という組織、同一業種の企業群という組織、多様な業種間の組織、さらには国家までも組織に含めている（2-3頁）。ここでは企業レベルでの組織に着目してみよう。今日のミクロ経済学では、利潤が存在すれば新規参入が継続するから、利潤はやがてゼロになると想定される。しかし、マーシャルは利子の他に企業者が利潤を得る状態を正常なものと考えていた。この利潤の存在が組織と関係している。

マーシャルは基本的には各生産要素に対する収益が限界生産力と一致する

としている。今日の限界生産力説に相当するが、問題は組織の限界生産力である。マーシャルは成功した企業の収益の多くは組織が生み出したものと見ていた。それを「合成準地代（複合的な準地代）composite quasi-rent」と呼んだ（4 -174頁）。これは言わば、組織が生み出した所得である。しかし、組織自体が所得の受け取り手になれない以上、合成準地代の分配決定は「交渉を除いてはありえず」、労働者と企業家で分け合う事実上の損益分配制であるとした（4 -177頁）。

マーシャルは国民所得から地代と税を控除した部分が、以下のように、利子＋企業者利潤＋賃金から成ると考えた。利子と地代が限界生産力で決まり、残された企業者利潤＋賃金（これを「稼得」と呼んだ）の分配が交渉力で決まると考えていたことになる。

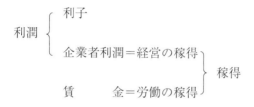

実際には合成準地代のほとんどを企業家が取得してきたが、分配を変えることで労働者の賃金上昇が可能となる。ここに労働組合の役割があると考えた。賃金上昇は労働者の境遇改善への展望と結びついていた。そこで重要となるのが「生活水準」という概念である。

> 「生活水準の上昇という言葉は、ここでは欲望に対して調整される活動の水準を意味するものとする。したがって、生活水準の上昇には知性と精力と自尊心の増大をも含意している。生活水準の上昇は、支出における注意力と判断力の向上をもたらし、食欲を満たすだけで、体力を強化することに役立つことのない飲食や、肉体的、道徳的に不健康な生活様式を避けるように導く。」（4 -268頁）

生活水準の向上は物的な消費の増大だけではなく、道徳的な生活のあり方を含んだ消費の質そのものを高めることを意味していた。そのために、労働時間短縮による余暇の増大もマーシャルにとっては生活水準を上昇させる重要な要因であった。

「家計の持っている所得と機会を正しく利用する力は、それ自身が最高級の富であり、また全ての階級において稀な富であるという事実に、経済学者は直面せざるをえない。生活を高貴にすることにも、真により幸福にすることにもほとんど、あるいは全く役に立たない仕方で消費されている支出は、おそらくは労働者階級の場合でさえ年1億ポンドにのぼり、労働者以外のイングランドの人口は4億ポンドをそのように支出しているであろう。労働時間の短縮は多くの場合に国民分配分を減少させ、賃金を低下させることは事実であるとしても、最も価値の低い消費をとりやめることによって、所得の損失が補われるならば、また、余暇をよりよく利用することを学ぶことができるならば、大部分の人々にとって労働時間の短縮はおそらく良いこととなろう。」（4 -313頁）

　マーシャルは当時のイギリスの経済体制を「国民分配分の現在の分配は確かに不良であるが、一般に考えられているほどは不良でないことも考慮しなければならない」（4 -302頁）と見ていた。このように、おおよそは肯定的な評価を下していたのである。マーシャルが展望していたのは、労働者階級の生活水準上昇→知識の増大→労働の質の向上→生産性上昇→実質賃金上昇という好循環であった。ここには企業の利害と労働者の利害との対立はない。この展望の背後には、社会主義者の主張する産業の国有化を批判するねらいもあった。社会は複雑であるために、意識的な計画化が困難であるとマーシャルは考えていた。このような考えは、スミスからハイエクへと連なる設計主義批判と同じ流れにある。社会は累積的な変化の積み重ねによって変化すべきものと見ていた。

　「この分配論の研究は主に次のようなことを示唆している。すでに作用しつつある社会的ならびに経済的諸力は、富の分配を望ましい方向に変えつつあること。そのような諸力は持続的であり、その力は増大しつつあること。またそれらの影響の大半は累積的であること。社会経済的な有機体は見かけ以上に、微妙かつ複雑であること。大規模な誤った構想に導かれた変化は重大な災厄をもたらすかもしれないこと。とりわけ、政府が生産のあらゆる手段を収用し、所有することは、比較的責任感の強い集産主義者が提案しているように、漸進的に実行に移す場合にも、一見して考えられる以上に、社会的繁栄の根本を深く切断するかもしれないこと。」（4 -301頁）

トピック：限界生産力と完全分配

　限界概念による経済分析は、生産関数の概念を組み込むことで19世紀末に急速に進んでいく。労働や資本などの生産要素と利潤最大化の関係が統一的な理論として展開された。生産物量 x 、土地 a 、労働 n として次のような生産関数を考える。

x ＝ F(n,a)

　n も a も可変的であるとする。生産物価格 p 、労働１単位の賃金率 w 、土地１単位の地代率 r とするならば、利潤 Ⅱ は、

　Ⅱ ＝ pF(n,a) － wn － ra となる（売上額から費用を引いたもの）。

利潤最大化のためには、利潤を n と a で偏微分した導関数がゼロとなる必要がある。すなわち、

$$\frac{\partial \Pi}{\partial n} = p\frac{\partial F}{\partial n} - w = o \qquad \therefore p\frac{\partial F}{\partial n} = w$$

$$\frac{\partial \Pi}{\partial a} = p\frac{\partial F}{\partial a} - r = o \qquad \therefore p\frac{\partial F}{\partial n} = r$$

各生産要素で偏微分したものを限界生産力と呼ぶ。利潤最大化するためには、労働の限界生産力に生産物価格をかけたもの（＝労働の追加１単位が生み出せる価値）と賃金率が等しくなるように雇用量を決定する必要がある（土地についても同様）。

　このような定式化は、生産要素の価格と生産物価格の関係に新たな問題を引き起こした。すなわち「費用総計＝生産物価格」は必然的に成り立つのか、という問題である。この等式が成り立っていれば、限界生産力に応じて支払われる生産要素の費用と生産物価格が一致することになり、分配の決定を利潤最大化から説明できる。この問題は「完全分配 exhaustion」の問題と呼ばれる。イギリスの経済学者ウィックスティード（1844-1927）が『分配法則の統合』（1894）でこの問題を説明した。オイラーの定理から、生産関数が規模に関して収穫不変ならば（数学的に表現すれば一次同次関数であるならば）、完全分配が成立することを示したのである。一次同次関数では以下のようになる。

$$px = pF(n,a) = p\frac{\partial F}{\partial n}n + p\frac{\partial F}{\partial a}a = wn + ra$$

　限界生産力によって分配を説明することで、マルクスの搾取論を批判することがウィックスティードのねらいの一つであった。つまり、利潤は労働者からの搾取によるのではなく、資本の限界生産力に応じて支払われたにすぎない。しかし、この完全分配の説明には欠点があった。も

し、一次同次生産関数が常に成り立つとするならば、企業はどのような生産規模を選択しようとも、常に利潤Ⅱがゼロになってしまう。したがって、利潤最大化が無意味になってしまう。この問題を解決したのがスェーデンのヴィクセル（1851-1926）であった。ヴィクセルは常に一次同次の生産関数ではなく、実際の生産量の近傍でのみ一次同次の関数を想定した。原点に近いところでは（つまり生産量が少ない場合には）、規模に対して収穫逓増であると考えた。このように想定すると、完全分配が成立し、かつ同時に利潤の存在が整合的に説明できる。ヴィクセルの想定した生産関数は「S字形の生産関数」として、今日のミクロ経済学で標準的な生産関数となっている。

12-5　マーシャルからピグーへ

　ケンブリッジ学派の一員であるピグー（1877-1959）はマーシャルに経済学を学び、1908年に30歳の若さでマーシャルからケンブリッジ大学の教授職を受け継ぐ。ピグーはマーシャル経済学の後継者を自認していた。事実、ピグーの経済学の多くはマーシャルに由来するものである。マーシャルもピグーも貧困問題の解決に大きな関心を持っていた。長期的な観点からマーシャルは、国民所得が増大することで貧困問題は解決されていくと考えていた。しかし、ピグーは貧困問題を短期的に解決すべき問題であると考えた。こうした考え方は、主著『厚生経済学』（1920）で展開され、その後の「厚生経済学」と呼ばれる潮流を形成していくことになる。

　ピグーが教授職についてまもなく、第一次世界大戦が勃発しイギリス経済は疲弊する。さらに1929年の世界恐慌に襲われる。イギリス経済の停滞によって、1900年に結成された労働党は勢力を増大させ、社会主義運動を活発化させていた。実践的な政策提言が経済学に強く求められるようになる。マーシャルは積極的な政策提言を控えていたが、ピグーは政策提言こそが経済学の使命であると考えていた。学問のための学問ではなく、社会の改善を目標とした実用的な知識を追求した。

「経済学者がやり遂げようとしている複雑な分析は単なる鍛練ではない。それは人間生活の改良の道具である。われわれを取りまく悲惨とけがれ、数百万のヨーロッパの家庭において消えようとする希望の炎、一部富裕家族の有害な贅沢、多数の家族をおおう恐るべき不安、これらのものはあまりにも有害で無視するわけにはいかない。われわれの学問が追求する知識によってこれを制御することは可能である。」（1‑序61）

「人間の社会的行動の科学的研究が、必ずしも直接または直ちにではないにしても、いつか何らかの方法で社会を改善させる実際的な成績をあげるだろうという希望を持って研究されるのでないならば、その研究のために捧げられた時間は浪費されたとみなすべきであろう。……われわれの衝動は知識のための知識を求める哲学者の衝動ではなく、むしろ知識の助けをもって得られる治療のために知識を求める生理学者の衝動である。」（1‑4頁）

12‑6　効用の個人間比較

　人々の幸福（welfare ＝厚生）を高めるのに必要な政策、これがピグーの追求したテーマであった。こうした姿勢がマーシャルを継承するものであることは説明を要しないであろう。功利主義者は「幸福」を功利とほぼ同じ意味で使用する。ベンサム以来の功利主義の伝統に従い、ピグーも功利を個人の問題としてではなく社会的厚生として政策提言を根拠づけるために利用しようとした。

　ピグーは効用の大きさが個人間で比較可能であることを前提として、所得の再配分の議論を大胆に展開した。仮に金持ちＡ君と貧乏Ｂ君の所得に対する効用関数が同一であったとしよう。このとき限界効用逓減法則が成り立っているならば、Ａ君からＢ君に所得を移転することで、Ａ君が失う効用よりも、Ｂ君の増大した効用の方が大きい。つまり社会全体での効用は高まることになる。こうして所得の再配分政策が肯定される。この議論ではＡ君とＢ君の効用の大きさを比較できる、すなわち「効用の個人間比較可能」という想定がとられている。後にロビンズらは効用の個人間比較を否定していく（この点については後述）。ピグーも厳密な観点に立てば、こうした批判が成立することを認めている。しかし、集団の代表的な人間を想定することで、実用上の問題にはならないという立場をとった。

「相異なる個人の満足を比較することができないとすれば、この学問の主題の大きな部分が基礎において崩される。……これを否定することは、厚生経済学を破滅させるばかりではなく、実践的思想の全装置を滅ぼす。類推、観察、および交際の基礎の上に立って、個人間の比較は適当に行うことができると私は思う。……一定量の物質は、誰かあるひとりと別の誰かとの間では無理としても、集団の中の代表的な人々の間では、例えば、バーミンガムの市民とリーズの市民との間では同様の量の満足をもたらすと想定することができる。厚生経済学という部門を成り立たせるのに必要なのは以上のことだけである。」（1-179頁）

12-7　ピグーの3命題

『厚生経済学』は6部構成となっている。第1部は「ピグーの3命題」として知られている命題が検討される。3命題をピグー自身の言葉で提示しておく。

「第1部において、多くの限定の下においてではあるが、(1)国民分配分の平均量が大きいほど、(2)貧者に帰属する国民分配分の平均取得分が大きいほど、(3)国民分配分の年々の量と貧者に帰属する取得分の変動が小さいほど、社会の経済的厚生はおそらくますます大きくなるであろうことを論じる。」（1-序59頁）

第1命題について説明は不要だろう。ただし、国民分配分（＝国民所得）を経済的厚生の代理として扱っていることには注意する必要がある。なぜならば、国民所得はモノやサービスの付加価値総額であって、必ずしも消費者の主観的な効用とは一致しないからだ。たとえば、同一の財を消費していても、消費者の嗜好が変化してしまえば経済的厚生も変化する。したがって、この命題は嗜好の変化のような長期にわたる問題を排除していることになる。第2命題が所得の再分配を根拠づけた有名な命題である。これは限界効用逓減の法則から導出されている。ピグーの言葉で確認しておこう。

「比較的に豊かな人から比較的に貧しい人へ所得を移転するとすれば、それは相対的に強くない〔富者の〕欲望を犠牲にして、いっそう強烈な〔貧者の〕欲望を充足させることができるから、欲望充足の総計を増大させるに違いないことは明らかである。かくして古い限界効用逓減の法

則から確実に次の命題が導かれる。すなわち、貧者の手中にある実質所得の絶対的分配分を増加させるいかなる原因も、もしそれが国民分配分〔全体〕の規模を縮小させないのであれば、一般に経済的厚生を増大させるであろう、という命題がそれである。」（1‐111頁）

　所得移転により厚生の総和が大きくなるならば、それが望ましいというのがピグーの結論である。さて、ピグーは単なる機械的な厚生の総和の増大だけをねらって、所得移転を擁護していたのではない。言い方をかえれば、物的な豊かさだけを目指したのではない。むしろ、下層階級の欲望の性質を向上させることこそがピグーの関心であった。ここにはマーシャルと同様の労働者階級への期待がある。

　　「一定の生活水準に慣れている人の所得が突然に増加したならば、彼は新たに得た部分の所得を様々な刺激的な快楽に蕩尽しがちであって、その直接的および間接的効果を計算に入れるならば、満足の喪失の方が大きくなることさえある。しかし、この議論に対しては十分な反論がある。……所得が突然にそして急激に増加すれば、通例、それに伴って多くの愚かな支出が行われ、その支出が経済的厚生をほとんどあるいは全く増加させないことはある。しかし、ある期間にわたって高額の所得が持続すれば、このような局面は過ぎ去るであろう。そして、所得が徐々に増加していく場合には、愚行の期間が全く生じないで済む。」（1‐113頁）

　労働者階級に所得を移転すべきという主張は、彼らの欲望の変化を前提としたものであった。現代的な言い方をすれば、効用関数自体の変化を期待していたことになる。ピグーは無料図書館や劇場への補助金給付を望ましいものと見ている。それは質の高い嗜好を生み出すことで、質の低い嗜好がなくなると考えていたからである。「一つのものに対する嗜好の増大は、一般に同一あるいは類似の目的をみたす他のものに対する嗜好の減退をもたらす」（1‐104頁）。例えば、居酒屋での飲酒の習慣が、劇場での観劇の習慣へと変化すること。こうした質的変化を期待していたのである。

　第3命題は『厚生経済学』第2版で削除され、『産業変動論』（1927）で詳しく論じられた。たとえ収入の合計が同じでも、変動のある収入よりも、安定した収入の方が効用が高くなるというのが第3命題の内容である。この命題から景気安定化政策が肯定されることになる。ピグーは1908年という早い

時期から、不況期に政府支出により労働需要を増大させ、好況期には政府支出を減らして労働需要を抑制すべきとする主張を行っていた。結論としてはケインズの主張とほぼ同じであるが、ピグーの景気安定化政策は今日ではあまり顧みられることはない。ケインズが自らの独自性を主張するために、ピグーの理論を単純化して広めたこともその一因である。労働組合による賃金の下方硬直性が失業を生み出すという説明は、ピグーの議論のごくわずかな部分でしかない。

12-8 新厚生経済学

　ローザンヌ学派のパレート（1848-1923）や、ロンドン・スクール・オブ・エコノミクスの経済学者たち、いわゆるロンドン学派のロビンズ（1898-1984）、ヒックス（1904-1989）、カルドア（1908-1986）たちは、効用の個人間比較が不可能であるとして、ピグーの厚生経済学を批判した。この主張の背景には、諸個人は異質な存在であるという人間観が横たわっている。ロビンズは『経済学の本質と意義』において次のようにピグーの経済学を科学ではないと論じた。

> 「Aの満足とBの満足を検査する手段は全くない。……内省によって、AはBの心の中に起こっていることを測定できないし、BはAの心の中に起こっていることを測定できない。異なった人の満足を比較する方法はないのである。……限界効用逓減の法則の拡張〔ピグーの第2命題〕は非論理的なものである。したがって、それにもとづいた議論は科学的根拠に欠ける。……それは倫理的な仮定としては興味深いが、純粋理論の実証的な仮定からは全然出て来ないものである。それは単に、イギリス経済学と功利主義とが歴史的に連合した結果の偶然の沈殿物にすぎない。」（209頁）

　こうした批判を受けて、個人間比較を前提としない厚生経済学の再構築が図られていく。この新しい動きを「新厚生経済学」と呼び、ピグーの厚生経済学（旧厚生経済学）と区別することがある。新厚生経済学は二つの潮流に分けることができる。一つは、「パレート最適」を基準にして、分配の問題を考えようとするロンドン学派の潮流である。もう一つは、アメリカのバーグソン（1914-2003）やサミュエルソン（1915-2009）らを中心とした社会的厚生関数を追求した潮流である。

前者について見てみよう。パレート最適というのは、ある一人の人の効用を増大させるには、他の誰かの効用を低下させなければならない状態のことである。例えば、何らかの政策によって、ある社会状態Aから社会状態Bに移行できるとしよう。もし、この移行によって誰かの効用が増加し、かつ誰一人として効用を低下させることがなければ、この移行を全員が受け入れるであろう。したがって、この移行は何らかの価値判断抜き（別の言い方をすれば、反対する者がいない）で支持される。誰の犠牲もなしで状態Bへの改善の余地を残しているから、状態Aはパレート最適ではない。パレート最適はこのような改善がいきついた状態である。パレート最適の状態から別の状態に移行しようとすると、誰かが犠牲になる。価値判断を含んだ倫理ではなく、科学の世界に踏みとどまろうとする新厚生経済学にとって、パレート最適は重要な参照基準となった。

　新厚生経済学の重要な成果として、「厚生経済学の第一定理」と呼ばれるものが証明されている。それは、競争均衡はパレート最適を実現するというものである。大まかには、ミクロ経済学で標準的に前提されている条件を満たす市場の均衡は、パレート最適になっていると言い換えることができる。こうした新厚生経済学の方向が、富者の犠牲によって貧者の効用を高めようとしたピグーのものと大きく異なっているのは明らかであろう。分配の問題に目をつぶり、効率だけを問題にしているからである。

　ロンドン学派のカルドアやヒックスは競争均衡の肯定にとどまらず、さらに政策的改善の余地を求めて「カルドア基準」あるいは「ヒックス基準」といったものを考案した。誰かの犠牲が発生した場合でも、それを政府が補償することで改善の余地が生まれる可能性を探ったのである。しかし、彼らの試みには論理的に難点があることが証明され、ロンドン学派の潮流は衰退していくことになる。

　もう一方の潮流が追求した社会的厚生関数は、社会的状態についての諸個人の順序付けから、厳密な手続きによって社会的な順序付けを導出しようとするものである。しかし、社会的厚生関数の試みは、きわめて困難な問題をはらむことが明らかにされていく。その極めつけが、民主的な意思決定がはらむパラドクスを証明する、ケネス・アロー（1921-2017）が発見した「不可能性定理」である。この潮流は社会的選択理論と呼ばれる経済学のみならず

政治学にとっても重要な研究分野を開拓していくことになる。

トピック：経済学の目的

経済学の目的は何であろうか？　アダム・スミスの場合は「国民と主権者の双方をともに富ませること」であり、リカードウの場合は「この分配〔地代、利潤、賃金〕を左右する法則を決定することが、経済学における主要問題である」と語っていた。ピグーの場合は、「社会的改善」に貢献することが経済学の目的であると言えよう。ロビンズは経済学を「様々な用途を持つ希少性のある資源と目的との間の関係としての人間行動を研究する科学」と定義している。今日では希少性定義として広く知られている。ロビンズにとっての経済学の目的は、希少資源の最適配分の解明ということになるだろう。スミスやリカードウの経済学の目的も、ロビンズのものと矛盾しているわけではない。大恐慌下に大量の失業者と遊休設備を目にしたケインズは、「希少資源ではなく、あり余る遊休資源の活用こそが問題だ」と言いたかったに違いない。

第13章　1930年代の経済学

13-1　企業の変容

　両大戦間期に世界経済は大きな変貌をとげ、経済学にも大きな影響を与えた。第一に指摘すべきは、ソ連における計画経済の実現である。第一次世界大戦末期の1917年にロシア革命で成立したソビエト政権は、重要産業や銀行を国有化し、地主の大土地所有を廃止した。戦後復興に成功したソ連は1928年から5カ年計画を実施し、大恐慌期にもかかわらず短期間での急速な重化学工業化に成功する。社会主義計画経済の一定の成功は、資本主義陣営にとって大きな脅威となった。計画経済の実現可能性をめぐって、経済学者の間では社会主義計算論争が闘わされた。

　第二に指摘すべきは、19世紀末にすでに始まっていた企業と市場の変容が決定的になったことである。それまで企業の多くは個人の資金で起業された個人企業であったが、19世紀の終わりになると株式会社が普及していった。株式会社は巨額の資金を市中から広く集めることで大規模な設備を利用した大量生産を可能とした。その結果、競争的な市場は変容し、少数の企業が市場を占有する寡占体制が生み出された。また、資金を供給する株主と経営に専念する経営者との分離が進んだ。

　第三に指摘すべきは、1929年10月のアメリカ株式市場の暴落を引き金として始まった世界恐慌である。世界恐慌の規模、期間は、それまでほぼ10年周期で発生していた恐慌とは全く異質なものであり、従来の経済学では説明不可能な事態であった。資本主義経済は世界恐慌から脱出できないまま長期停滞の様相を呈していた。不況克服のために自国産業保護として各国がとった経済のブロック化は、やがて第二次世界大戦を引き起こす原因となっていく。これら経済の変貌は、1930年代になると数々の理論的発展を生み出す要因となった。

　第二の株式会社制度がもたらした企業の変容について詳しく見てみよう。個人の資金を中心にして産業革命を最初になしとげたイギリスは、南海泡沫

事件の苦い経験から19世紀中ばまで株式会社を原則禁止していた。そのため
にイギリスは株式会社の展開が遅れた。19世紀後半になると後発国であった
ドイツとアメリカで重化学工業が成長を開始する。その成長を促したのが株
式会社制度であった。十分な資金を持つ資本家がいなくとも、株式の発行に
よって集められた巨額の資金を使って、重化学工業をたちあげることが可能
となったからである。株式会社は資金を提供し配当を受け取る出資者と、実
際に企業を経営していく経営者との分離をもたらした。株式会社による企業
の変質という事態に気づいていたマーシャルは、いち早く経営者（企業者）
の役割に注目していた。ケインズもまた所有と経営との分離に立脚した独自
の階級把握を行なった。しかし、企業の変容に関する実証研究は、二人のア
メリカ人による1930年代の研究まで待たなければならなかった。

　会社法研究者のバーリ（1895-1971）とエコノミストのミーンズ
（1896-1988）による共著『近代株式会社と私有財産』（1932）は、株式会社の
所有と支配の関係を分析した。彼らの調査によれば、1920年代アメリカの非
金融会社30万社の全財産の約半分が、そして全所得の40パーセント以上が、
わずか200社によって握られていた。少数の大企業が経済を支配していたの
である。バーリたちはさらに、「所有と経営の分離」として今日広く知られ
ている大企業の支配関係も解明した。もし、所有者が自らの意志に合致する
経営者を選出していれば、所有と経営は一体のものと見なすことができる。
しかし、株式所有が分散している場合には、その多くは全く議決権を行使し
ないか、または議決権を委任委員会に委任していた。その結果、44パーセン
トの企業において取締役会を実質的に選出しているのは経営者であった。
「委任委員会は現在の経営者たちによって指名されるから、経営者は事実上、
自らの後継者を指名することが出来る。……この支配形態を正しくは、経営
者支配と呼ぶことが出来る」。

　バーリたちは所有と経営の利害が必ずしも調和しないことを指摘し、特に
所有者（株主）の衰退を問題にした。経営者は所有者に大きな利益（配当）
をもたらすことを目標とするとは限らないのである。それまでの経済学は企
業の目的を利潤最大化として単純に扱ってきたが、現実の企業行動はそれほ
ど単純ではない。例えば、株式会社の利潤は主に配当と投資に分割されるが、
その割合をどう決定するかについて所有と経営の間で対立が生じるかもしれ
ない。経営者は市場占有率の拡大を目的にするかもしれないし、企業組織の
維持・拡大を第一の目的にするかもしれない。このように企業の存在目的自

体が問われることとなった。

13-2　ケンブリッジ費用論争とロビンソンの不完全競争論

　マーシャルは現実の経済には競争的市場と収穫逓増産業とが共存しているとして、それらを整合的に説明するために収穫逓増の主要な要因を外部経済に求めた。しかし、マーシャルの説明にはいくつかの問題があった。鉄鋼業や化学工業は大規模な固定設備を使用する産業である。これらの産業では固定費を製品の販売によって回収しなければならないが、販売量が増えれば増えるほど、製品一個あたりに占める固定費の割合は低下する。したがって、内部経済にも収穫逓増の主要な要因が存在していると考えるのが自然である。

　マーシャルの前提を問題にした弟子たちは、「ケンブリッジ費用論争」と呼ばれる論争を起こした。ここから寡占論が展開されていく。論争の口火を切ったのは、イタリア出身の経済学者で後にケンブリッジ大学の教授となるスラッファ（1898-1983）であった。その「競争状態における収穫法則」（1926）という論文は、マーシャルが導入した外部経済の想定を問題にした。部分均衡論は「他の条件一定」という仮定から出発したにもかかわらず、生産の集積という他企業に依存する外部経済を導入していたのである。これは「他の条件一定」からの逸脱を意味していた。また、収穫逓増の要因を外部経済に求めるマーシャルの説明も、現実を反映したものとは言いがたかった。市場の狭さこそが収穫逓増産業の生産量の増大を妨げているというのがスラッファの考え方である。「価格の引き下げなしで財をより多く販売することは困難である」。この指摘は競争と独占との中間領域、すなわち不完全競争が存在することを示唆していた。

　スラッファの問題提起を寡占論の方向へ発展させたのが、ケンブリッジ大学でピグーのもとで学び、スラッファの影響を強く受けていた女性経済学者ジョーン・ロビンソン（1903-1983）である。彼女は市場の構造に着目し、その寡占論を『不完全競争の経済学』（1933）として発表した。完全競争が想定する水平の需要曲線は、個別企業にとって価格への影響を完全に無視して販売量を決定できることを意味する。また、企業は価格に影響を

183

与えることが出来ず、仮に販売価格をわずかに引き上げようとすれば、直ちに需要がゼロになることを意味していた。この完全競争の想定は現実の市場とは合致しない。第一に現実の市場には輸送費が存在する。売り手と買い手が一ヵ所に集まっていないために、遠くの供給者から商品を入手するためには輸送費がかかる。

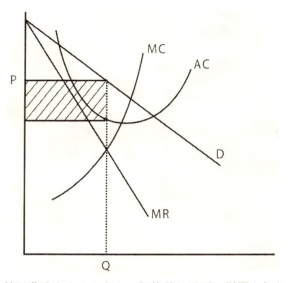

したがって、輸送費分をまかなえない価格差は需要に影響を与えない。第二に消費者のブランドに対する信頼がある。少しぐらい安い商品が現れても、使い慣れている商品を選び続けるだろう。宣伝広告なども、こうしたブランドに対する信頼を高めることにつながるはずだ。これらの要因が存在するために、ある程度価格を引き上げても需要はゼロにならないし、逆にある程度価格を引き下げても需要が一挙に増大することはない。こうして、個別企業が直面する需要曲線は水平ではなく右下がりになる。これがロビンソンの考えた「不完全競争」の市場である。

　完全競争ならば個別の企業が直面する需要曲線は水平であるが、不完全競争ならば、Dのように右下がりの需要曲線になる。供給量を追加1単位増加させたときの収入の増加を「限界収入」(MR)と呼ぶ。数学的には収入を供給量で微分したものである。限界収入は不完全競争を考える時のキー概念である。需要曲線Dから導出された限界収入がMRである。企業は利潤を最大化させるために、限界費用と限界収入が一致する点で生産量（Q）を決定する。なぜならば、MR＞MCの範囲では、生産量を増やすほど費用よりも収入の増加の方が大きいから利潤が増加する。そこで、MR=MCとなるQでの生産で利潤が最大となる。この時、価格はPとなり、利潤は点線部分となる（利潤＝（価格－平均費用）×生産量）。

　長期では利潤があれば他企業の新規参入がおきる。新規参入はこの企業か

らシェアの一部を奪うことになるだろう。その結果、個別需要曲線は下へと
シフトするはずだ。参入が続けばやがて平均費用と価格が一致するまで、需
要曲線はシフトし続けるはずだ。こうして利潤が消滅し、新規参入が停止す
るところで均衡が生まれる。このような不完全競争下での均衡をロビンソン
は「完全均衡（full equilibrium）」と呼んだ。ここまでの説明が成り立つのは、
平均費用が右下がりの範囲であることは明らかだろう。平均費用が右下がり
の範囲内ということは、収穫逓増の範囲内での議論ということになる。また、
他企業との競争が存在し、企業の新規参入が想定されている。したがって、
独占ではない。こうしてマーシャルを悩ませた競争と収穫逓増の共存という
事態を、寡占市場の構造に着目することでロビンソンは整合的に説明したこ
とになる。

　ここで不完全競争と完全競争における需要曲線の性質を調べてみよう。Ｐ
を価格、Ｑを需要量、ｅを需要の価格弾力性、Ｒを収入、ＭＲを限界収入
（marginal revenue）とする。

$$e = -\frac{dQ}{dP} \times \frac{P}{Q}$$
$$\therefore \quad \frac{dP}{dQ} = -\frac{P}{Q} \times \frac{1}{e} \quad (1)$$

$$R = PQ$$
$$\therefore \quad MR = \frac{dR}{dQ} = \frac{d(PQ)}{dQ} = \frac{dP}{dQ} \times Q + P \quad (2)$$

(1)を(2)に代入すると　$MR = -\frac{P}{Q} \times \frac{1}{e} \times Q + P = P\left(1 - \frac{1}{e}\right) \quad (3)$

　ｅ＞０（有意味なのはｅ＞１）であれば(3)からＰ＞ＭＲとなるから、グラフ
で示したようにＭＲは必ず需要曲線の下に位置することになる。ところで、
完全競争ならば個別の企業が直面する需要曲線は水平となるが、それはｅ＝
∞を意味する。ｅ＝∞を(3)に代入すれば、ＭＲ＝Ｐとなる。つまり、完全競
争では価格＝限界収入が成立する。完全競争における利潤最大化条件は限界
費用＝価格であるが、それは限界費用＝限界収入＝価格が成り立つ不完全競
争の特殊ケースと見なすことができる。さて、$\frac{1}{e}$が大きければ、生産量を
通じて企業は価格をコントロールする力が強いことになる。したがって、
$\frac{1}{e}$は企業の価格支配力を示す指標と見ることが可能で、「ラーナーの独占
度」と呼ばれる。ロビンソンは、同じ財を生産する企業数、買い手の立場で
見た生産物の代替の可能性、この２点に独占度は依存すると考えた。

ロビンソンの不完全競争論にはいくつかの問題点もあった。第一の問題は、全ての企業の費用曲線を同じものと見ている点である。これはマーシャルの長期均衡に含まれていた問題でもある。第二の問題は、個別企業が直面する需要曲線を無頓着に1本だけ想定した点である。つまり、他企業の価格政策が与える影響を無視した寡占論ということになる。この点がチェンバリンらによって批判されていく。もっとも、左翼的な関心の強いロビンソンにとって主要な関心は、寡占理論そのものではなく、市場経済を批判するところにあった。不完全競争における非効率の指摘にとどまらず、彼女は市場経済における労働者の搾取の告発まで行っている（「ロビンソン的搾取」）。企業は、一方では労働市場において労働者に対して独占力を発揮できる少数の買い手として、他方では製品市場において独占力を発揮できる少数の売り手として、二重に労働者を搾取している。このようにロビンソンは市場経済を批判した。完全競争ならば労働者と資本家は対等な地位にあると言えるかもしれないが、不完全競争下では労働者は経済的に弱い立場に立たされているというのである。マルクスとは全く異なる意味で、市場が生み出す搾取の存在をロビンソンは提起したのである。

13-3 独占的競争から寡占理論へ

アメリカの経済学者チェンバリン（1899-1967）は、ロビンソン『不完全競争の経済学』刊行と同じ1933年に『独占的競争の理論』を発表する。チェンバリンは、企業が価格支配力を有している点では独占であるが、同時に競争にもさらされている状態を「独占的競争」と呼んだ。ロビンソンとチェンバリンの議論には類似点も多いが、相違点もある。ロビンソンも含めて新古典派の企業は、所与の状況の下で利潤を最大化させるという意味では受動的な存在であった。これに対してチェンバリンは企業の主体的な競争戦略に着目した。

第一の競争戦略は広告等によって生み出す製品差別化の戦略である。1920年代のアメリカで広告費は非課税の費用に認められることで爆発的に増大していた。消費者のブランドに対する信頼や商品の選り好みは消費者の主体的選択のように見える。しかし、実際には自社製品の特長を強調することで企

業が生み出したものに他ならないとチェンバリンは指摘した。第二次大戦後にガルブレイス（1908-2006）は、大企業によって消費者の嗜好が操作されている事態を、消費者主権の幻想として批判的に論じた。チェンバリンの指摘はガルブレイスの議論を先取りしたものと言える。

　　「この〔広告費の支出〕要因は独占的競争に特有なものである。なぜならば、純粋競争〔＝完全競争〕の条件のもとでは、どの生産者も広告なしで望みどおりの数量を販売できるから、広告は無意味となる。広告からの利潤は、(a)欲望がもっとも効果的に満足させられる手段に関しての買手側の不完全な知識、および(b)広告あるいは販売アピールによって欲望を変えうる可能性、これら二つの事情によって可能となる。」（90頁）

　第二の競争戦略は価格政策を通じたシェアの奪い合いである。チェンバリンは個別企業が直面する需要曲線が2種類あると考えた。一つは他企業も当該企業と同じ価格を設定する場合の需要曲線(D)で、もう一つは他企業が価格を変えず、当該企業だけが価格を変化させる場合の需要曲線(d)である。製品価格引き下げのケースを考えてみよう。他企業も同時に価格を引き下げるDの場合には、販売量はそれほど増大しない。これに対してdの場合には、他企業よりも安く販売することでシェアが拡大するために販売量は大きく増大する。こうしてdの傾きは緩やかになる。

　企業数が変化しないケースから見てみよう（I図）。今、価格Eの状態で、すなわち生産量Bで生産が行なわれていたとする。このとき平均費用（AC）はFであるから、利潤はEFHQとなる。さて、シェア拡大のためdに沿って、この企業だけが価格を下げることができたとする。このとき平均費用よりも価格は高いから利潤は増大する。しかし、やがて他の企業も価格を下げてくるだろう。その結果、この企業が直面する需要曲線はDとなる。このような引き下げによる利潤とシェアを増大させる戦略は、新たに下にシフトしたd1が平均費用曲線と接する生産量Aの状態になると均衡する。なぜならば、仮にこの企業だけが価格を変化させる戦略を行使したとしても、d1曲線に沿った販売しかできないから平均費用以下での販売となる。よって生産量Aが均衡生産量となる。

　次に企業の参入と退出によって企業数が変化するケース（II図）を見てみよう。今、価格Eの状態で生産が行なわれていたとする。これは需要曲線

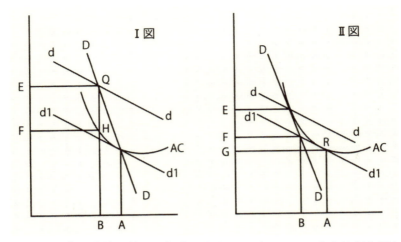

（D）と平均費用曲線が接する場合であり、ロビンソンの完全均衡と同じである。ロビンソンはここで均衡が安定すると考えたが、チェンバリンはこの均衡は不安定だと考えた。なぜならば、個別企業にはdに沿った価格戦略の余地が残されているからである。そこで価格を引き下げて利潤を増大させたとしよう。Ⅰ図のケースと同様に、dに沿った利潤の増大は短期的なものでやがて他の企業も価格を引き下げるであろう。その結果、直面する需要はDとなり、例えばFまで価格が下がってしまったとする（生産量はB）。このとき価格は平均費用より下であるから損失が発生している。損失を回避するために企業の退出が始まるであろう。企業の退出は当該企業のシェアを大きくするように作用する。つまりDが右へとシフトする（図では省略）。このシフトはRを通る位置までくると安定する（生産量はA）。このとき、(1) p＝ACかつ (2) DとAC曲線との交点でdとクロスしている。この状態にいたるともはや価格戦略を発動する余地がなく、また利潤がゼロとなるので参入退出が起きえない。この状態をチェンバリンは「集団均衡」と呼んだ。

　この説明では限界収入と限界費用が登場しない。チェンバリン自身は限界理論に従わない企業の行動も視野に入れており、限界収入と限界費用を不問に付したのは意図的なものでもあった。しかし、価格決定論としては不十分な側面があると言わざるをえない。ただし、企業の行動が他の企業の行動によって左右されるというアイデアは高く評価することができる。推測的な相互依存関係という後のゲーム理論を用いた寡占論の展開を準備する役割を果たしたからである。

13-4　屈折需要曲線とフル・コスト原則

　少数の企業によって市場が占有されていると価格の変化が生じにくくなる。価格の硬直性は1920年代に現れ始めた新しい経済現象であった。アメリカの経済学者スウィージー（1910-2004）は論文「需要と寡占の状態」（1939）において、たとえカルテルによる価格協定が存在しなくとも価格が硬直的になりうることを説明した。スウィージーもチェンバリン同様に2組の需要曲線を用いた。しかし、別々の2本の曲線としてではなく、途中で折れ曲がる1本の需要曲線にまとめ上げた。この曲線はその形状から「屈折需要曲線」と名づけられた。

　図のABCが当該企業の直面する屈折需要曲線である。ある企業の価格の引き上げと引き下げに対して、他社のとる行動に相違が生じることからこのような屈折が生まれるとスウィージーは考えた。今、現行の価格と需要量がB点であったとする。この企業が単独で価格を引き上げたとしても、他社はそれに追随して価格を引き上げないであろう。その結果、当該企業はシェアを大幅に喪失することになる。これがABの部分である。この部分はチェンバリンのd曲線に相当する。他方、この企業が価格引下げを実施した時には、他社もシェアを奪われないように価格引下げ戦略をとると考えられる。これがBCの部分に相当する。この部分はチェンバリンのD曲線に相当する。なお、スウィージーによれば、企業は実際のデータから屈折需要曲線を導出するのではなく、あくまで企業の推測にもとづく想像上の曲線であるとしている。

　費用曲線についてスウィージーは遊休固定設備が存在している状態を想定していた。固定設備が完全に使用されるまでは収穫逓減が作用せず、変動費に比例して生産量が増大できるとした。そのために、水平部分を持つ限界費用曲線を考えた（ただし、この想定は本質的なものではない）。屈折需要曲線から限界収入曲線を導くと、屈折点の生産量で不連続な区間を持つ曲線となる。ロビンソンのところで見たように、限界収入＝限界費用が利潤極大化の条件である。したがって、企業はMRとMCが交わる屈折点の生産量で生産を行なうことになる。さて、賃金率や原材料費の上昇や下落があったとしても、限界収入ＸＹの範囲内をMCが通過している限りでは、現行の生産量と価格

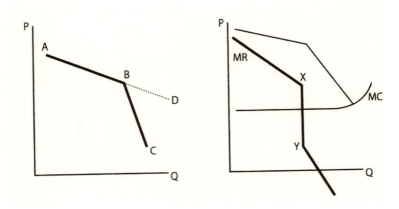

を維持することが有利となる。もし、価格を変動させるような行動をとれば利潤が減少してしまうからである。こうして需要曲線の形状から価格の硬直性が発生することが説明されたのである。

スウィージーの議論はひとたび決定された価格が硬直的となる理由を説明しえたが、なぜその水準で現行価格が成立したのかを説明していなかった。この問題に一定の解答を与えたのが、オックスフォード調査から導出された「フル・コスト原則」である。

ロックフェラー財団の支援によって、オックスフォード大学の経済研究所は1935年から景気循環の調査を実施した。この調査から、投資の決定に利子率がほとんど影響を与えていないなどの興味深い事実がいくつも明らかになった。価格決定方式の解明もその一つである。それはハロッド（1900-1978）らによって学会報告され、後にホールとヒッチによって論文発表された（「価格理論と企業行動」1939）。新古典派経済学にとって、限界収入や限界費用は企業行動を決定するきわめて重要な役割を果たしているはずであった。しかし、製造業者や小売商へのインタビュー調査によれば、企業は需要弾力性を推定していないばかりか、限界費用も算出することなく生産量を決定していた。企業は利潤最大化行動をそもそもとっていなかったのである。彼らが採用していたのは、後に「フル・コスト原則」と呼ばれるやり方であった。調査対象38社のうち、この方式に厳格に従うとしたのは12社、例外的な場合を除いて原則として従うとしたのが18社となっていた。その要点を単純化して示せば、平均費用に慣習的利潤率（しばしば10％）を上乗せした価格決定方式である。すなわち、pを価格、aを平均費用、rをマーク

アップ率（費用に対する価格の上乗せ率）とすれば、p＝a（1＋r）となる。ホールとヒッチは、企業は需要曲線を認識できないためにフル・コスト原則をとらざるをえないと考えた。

フル・コスト原則は現行の価格水準に一定の説明を与えたことになる。しかし、慣習的な利潤率がなぜ10％となるのかを説明していない。また、例えば当該産業の中である1社だけ生産費の削減に成功したとしても、屈折需要曲線が示しているように必ずしも価格を低下させる必要はない。むしろ寡占市場では価格の硬直性こそが特徴であった。その企業はマークアップ率を上昇させるという対応をとるであろう。したがって、慣習的な利潤率が安定しているとは限らないのである。その後の寡占理論は、企業とはそもそも何を目的に行動するのかという根本的な問題を投げかけながら展開していくことになる。

第14章　ケインズの経済学

14-1　ケインズの時代

　ケインズ（1883-1946）は経済学者としてだけでなく、国際政治の場で活躍した官僚、蔵書収集家、株式投資家など華麗な経歴を持っている。ケンブリッジ大学で数学や経済学を学んだ後に、1911年に経済学を代表する雑誌『エコノミック・ジャーナル』の編集者となる。1915年に大蔵省に勤務し、ヴェルサイユ条約の講和会議にイギリス大蔵省代表として出席し、ドイツへの賠償請求に反対した。ケインズが懸念したように、ドイツに対する過度の賠償はナチスを生みだす要因となっていく。22年に講和条約を批判する『平和の経済的帰結』を公刊した後、次第に金融・通貨問題に関心を持つようになり、30年に『貨幣論』を公刊する。1929年に始まった世界恐慌の中で、マクドナルド内閣の緊縮財政を批判するようになる。この批判は1936年に『雇用・利子および貨幣の一般理論』（通称『一般理論』）として理論的に結実し、マクロ経済学の源流である「ケインズ経済学」を誕生させる。ケインズは第二次大戦後の国際通貨体制の構築にも活躍するが、46年4月に急逝する。

　1929年10月24日ニューヨークのウォール街で起きた株の大暴落が引き金となって、世界恐慌が始まる。世界恐慌こそ新古典派経済学からケインズを離反させ、新しい経済学を誕生させる決定的なきっかけであった。恐慌下アメリカではGNPが半減し、失業率は24％にも達した。また、イギリスでは工業生産高が30％低下し、失業率（30-35年平均）は18.5％にも及んだ。欧米の先進国は自国の製品市場を確保するために保護貿易にはしりブロック経済をもたらした。そこから締め出されたドイツや日本は、市場獲得のために軍事力による植民地の再分割に向かっていく（1931年満州事変、1933年ナチス政権

掌握）。ケインズは当時とられていた政策、すなわち一方で海外に市場を求める帝国主義と、他方で輸入制限による失業問題の解決という政策が破綻し、世界大戦が起きることを予想していた。『一般理論』から3年後に、不幸にもケインズの予想は的中する。1939年にドイツがポーランドに侵攻し、第二次大戦の惨禍は世界中へと広がってゆく。

> 「〔戦争を起こそうとする独裁者にとって〕国民の激情を煽る仕事を容易にするのは、戦争の経済的要因、すなわち人口の圧迫と市場獲得競争である。……これは19世紀に支配的な役割を演じたものであり、また今後再び支配的な役割を演じるかもしれない。……国際貿易は今日では、外国市場に販売を強行しながら、購入を制限することによって、国内の雇用を維持しようとする必死の手段となっているが、これはたとえ成功したとしても、失業問題を競争に敗れた隣国に転嫁するにすぎないのである。」(384頁)

> 「今日の独裁主義的な国家組織は、効率と自由を犠牲にして失業問題を解決しようとしているように見える。短い好況の時期を除けば、今日の資本主義的個人主義と結び付いている――私の考えでは、その結び付きは不可避である――失業に、世界が遠からず我慢できなくなることはたしかである。しかし、効率と自由を保持しながら病気を治療することは、問題の正しい分析によって可能となるであろう。」(383頁)

14-2　ケインズの批判対象

　ケインズは新たな経済学説を主張するために、当時支配的であった経済理論や経済政策を支えていた観念を打破する必要があった。それらをここで指摘しておこう。

　第一の批判対象は貨幣数量説であった。貨幣数量説によれば、貨幣が増減したとしても物価が変動するだけで、実物経済への影響はほとんどないことになる。つまり、景気対策という点では金融政策は無効であるということになる。

　第一次大戦が勃発してまもなく、国際通貨体制を支えてきた各国は金本位制から離脱する。しかし、第一次戦が終了すると1919年のアメリカを筆頭に

して、イギリスや日本などが金本位制に復帰していった（再建金本位制）。金本位制には通貨価値を安定させるというメリットがある。しかし、金本位制を維持するために、金融政策の自由度が失われるというデメリットもある。なぜならば、中央銀行に対する兌換請求に応じられるように、中央銀行は自らが保有する金準備の量に応じて通貨を供給しなければならないからだ。だから、金準備が減少してくれば、たとえ不景気であろうとも、マネー・サプライを減らす必要が生じる（要するに金融引締）。しかし、貨幣数量説を採用する論者にとって、これはたいしたデメリットではない。なぜならば、マネー・サプライの変動は物価を低下させるだけで、景気に影響を与えないからである。

　古典派や新古典派にとって貨幣の資産としての機能はさほど重要ではなかった。そのために、ストック面で見た貨幣に対する需要への関心は低かった。しかし、新古典派の中でもマーシャルの貨幣学説は貨幣ストックへの需要を問題にする点でやや特徴的である。M=kpY（M貨幣ストック、p物価水準、Y実質所得）kは「マーシャルのk」と呼ばれるもので、貨幣流通速度の逆数である。この式は右辺が貨幣ストックに対する需要を意味している。この貨幣ストックへの需要という見方が、ケインズによって新しい利子論を生み出す要因となる。ケインズまでの利子論は貸付資金説のようにフローで考えられていたが、ケインズは資産としての貨幣ストックへの需要が利子率の主要な決定要因となる流動性選好説を発明したのである。

　第二の批判対象は均衡財政主義であった。つまり政府は歳入と歳出を一致させるべきで、財政赤字を出すべきではないとする主張である。この伝統のもとでは、税収の減少する不況期には必然的に緊縮財政がとられることになっていた。財政赤字は財政規律を緩めることで雪ダルマ式に赤字を膨らませるという理由だけではなく、そもそも財政支出は景気対策として意味がないという考え方と結びついていた。当時のイギリス政府は新古典派の立場に立つ「大蔵省見解」というものを主張していた。その要点を簡潔に示せば次のようになる。財政支出の増加→財政赤字増大→国家の借り入れ増加→利子率上昇→民間投資減少、となってしまい、結局のところ政府支出の増大は民間投資を削減させる（クラウディグ・アウト）から、景気刺激にならないという主張である。

　この主張を打破するためにケインズは、投資増大→国民所得の増大→貯蓄

増大という有効需要論を展開する。有効需要論の眼目は国民所得決定論であるが、それにとどまらず利子率を媒介としない貯蓄決定論になっていることに注意してもらいたい。貸付資金説の否定は、ケインズに新たな貯蓄決定論の必要を迫ったことになる。新古典派が主張する貸付資金説によれば、利子率の変動を通じて貯蓄と投資が一致する水準で投資・貯蓄が決定される。これに対してケインズの有効需要論では、投資が与えられると貯蓄が投資と一致する水準になるように国民所得が変化する。つまり、投資→国民所得→貯蓄、という決定関係になっている。

　第三の批判対象は市場に対する信頼であった。ミクロのレベルでは市場の失敗という事例があることは認められていたが、マクロのレベルでは市場に対する信頼を新古典派経済学者は抱いていた。つまり、市場メカニズムがうまく機能すれば、不況のようなマクロのレベルでの経済問題は発生しないと考えていたのである。だから、世界恐慌期の大量の失業も労働市場の機能不全という観点から説明されていた。例えば、労働組合が賃金の引下げに反対しているから、企業の労働需要量が増大せず、失業が生まれていると説明されたのである。この考え方に立てば、世界恐慌期の大量の失業は、労働者が自発的に失業を選択した結果ということになる。

　この第三の批判を詳しく見てみよう。完全雇用を前提として構築されている新古典派の体系においては、失業はそもそも自発的失業かあるいは摩擦的失業に他ならなかった。これに対してケインズは労働者の賃金要求とは無関係に生ずる「非自発的失業」が大量に存在していると考えた。

　　「伝統的経済理論の名高い楽天主義のおかげで、経済学者は、あたかも現世から逃避して自分の畑の耕作に明け暮れ、全ては放任しておけば、ありとあらゆる世界の中の最善の世界において、最善の結果となると教えられる……。古典派の公準どおりに機能する社会においては、明らかに資源の最適利用に向かう自然の傾向が存在する。古典派理論は、われわれがこうあってほしいと希望する経済の動き方を示すものであるといってよいだろう。しかし、経済が現実にそのように動くと想定することは、われわれをとりまく諸困難が存在していないと想定してかかることである。」(34頁)

　この「公準」とは、ケインズによって「古典派の二公準」(ケインズは古典

派と新古典派をあわせて「古典派」と呼んだ）と名付けられたものである。

第1公準：個々の企業の利潤最大化行動→労働需要の決定
第2公準：労働者の効用最大化の行動→労働供給の決定

　ケインズはこの第2公準を否定したのである。労働市場で契約が結ばれるのは貨幣賃金によるのであって、実質賃金ではない。ところが、第2公準は実質賃金の決定を前提している。議論の詳細は省略するが、ケインズの想定によれば貨幣賃金の変動以上に物価は変動する。例えば、雇用の削減により貨幣賃金が3％下落した時に、物価は5％下落してしまうのである。このとき実質賃金は2％上昇してしまう。実質賃金の上昇は企業にとって雇用を削減する要因として作用することになる。つまり、貨幣賃金の下落がさらに雇用を減少させるという悪循環が発生してしまう。ケインズは失業を減らす機能を労働市場に認めなかったのである。失業の説明は有効需要論に求められることとなる。

トピック：賃金の下方硬直性

　多くのマクロ経済学の教科書が、非自発的失業を「現行の貨幣賃金率で働く意欲があるのに、職を見出せない失業者が存在している状態」と定義している（＝労働供給曲線の水平部分）。『一般理論』でもこのように想定している箇所はある。しかし、貨幣賃金率の下落しない状態（賃金の下方硬直性）の想定は暫定的なものにすぎず「労働者は雇用が減少しつつある時には賃金の切下げに容易に応じる」（10頁）と語っている。そもそも下方硬直性を容認してしまえば、ピグーによる失業の説明と実質的な相違がなくなってしまう。ケインズの非自発的失業の定義は、貨幣賃金と実質賃金とが逆方向に変動する状態である。とはいえ、この定義に従うと労働市場のクリアな説明が難しくなるし、ケインズ自身も労働市場を詳しく説明しているわけではない。いずれにせよ、失業を分析する焦点を、労働市場から有効需要へと移すことがケインズの狙いであったことは間違いない。『一般理論』は数式やグラフをほとんど用いていないために、かえって難解な書物になってしまった。そのために、「弟子が書いた解説書を読んで、ケインズは『一般理論』の内容を初めて理解できた」という笑い話があるぐらいだ。

14-3　『一般理論』の経済像

　19世紀のイギリスは労働者階級、資本家階級、地主階級の3階級社会であった。ケインズは20世紀前半のイギリスを労働者階級、企業者階級、金利生活者階級（別名、投資家階級）の3階級からなる社会として把握していた。企業者階級は企業の経営にたずさわる階級で、労働者階級とともに生産活動に積極的にかかわる活動的な階級と見ていた。これに対して地主階級を出自とする金利生活者階級は、巨額の財産を保有し、その財産の維持を目的とする非活動的な階級と見ていた。今日のマクロ経済学にはこのような経済像の痕跡は残されていないが、『一般理論』はもともとケインズ流の経済像を理論化したものなのである。『一般理論』の主要部分は下図のように流動性選好説と有効需要論という大きな二つの柱からなっている。

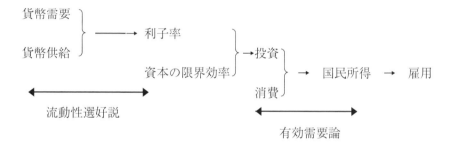

　概要を紹介しておこう。流動性選好説は資産というストックの世界の理論である。ここでの主人公が金利生活者階級である。資産にはいろいろな保有形態がありうるが、その一つとして貨幣で資産を保有しようとする金利生活者階級の行動が利子率を決定する。これを説明するのが流動性選好説である。もう一つの柱である有効需要論は、商品の生産や需要を扱ったフローの世界の理論である。ここでの主人公が労働者階級と企業者階級である。彼らの行う投資や消費が国民所得をいかに決定するかを扱うのが有効需要論である。

　ケインズの不況の見方は次のようなものである。金利生活者階級による貨幣の保有行動が利子率を高止まりさせている。国民所得を変動させる主要な要因は投資であるが、利子率が高いために投資が不足している。つまり、金利生活者階級の財産を維持しようとする行動こそが、経済活動の足をひっぱり不況を長引かせる原因である。ケインズは緩やかなインフレーションにより、金利生活者階級が「安楽死」することを望んでいた。

14-4 有効需要論

　需要が不足しているために生産が減少しているというのがケインズの不況の基本的な認識である。不況期には遊休設備も失業者も存在している。だから、需要さえ増大すれば、それに応じて生産が増加し、雇用も増大する。社会全体の生産物のうち原材料のような中間生産物を捨象すれば（捨象しなくとも本質は同じ）、生産物は消費(C)または投資(I)のいずれかの目的で需要される。マクロ経済学での投資は主に設備投資からなり、そこには公共投資も含まれる。だが、株式投資のようなストックの売買は含まれないことに注意されたい。さて、消費と投資、この二つの需要をあわせて有効需要（C＋I）と呼ぶ。有効需要にあわせて生産が行われ、所得（国民所得）が決定する。これが有効需要論のエッセンスである。

　有効需要論を理解するためには、まず消費関数を理解する必要がある。国民所得が与えられると、消費が決まる関数である。ケインズは今日ではケインズ型消費関数と呼ばれる以下のようなシンプルな関数を仮定した。

$C = cY + C_0$　（C消費、Y国民所得、c限界消費性向（定数）、C_0基礎消費（定数））

　限界消費性向は所得の増大のうち消費に回す割合である。一般的には0よりも大きく1よりも小さい値である（$0 < c < 1$）。基礎消費を無理に説明すれば、所得ゼロでも消費せざるをえない部分であり、ゼロよりも大きな値となる。限界消費性向と基礎消費が安定していれば、所得が与えられると社会全体の消費が決定する。ケインズ型消費関数の妥当性は後に論争の対象となる。

　消費関数が決まると国民所得を決定することができる。ケインズの説明を簡略にしたバージョンでそれを説明する。まず、最もシンプルな投資がゼロのケースを見ていく。有効需要を Yd で表せば、Yd と同じ額の生産が行われる（以下、付加価値と国民所得は一致しているとする）。よって Y＝Yd となる（ここには右辺が左辺を決定するという関係がある）。投資はゼロと仮定されているから、有効需要と国民所得が一致すれば次のようになる。

$Y = Yd (= C = cY + C_0)$

$\therefore Y = \dfrac{C_0}{1-c}$

YとYdが一致する国民所得を均衡国民所得と呼ぶ。仮に均衡国民所得から国民所得が乖離したとしても、国民所得は均衡国民所得へと収束していく。したがって、均衡国民所得が低水準のために失業が発生しているとしても、失業が解消する方向へと均衡国民所得が増大することはない。

　今度は投資を加えて均衡国民所得を考察してみよう。投資が外生的にI_0として与えられたとしよう。投資が加わっただけで、考え方は上のケースと全く同じである。

$Y = Yd$（$=C + I=cY + C_0 + I_0$）

$$Y = \frac{C_0 + I_0}{1 - c} \quad (\text{ア})$$

投資の増加はその$\frac{1}{1-c}$倍の国民所得を増大させることになる。この倍数のことを投資乗数と呼ぶ。例えば、限界消費性向が0.9であるならば、投資乗数は10倍となる。このように投資は投資額よりもはるかに大きい国民所得の増加を生じる。これを乗数効果と呼ぶ。乗数は限界消費性向が大きいほど大きくなる。

> 「限界消費性向が１に近ければ、投資のわずかな変動でも雇用の大幅な変動をもたらす。……他方、もし限界消費性向がゼロに近ければ、投資のわずかな変動はそれに対してわずかな雇用の変動をもたらすにすぎない。」（117頁）

　念のために投資の増大分だけを取り出して乗数効果を確認しておこう。$Y = C + I$のとき、さらに投資の増加（$\varDelta I$）があったとしよう。投資の増加は国民所得を増加させ、消費も増加させる。そこで増加分を取り出せば、$\varDelta Y = \varDelta C + \varDelta I$となる。

$\therefore \varDelta Y - \varDelta C = \varDelta I$

$\left(1 - \frac{\varDelta C}{\varDelta Y}\right) \varDelta Y = \varDelta I$

$\frac{\varDelta C}{\varDelta Y} = c$（限界消費性向）だから、$\varDelta Y = \frac{\varDelta I}{1 - C}$

　消費関数が安定したものであるとすれば、不況期に国民所得が不足するのは、投資の不足が原因ということになる。社会が豊かになるほど貯蓄する余裕が生まれる。したがって、一方では、限界消費性向は低下する。失業を減らし完全雇用を実現するためには、より大きな投資が必要となる。他方では、不況期には遊休設備があるから、大きな投資が行われにくくなる。こうして、豊かな社会ほど完全雇用の実現が難しくなるという「豊富の中の貧困」とい

う逆説が生じるのである。

　「有効需要が不十分であるというだけで、完全雇用水準に到達する以前に雇用の増加が停止することがありうるし、しばしばそうなる。……有効需要の不足が生産の進行を阻止するのである。／社会が豊かになればなるほど、現実の生産と潜在的な生産との間の差はますます拡大する傾向にあり、したがって経済体系の欠陥はますます明白かつ深刻なものとなる。なぜなら、貧しい社会はその産出量のきわめて大きな割合を消費する傾向にあり、したがって完全雇用の状態を実現するにはごくわずかな程度の投資で十分であるが、他方、豊かな社会は、その社会の豊かな人々の貯蓄性向がその社会の貧しい人々の雇用と両立するためには、いっそう豊かな投資機会を発見しなければならないからである。」(31頁)

　投資から期待される予想利潤率をケインズは「資本の限界効率」と呼んだ。資本の限界効率は一般に投資の増大とともに低下すると考えられる。すなわち、有利な投資先は投資量が増えるにつれて少なくなっていく。資本の限界効率は客観的に確定できるものではない。予想にもとづくから不況期には弱気になり、資本の限界効率は低下するだろう。それゆえ、不況期に民間の投資の増大は期待しにくい。そこで政府による公共投資が必要となる。公共投資はその乗数倍の国民所得の増加を生み出すことで雇用を増加させる。だから、たとえ全く無意味な公共投資でも、雇用の創出のためにはやらないよりはやった方が良いとケインズは主張する。

　「もし大蔵省が古い壺に銀行券をつめ、それを廃坑の適当な深さのところに埋め、次に都会のゴミで表面までいっぱいにしておき、いくたの試練を経た自由放任の原理にもとづいて民間企業にその銀行券を再び掘り出させることにすれば、もはや失業の存在する必要はなくなり、その影響のおかげで、社会の実質所得や資本資産もおそらく現実にあるよりもはるかに大きくなるであろう。もちろん、住宅やそれに類するものを建てる方がいっそう賢明であろう。」(128頁)

　有効需要論は消費と投資による均衡国民所得の決定を説明する理論であるが、その裏側では貯蓄決定論となっている。「貯蓄」と言うと日常的には金融機関への預金を意味するが、マクロ経済学ではそうではない。所得のうち

消費しなかった分を貯蓄と定義する（タンス預金も貯蓄！）。したがって、消費関数から直ちに貯蓄を決定する関数を導出することができる。貯蓄（S）は所得のうち消費されなかった分であるから、S＝Y－C　である（これは貯蓄の定義である）。さて、Yd＝C＋Iであった。均衡国民所得ではY＝Ydであるから、均衡国民所得ではS＝Iとなっている。

　　補足：投資・貯蓄均等の別の説明方法
　　　　S＝Y－C
　　　　S＝Y－（cY＋C_0）
　　　　S＝（1－c）Y－C_0
　　　　ここに均衡国民所得の（ア）を代入すると、
　　　　S＝Iとなる。つまり均衡国民所得で貯蓄と投資は一致している。

　貯蓄の主体と投資の主体は別である。だが、投資は乗数効果を通じて国民所得を変動させることで、投資と同額の貯蓄を生み出すのである。ここから「貯蓄のパラドクス」が生まれる。ある人が消費を抑制すれば、その人の貯蓄は増加する。だが、社会全体で消費を抑制しても、限界消費性向が低下するので国民所得は減少する。その結果、貯蓄を増加させることはできない。貯蓄を決定する個々人の意志とは無関係に、マクロでは貯蓄は投資と一致するように決まってしまうのだ。ミクロであてはまることがマクロでは成り立たない。このような事態を「合成の誤謬」と呼ぶ。

　新古典派経済学では、貯蓄も投資もそれぞれ利子率に応じて決まり、投資＝貯蓄となるところで利子率が決定された（貸付資金説）。しかし、有効需要論では利子率と無関係に貯蓄と投資は一致する。だから、利子率については貸付資金説に代わる理論が必要となった。それが流動性選好説である。

14-5　流動性選好説

　企業は利子率と資本の限界効率が一致するところまで投資を行う。だから、弱気による資本の限界効率の低下だけでなく、利子率が十分に低下しないことも投資不足の原因である。流動性選好説は利子率を高止まりさせるメカニズムを解明する理論である。ケインズ以前の利子論は貯蓄と投資というフローに着目する貸付資金説であったが、ケインズは資産というストック面から利子率を説明しようとした。「流動性」とは、他の財との交換のしやすさ

201

である。最も高い流動性を持っているのは貨幣である。したがって、「流動性選好」とは貨幣に対する需要ということになる。

　貨幣に対する需要は、(1)日常の取引を行うために貨幣を持とうとする取引動機による需要L1と、(2)投機による利益を目的にした投機的動機にもとづく需要L2からなっている（これ以外に「予備的動機」もあるが無視する）。この両者の需要の合計が貨幣需要を形成する。貨幣に対する需要がストックとしての貨幣への需要となっていることに注意されたい。

　資産を保有する形態として現実には、金、土地、株式、債券、貨幣など様々なものがある。ここでは単純化のために、債券と貨幣のいずれかで資産を保有することとしよう。さて、債券には配当がつくが、貨幣にはつかない。したがって、不確実性のない世界では貨幣で資産を保有しようとする者はいない。「なんらかの理由で誰も将来の利子率について不確実性を感じない社会では流動性関数L2は…均衡においてはゼロとなる」(206頁)。これは新古典派経済学が想定した状態である。ところが、現実には不確実性が存在し、貨幣での資産保有、すなわちL2の存在も合理的になりうるのである。

　イギリスには永久確定利付債（コンソル債）というものがある。名前のとおり、一定金額の配当が永久に受け取れる国債である。利子率が永久に不変であるならば、利子率と配当が与えられればこの債券の価格は次のように決まる（資本還元）。債券価格＝$\frac{配当}{利子率}$

　例えば、配当が50万円で、利子率が5％であったとする。この債券価格は1000万円となる。しかし現実の利子率は変動する可能性がある。1年後に利子率が10％に上昇してしまえば、債券価格は500万円に暴落してしまう。50万円というわずかな配当を目当てに1000万円で債券を購入するよりも、1000万円を貨幣のままタンス預金しておけばよかったことになる。これがL2の存在理由である。

　上記の数字例を用いてより厳密に見ていこう。利子率が5％から5.25％に上昇したとしよう。このとき債券価格は約950万円に下落するから、配当50万円と合計すると約1000万円となる。つまり、この場合にはタンス預金でも債券でもどちらも同一水準となる。このように同一水準となる利子率の変化を表にまとめる。

今の利子率	1年後の利子率
2	2.04
3	3.09
5	5.25
10	11.1
20	25.0

　1年後の利子率がこの表の水準を越えてしまえば債券での資産保有は損失を発生させる。現行の利子率が低いほど、わずかな利子率の上昇でも債券を購入すると損失が生じてしまう。利子率が高い時には、多少、利子率の上昇があったとしても、貨幣ではなく債券で資産を保有した方が有利である。したがって、利子率とL2とは逆方向に変動することになる。将来どの程度、利子率が上昇しうるかは現時点では分からず、きわめて主観的に判断せざるをえない。だから、ある利子率の時に、貨幣で資産を保有するか、債券を購入するかは人によって異なってくる。

　貨幣の供給量が与えられれば、需要と供給が一致するところで利子率が決まる。このように貨幣（ストック）に対する需要と供給で利子率が決定されるというのが流動性選好説である。ストックの観点から利子率を問題にしたこと、利子率の変動という不確実性を理論に組み入れたこと、これらの点にケインズの新しさがある。

　金利生活者階級の貨幣需要が利子率を高止まりさせる原因である。しかし、管理通貨制度のもとでならば、中央銀行は債券市場において債券を購入することで貨幣供給を増大できるので（公開市場操作）、利子率を下げられるとケインズは考えていた。ケインズ政策というと公共投資の代名詞のようになっているが、ケインズ自身は不況期にはまず金融政策によって利子率を引き下げるべきだと主張している。この考え方は今日では当たり前のように思われるが、ケインズ以前の経済理論では利子率の引き下げは貯蓄を減少させることで投資も減らしてしまうと考えられていたのである。

　「従来、適度に高い利子率を正当化する理由は、十分な貯蓄誘引を提供することが必要であるということだった。しかし、我々は、現実の貯蓄の大きさは必然的に投資の規模によって決定され、投資の規模は低い利子率によって促進されるということを明らかにした。すなわち、利子率

203

を資本の限界効率表との関係において完全雇用となる点まで引き下げることがわれわれにとって最も有利なことである。」（377頁）

　もっとも、利子率の引き下げによる景気対策には二つの限界がある。第一の限界は、企業があまりに弱気になっているので、「利子率の実現可能な変化によってはもはや相殺できない」（164頁）ほど資本の限界効率が低下した状態である。第二の限界は、今日「流動性の罠」と呼ばれるもので、利子率にはそれ以上、下がりえない下限があるというものである。ケインズは下限を２％程度だと考えていた。「ジョン・ブルはたいていのことには我慢するが、２％の利子には我慢できない」（309頁）。実際に、金融当局がその下限まで債券を買い進めた経験はないが、将来、流動性の罠が発生するかもしれないと見ていた。

　　　「利子率がある水準まで低下した後では、ほとんど全ての人がきわめて低い率の利子しか生まない債券を保有するよりも現金の方を選好するという意味において、流動性選好が事実上絶対的となる可能性がある。」（204頁）

　利子率がどの程度まで下がるかは、主観的な判断による。将来の債券価格の上昇という強気の判断が支配的であれば、利子率がどこまでも低下していく可能性もある。仮に利子率が十分に低下したとしても投資の限界効率が低下していれば、完全雇用を実現するだけの投資は生じない。だから、公共投資が要請されるのである。

　ここまでで『一般理論』の骨子を概観できた。ケインズの言葉に即してその構造を整理しておこう。

　　　「所与と見なすのは、利用可能な労働の現存の熟練と量、利用可能な設備の現存の質と量、現存の技術、競争の程度、消費者の嗜好と習慣、……。／独立変数は、第一次的には、消費性向、資本の限界効率表、および利子率であるが、これらはさらに分析できる。／従属変数は、雇用量と賃金単位によって測られた〔＝実質〕国民所得である。」（243頁）

『一般理論』は不況期の短期の理論である。だから、設備は「所与」とされており、その一部は遊休化している。投資は有効需要の側面だけから問題に

されていて、それが資本設備として生産能力を発揮する長期の側面は無視される。ちなみに、投資が生み出す生産力については後に成長論という分野が形成されていく。「独立変数」として挙げられている消費性向、資本の限界効率、利子率（正確には流動性選好とすべきだろう）はいずれも心理的な要因によって左右される。ここでは体系の外で決まるという意味で「独立変数」と呼ばれているが、モデルの中で固定的なパラメーターとして扱われるので、「与件」とした方が分かりやすいだろう。この体系から決定される従属変数が均衡国民所得であり、それに対応して雇用量が決定される（生産関数の逆関数と見ればよい）。

14-6 ケインズの社会哲学

『一般理論』の第一の目的は、不況の原因を解明し、完全雇用を実現するための処方箋を提示するところにある。だが、資本主義社会には失業以外にも問題があることをケインズは指摘する。

> 「われわれの生活している経済社会の顕著な欠陥は、完全雇用を提供することが出来ないことと、富および所得の恣意的で不公平な分配である。上述の理論が、この第一の点に対して持つ関係は明白である。しかし、さらにそれは第二の点についても重要な関係を持っている。／……完全雇用が実現するまで、資本の成長は低い消費性向にまったく依存せず、逆に、それによって阻止される。……現存の状況では諸機関による貯蓄や減債基金の形における貯蓄は妥当な大きさを超えており、消費性向を高めるような形での所得再分配政策は資本の成長にとって積極的に有利になるであろう。」（376頁）

低所得者の方が消費性向は高い。だから、所得の再分配政策は社会全体の消費性向を高めるというのである。さらに、貧困者への所得移転だけではなく、特にイギリスで顕著な金利生活者階級の存在をケインズは問題にし、その「安楽死」を望んだ。低金利の肯定は、単に投資増大をねらっていただけではなく、金利生活者階級が得る配当所得を削減するねらいもこめられていた。

> 「資本主義の金利生活者的な側面を、それが仕事を果たしてしまうと消滅する過渡的なものであると私は見ている。そして金利生活者的な側面

の消滅とともに、資本主義に含まれる他の多くのものが変貌を遂げるであろう。」(379頁)

　株式市場も資産を維持する行動によって支えられている。ケインズは株式投機を全面的に否定しているわけではない。しかし、企業活動が投機によって飲み込まれてしまう危険性を指摘する。

　　　「投機家は、企業の着実な流れに浮かぶ泡沫としてならば、何の害も与えないであろう。しかし、企業が投機の渦巻の中の泡沫となると事態は重大である。一国の資本発展が賭博場の活動の副産物となった場合には、仕事はうまくいきそうもない。新投資を将来収益から見て最も利潤を生む方向に向けることが本来の社会的目的であるが、それを行なう機関として見るならば、ウォール街の成功の度合いは、自由放任主義の顕著な勝利の一つであると主張することは出来ない。」(157頁)

　自由放任主義は完全雇用や公正な分配を実現できないだけでなく、経済活動そのものを投機の中に巻き込む危険性をはらんでいた。市場はコントロールされる必要があり、またコントロール可能なものである。これこそが19世紀までの経済思想と決定的に異なるケインズの思想である。「投資の社会化」、すなわち政府による投資が必要なことをケインズは強調した。提唱した政策の実行が「政府の伝統的な機能の著しい拡大」を伴うことを認めるケインズは、政府の能力を信頼していた。政府への信頼は一種のエリート主義に支えられている。だが、ケインズは個人主義の擁護者であり続けた。個人主義が生み出す生活の多様性こそ「将来を改善する最も強力な手段」だからである。「多様性を失うことは画一的あるいは全体主義国家のあらゆる損失の中で最大のものである」。ケインズが警鐘を鳴らしたのは、自由放任主義の行き過ぎた主張が、資本主義社会そのものを崩壊させてしまう危険性であった。

　　　「消費性向と投資誘因とを相互に調整する仕事に伴う政府機能の拡張は、19世紀の評論家や現代のアメリカの銀行家にとっては個人主義に対する恐るべき侵害のように見えるかもしれないが、私は逆に、それは現在の生産様式の全面的な崩壊を回避する唯一の実行可能な手段であると同時に、個人の創意を効果的に機能させる条件であると擁護したい。」(383頁)

14-7 『一般理論』体系とＩＳ・ＬＭモデル

　『一般理論』刊行の翌1937年に、ハロッド「ケインズ氏と伝統的理論」と
ヒックス「ケインズ氏と古典派」という論文が登場する。いずれも『一般理
論』を連立方程式体系に整理したもので、ほぼ同様の内容を持っていた。す
なわち、財市場の均衡（IS）と貨幣市場の均衡（LM）を利子率と国民所得で
表し、両変数の同時決定として均衡国民所得を決定するモデルであった。こ
の二人が提示したモデルは、難解な『一般理論』をわずか３本（実質的には
２本）の方程式で表し、その簡潔さから広く普及した。今日のマクロ経済学
の必須項目になっていると言っても過言ではない。しかし、IS・LM モデル
が『一般理論』の意図を正確に表現しているかどうかについては、未決着の
論争が続いている。

　IS・LM モデルは、連立方程式体系で示される同時決定の体系である。他
方、『一般理論』は因果的な決定関係が随所で展開されている。にもかかわ
らず、ケインズ自身、ヒックスの論文について好意的なコメントを残した。
これが事情を複雑にさせている。それに加えてケインズの貨幣市場の扱いが
必ずしも完結していないという問題がある。貨幣需要は取引動機によるＬ１
と投機的動機によるＬ２とがあった。しかし、Ｌ１について十分に考察しな
いまま、もっぱらＬ２でのみ貨幣需要を論じていた。厳密に貨幣需要を論じ
るためには、国民所得とともに増大するであろうＬ１を無視するわけにはい
かない。事実、『一般理論』の中には、貨幣の需要を　Ｌ１（Ｙ）＋Ｌ２
（ｒ）と表している箇所（197頁）がある。つまり、有効需要論で決定される
べき国民所得がすでに利子率決定論に入り込んでいることになる。ここを強
調すれば、利子率と国民所得の同時決定を説く IS・LM モデルは『一般理
論』の正しいモデル化ということになる。しかし、ケインズ自身は「最近の
数理経済学のあまりに多くの部分は、……不正確な単なる作り事であって、
役に立たない記号の迷宮の中で、ともすれば現実世界の錯綜した関係と相互
依存関係を見失ってしまう」（297頁）と述べており、理論的整合性をどこま
で追求すべきと考えていたのかはっきりしない。ジョーン・ロビンソンらケ
インズの直系の弟子たちは、一般均衡論の枠にケインズ体系を押し込めると
いう理由から IS・LM モデルによる解釈を厳しく批判した。

　IS・LM モデルにおける不況のイメージは次のようなものである。貨幣は
フローの世界で労働や商品の売買を仲立ちする流通手段として需要されてい

207

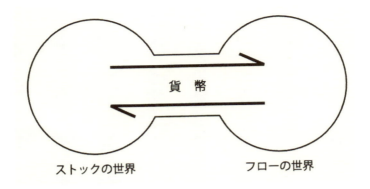

る。それだけでなく、ストックの世界でも資産として需要されている。この二つの世界を行き来するところに貨幣の特徴がある。ストックの世界での需要が増加すると、フローの世界で流通していた貨幣はストックの世界へと吸い上げられていく。その結果、流通を媒介していた貨幣が減少するために、フローの世界が縮小する。こうして、生産や雇用が減少してしまう。

14-8　ケインズ経済学の発展

14-8-1　成長論

『一般理論』は資本設備が一定である短期の経済を対象としていた。それゆえ、投資は有効需要の側面でしか問題とされなかった。しかし、長期の視点に立てば、設備投資は供給能力を増大させる。『一般理論』を長期の成長論へと拡張させる試みが、イギリスの経済学者ハロッド (1900-1978) やアメリカのドーマー (1914-1997) らによって試みられていく (ハロッド『動態経済学序説』1957)。彼らが考案した「ハロッド・ドーマー・モデル」の簡略版を示しておこう。

ハロッドは生産能力の増加率、需要の増加率、労働力人口の増加率 (n) の3つに着目して、経済成長の不安定性を問題にした。投資 I、資本ストック K、所得（産出）Y、貯蓄 S で表そう。貯蓄性向 $s(=\frac{S}{Y})$ と資本係数 $v(=\frac{K}{Y})$ は一定であるとハロッドは考えた（v を一定としたところにハロッドの特徴がある）。

だから $v = \frac{\Delta K}{\Delta Y}$ でもある。資本減耗を無視出来るとすれば、$I = \Delta K$ となる。

よって、$I = v \Delta Y$　(1)

一方、Ｓ＝ｓＹであるから、貯蓄と投資が等しい時（＝生産物の需給が一致する時）には、これを(1)に代入して、

$$ｓＹ＝ｖ\varDelta Y \quad \therefore \frac{S}{V}＝\frac{\varDelta Y}{V}となる。$$

右辺は経済成長率を意味するが、それは貯蓄と投資を等しくさせる適正な成長率ということになる。これを「保証成長率」と呼ぶ。Ｇｗで表そう。

　現実の成長率(G)が保証成長率と一致するとは限らない。この二つの成長率が乖離した場合に、調整するメカニズムが存在しないというのがハロッドの議論である。仮にＧ＞Ｇｗであるとしよう。

$$Ｇ＝\frac{\varDelta Y}{Y}であるから、不等式は\frac{\varDelta Y}{Y}＞\frac{S}{V}と書ける。\therefore ｖ\varDelta Y＞ｓＹ$$

　左辺は産出の増大に応じて必要とされる投資を意味する〔このような産出の増大に応じた投資決定を加速度原理と呼ぶ〕。右辺は現実の貯蓄であり、同時に現実の投資でもある（乗数理論によりＳ＝Ｉが成立するようにＹが決まるから）。つまり、この不等式は必要とされる投資（左辺）よりも現実の投資（右辺）が小さい状態を意味する。企業はこの状態を資本ストックの不足と認識する。そのために、より一層、投資を増大させようとするはずだ。投資が増大すれば、乗数効果により現実の成長率がさらに上昇してしまう。これは次のような状態を意味する。例えば、資本ストックの不足を解消させようとして10の投資を行った時に、乗数効果で100の所得が生まれてしまうのに、供給能力は50しか増大していない。こうして、さらなる資本ストックの不足が生まれる。これを解消させようとすれば、ＧとＧｗはますます乖離し続けていく。ｓとｖが定数である以上、保証成長率と現実の成長率を一致させるメカニズムは存在しない。保証成長率の実現が困難であることを、ハロッドは「ナイフエッジ定理」と呼んだ。さらに、外生的に与えられる労働力人口の成長率が、保証成長率と一致することは偶然以外にはありえないだろう。ハロッドは、資本主義経済の不安定性を供給と需要の乖離として描き出したのである。

14-8-2　マクロ分配論

　カルドア（1908-1986）やパシネッティ（1930-）らポスト・ケインジアンは、貯蓄率に注目することでケインズのアイデアを分配論へと展開させた。カルドアのモデルを見てみよう。国民所得Ｙは、一国全体の賃金総額Ｗと利潤総額Ｐから成っているとする（Y=W+P）。貯蓄は資本家と労働者が異なる貯蓄率で行うと仮定する。それぞれの貯蓄率をｓpとｓwとする。一般的に、

ｓｐ＞ｓｗと想定してよいだろう。

社会全体の貯蓄　$S = sw \cdot W + sp \cdot P$　(1)

財市場の均衡条件である投資と貯蓄の均衡が成り立つ（$I = S$）ならば、(1)は、

$I = sw \cdot W + sp \cdot P$

　　$= sw (Y - P) + sp \cdot P$　　　　（∵ $Y = W + P$）

　　$= sw \cdot Y + (sp - sw) P$

両辺をYで割り整理すれば、

$$\frac{P}{Y} = \frac{1}{sp - sw} \times \frac{I}{Y} - \frac{1}{sp - sw} \times sw \quad \cdots\cdots (2)$$

　ケインズと同様に投資が貯蓄を決定すると考えるならば、(2)は右辺が左辺を決定する式を意味する。労働者と資本家の貯蓄率が一定であるとすれば、所得分配率 P/Y が投資と所得の比率（I／Y）によって決定されることになる。これは興味深い結論である。新古典派は生産要素の限界生産力によって所得分配を説明した。ところが(2)が意味しているのは、限界生産力と無関係な所得分配の決定である。投資の決定主体は資本家であるから、資本家の投資態度によって分配関係が決定されることになる。

　カルドアの議論はもともと成長論のモデルとして提出されたものである。カルドアの問題関心は、資本ストックの増加率が労働人口の増加率（自然成長率　n）を上回った場合に、どのようにして安定した成長が確保されるのか、というところにあった。このとき資本は人口よりも速く増大しているので、資本に比べて労働者が相対的に不足するから賃金率が上昇するであろう。つまり、WがPよりも速く増大するとカルドアは考えた。そうするとｓｐ＞ｓｗであるから、(1)から明らかなように社会全体での貯蓄性向は低下する。つまり、ハロッドの言う保証成長率（ｓ／ｖ）が労働人口増加率に収束していくことになる。

　成長論にとって$\frac{S}{V} = n$は重要な意味を持つ。これが実現しないと、財市場と労働市場を均衡させながら経済成長していくことができない。等式を成立させるために、ｓ、ｖ、ｎのどれを変動すると考えるかで成長論を分類できる。ｎは人為的に調整できない。ハロッドはｖもｓも調整能力がないために、資本主義の成長は不安定（ナイフエッジ定理）であるとした。これに対して、分配関係の変化から、結果的にｓが調整役になるとしたのがカルドアである〔なお、資本産出比率が可変の生産関数を想定することで、ｖに調整役を求めるソロー（1924-）らの新古典派成長論の議論もある〕。

210

「マクロ分配論」は1950年代にカルドアによって導出されたものであるが、この考え方には先駆者がいる。1930年代にポーランドの経済学者カレツキ (1899-1970) がシンプルな分配論を提出している。(2)式において $sw = 0$ としてみよう。つまり、労働者は貯蓄せず、資本家だけが貯蓄すると考える。そうすると、$\frac{P}{Y} = \frac{I}{Y} \times \frac{1}{sp}$ となる。この分配決定式には労働者の意思決定が全く含まれていない。ここからカレツキは「利潤を決定するのは資本家の投資態度と消費態度である」という結論を導出した。投資による分配率の決定と言い換えることもできる。

14-9　新古典派総合への変容

　アメリカのサミュエルソンもケインズ経済学を発展させた一人である。インディアナ州生まれのサミュエルソン (1915-2009) は早熟の天才として知られ、経済理論のあらゆる分野で活躍した。特に1941年には書きあげていたとされる『経済分析の基礎』(1947) は重要である。従来のミクロ経済学を数理化するだけでなく、安定条件をも組み込むことで動学的拡張のきっかけを生み出すことになった。この書物は、その後の経済学の発展方向を決定づけたと言っても過言ではない。また、経済学の教科書『経済学』は1948年の初版以来、1980年ごろまで標準的な教科書として世界中で読まれたベスト・セラーである。サミュエルソンの影響を受けていない経済学徒はほとんどいないという状況が長く続いたのである。「サミュエルソンは『経済分析の基礎』で経済学者としての名声を得て、『経済学』で富を得た」と言われている。

　ケインズは『一般理論』の末尾において、「完全雇用に近い状態に対応する総産出量を実現することに成功するならば、〔新〕古典派理論はそれ以後、その本領を発揮することになる」(381頁) と論じた。つまり、完全雇用の状態であれば、ワルラスに代表される新古典派理論が正しいというのである。

サミュエルソンは『経済学』において、この主張を体系化していく。その結果、ミクロの領域ではワルラス的な一般均衡論が中心におかれ、限界原理にもとづいた価格論や分配論が説明された。他方、マクロの領域では IS・LM モデルによってケインズ理論が説明される。

　サミュエルソンによれば、賃金や価格の硬直性があるから価格メカニズムが円滑に機能せず、不完全雇用が生じている。だから、不完全雇用下では、ケインズ的な金融・財政政策が必要となる。しかし完全雇用が実現すると、価格メカニズムがふたたび機能するようになり、政府による投資のコントロールなしで効率的な資源配分が実現すると説明した。サミュエルソン自身は、ケインズ理論を新古典派経済学と整合的に結合できたと考えていたので、「新古典派総合」という呼び方をした。しかし、完全雇用が実現すると、なぜそれまで有効に機能しなかった価格メカニズムが有効に機能し始めるのかについて説明はない。そのために「総合」ではなく「折衷」であるとの批判が『経済学』には早くから向けられていた。

　しかし、戦後アメリカ経済の繁栄の中で、新古典派総合の地位が揺らぐことはなかった。新古典派総合の描き出した理想的な経済状態が、賃金も利潤も安定的に増大していく持続的な経済成長によって実現していたからである。サミュエルソンが提言した低利子率と緊縮財政とを組み合わせた完全雇用政策をケネディ政権が受けいれていることからも分かるように、新古典派総合の考え方は現実の政策にも影響を与えていた。しかし、ベトナム戦争による財政赤字と成長率の低下によって、新古典派総合の地位は次第に低下していく。新古典派総合という名称は『経済学』第8版（1970）において姿を消してしまう。ケインズもサミュエルソンも楽観的に考えていたミクロ経済学とマクロ経済学との関係は、その後の経済学の中で重要な論点となり、「ケインズ経済学のミクロ的基礎」は重要な研究テーマとなっていく。

14-10　ケインズ批判の諸潮流

　泥沼化するベトナム戦争を契機にしてアメリカは財政赤字と貿易赤字の「双子の赤字」に苦しめられるようになる。70年代の石油ショックは、先進各国に不況にもかかわらず物価が上昇するスタグフレーションを引き起こした。こうした状況の中で、その裁量的な政策の実行可能性と有効性についてケインズ経済学批判がまきおこっていく。前者は政治学からの批判であり、

後者は経済理論からの批判である。

　ケインズは不況時には赤字財政を必要なものとしていたが、好況期には財政を黒字化する必要があると主張していた。長期的な財政の均衡をはかる必要があると認めていたのである。しかし、現実の政治の中で財政引き締めはきわめて困難である。選挙民は減税や公共投資など拡張的な政策を喜ぶが、増税などには常に反対するからである。そのために、議会制民主主義の社会で、ケインズが想定した経済政策を実行することは難しい。この点を問題にしたのが、アメリカの政治学者ブキャナン (1919-2013) とワーグナー (1941-) である (『赤字財政の政治経済学』1977)。彼らはケインズ政策が政府を肥大化させ、必然的に生じる巨額の財政支出が物価上昇をもたらすことを警告した。そして均衡財政主義への復帰こそが必要であるとした。ケインズは政策が公平無私なエリートによって行われることを前提としていた。そうした前提のことをケインズの生誕地であるケンブリッジのハーヴェイ・ロードにちなんで、「ハーヴェイ・ロードの前提」と呼ぶことがある。ブキャナンたちはハーヴェイ・ロードの前提が非現実的であることを指摘したのである。ブキャナンらのケインズ批判は経済理論というよりも、政策当局の能力に焦点をあてたものであった。

　経済理論からの批判のきっかけとなったのは物価上昇である。1960年代の拡張的な財政運営は物価上昇をもたらしていた。この物価上昇を説明するためにサミュエルソンをはじめとしたアメリカのケインジアンたちが持ち出したのが、フィリップス曲線である。フリップス曲線とは、もともと A.W. フィリップス (1914-1975) がイギリスの1861年から1957年のデータから導き出した賃金上昇率と失業率との負の相関関係である。これは理論的なものではなく、あくまで経験則にすぎない。サミュエルソンたちは賃金上昇率を物価上昇率に置き換えて、アメリカのデータを検討した。その結果、フィリップスが得たのとほぼ同様に、物価上昇率と失業率との間にも負の相関関係が検出された（賃金と物価のトレード・オフ関係）。この関係の存在を次のように考えた。完全雇用に近づくにつれて賃金率が上昇する。そして価格支配力を有する企業は賃金コストの上昇を製品価格に転嫁する。こうして、賃金コストの上昇による物価上昇というコスト・プッシュ・インフレからフィリップス曲線が説明されたのである。

　フィリップス曲線の理論的説明は必ずしも十分なものではないし、そもそ

213

第14章 ケインズの経済学

も『一般理論』からの必然的帰結というわけではなかった。しかし、アメリカ・ケインジアンたちはフィリップス曲線を重要な理論的支柱として利用していった。すなわち、失業率と物価上昇率を両方とも減らすことはできないが、両者の任意の組み合わせを政策によって選択できると主張したのである。そのためにケインズ経済学とフィリップス曲線はワンセットで語られるようになっていった。

フィリップス曲線に依拠した経済政策を批判したのがフリードマン（1912-2006）である。フリードマンは貧しい東欧移民の子として生まれ、シカゴ大学大学院で学び、後にシカゴ大学の教授職に就く。彼の周囲にはシカゴ学派と呼ばれるグループが形成されていき、反ケインズの牙城となっていく。

フリードマンは、金融政策や財政政策の短期的な有効性を認めるが、長期では、物価や貨幣賃金が伸縮的に変動することで、産出量は「完全雇用」水準に収束する。ここで「完全雇用」と呼んでいるのは、長期的にはそれ以下に下がりえない失業率を実現しているという意味である。そうした失業率のことをフリードマンは「自然失業率」と呼んだ（現在は「インフレ非加速的失業率 NAIRU」と呼ばれる）。自然失業率よりも失業率を下げようとして、拡張的な政策をとったとしても、やがては自然失業率にまで失業率は上昇し、物価上昇が帰結するだけということになる。すなわち、長期の金融財政政策は無効になる。これが「自然失業率仮説」と呼ばれるフリードマンのケインズ批判の骨子である（1967年アメリカ経済学会での公演）。フリードマンの主張は、物価は長期的には貨幣供給量と比例するように決定されるという、ケインズ以前の貨幣数量説の復活に他ならない。

短期のフィリップス曲線は右下がりであるが、長期のそれは垂直であるというのがフリードマンの考え方である。自然失業率以下に失業率を低下させるような金融または財政政策がとられたとする。需要の増大は生産や雇用も増加させるが、同時に物価も上昇させるであろう。しばらくの間は、短期フィリップス曲線にそって失業率が低下していく（a→b）。やがて物価上昇を認識した労働者は実質賃金率の低下も認識する。その結果、同一の貨幣賃

金では労働供給を減らすようになる（b→c）。これはフィリップス曲線の上方シフトを意味する。こうして、長期フィリップス曲線は垂直になる。人々が予想している物価上昇率のことを予想インフレ率（期待インフレ率）と呼ぶ。予想インフレ率が変動することで、短期フィリップス曲線はシフトすることになる。現実のインフレ率が予想インフレ率よりも低い間は、自然

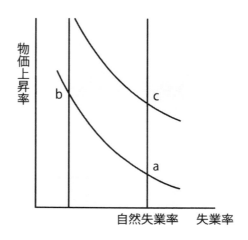

失業率以下に失業率は低下する。つまり、労働者が現実の物価上昇の認識に遅れるタイム・ラグの間だけ、拡張的な政策が有効ということになる。自然失業率は、予想インフレ率が現実と一致した時の失業率と定義することができる。この理論によって、物価上昇と高い失業率との共存、すなわちスタグフレーションが容易に説明されたのである。この理論によれば、ケインズ政策はインフレ予想が変化しない短期にしか成立しない。1960年代末から70年代にかけてのアメリカの現実をうまく説明するフリードマンの学説は「マネタリズム」と呼ばれ、今日のマクロ経済学の必須項目となっている。

　フリードマンは景気対策という側面だけでなく、福祉国家政策をも批判した。ケインズ経済学は財政支出を擁護することで、福祉国家政策を支持する理論としても機能していた。第二次大戦後のアメリカは大きな政府に向かいつつあった。最大限の雇用と購買力の維持を政府の責任とする1946年雇用法をはじめ、60年代に拡充された社会保障政策、公共住宅や都市再開発プログラムなどである。こうしたアメリカ国家のあり方もフリードマンは批判した。フリードマン夫妻の執筆したベスト・セラー『選択の自由』（1980）における彼の議論を見ておこう。社会福祉政策の目的は高貴であったが、結果は全て失敗に終わったと彼らは非難する。

　　「社会保障支出は急速に増大していった。それなのに社会福祉制度はいっそう深刻な財政難へと陥った。公共住宅計画や都市再開発計画は、貧困者に利用可能な住宅の数を増大させるどころか、逆にこれを減少させてきた。雇用は増大してきているのに、公的扶助を受領している人々

の名簿はますます長いものになってくる一方だった。……教育への連邦政府の介入が増大すればするほど、生徒の成績は落ちる一方だった。」
（上206頁）

　フリードマンは福祉政策を全て否定していたかのように誤解されてきた。これは不幸なことである。目的を達成するのに、ルールではなく裁量的手段に訴える福祉国家の在り方を非難したのである。簡素なルールのもとで人々に選択の余地を与える方法がフリードマンの代案である。例えば、教育については、政府に裁量の余地が与えられている学校教育への補助金というやり方ではなく、「教育クーポン」（教育バウチャー）の支給が望ましいとする。学校に直接、補助金を支給することを廃止し、それに代えて教育費の支払いにのみ使用可能なクーポンを親に配布すべきであるとする。学校は受け取ったクーポンに応じて公的な支給を受ける。そうすれば、学校は公立、私立を問わず、生徒獲得のために質の高い教育の提供を競うようになるとフリードマンは考える。教育を画一化する必要はなく、教育クーポンが多様な学校の誕生を後押しすると見ていた。教育の提供だけでなく、選択可能な教育の幅を拡大することがフリードマンの狙いであった。

　所得の再分配政策として提案された「負の所得税」はよく知られている。現在の所得税は一定限度以下の所得に課税しない控除額があり、それを超過した分に課税される。これをフリードマンは「正の所得税」と呼ぶ。パート労働などでは、控除額を越えないように労働時間を短縮するといったことが実際に行われている。これに対して、所得が控除額以下の場合には、控除額と所得との差に比例する金額を支給するというのが「負の所得税」である。低所得者は自らが稼いだ所得に負の所得税が加算されることになる。自ら稼いだ所得が多いほど収入は増えるから、勤労意欲は損なわれない。また、全く収入がない場合にも、一定の負の所得税を受け取ることが可能となる（今日の「ベーシック・インカム」の発想ときわめて類似している）。税負担は次のように定式化できる。所得にかかる税率をtとし、所得ゼロの時に受け取れる収入をBとする。税金（T）は$T = tY - B$となる。可処分所得は$Y - T = (1 - t)Y + B$となる。受給資格は所得だけで決定される。だから、制度の仕組みが簡素化され、行政の肥大が防げるとした。

　「この制度は、受益者にとってもっとも有益な形、すなわち現金で援助を提供する。この制度は、その方法もきわめて一般的だ。この制度は、

受益者が老人であるか、廃人であるか、病人であるか、特定地域の住民
であるか、あるいはその他の現行の福祉プログラムの受益者となるのに
特定の資格を持っているのかなどには一切、関係なく適用される。負の
所得税制度から援助を受けるのは、ただ受益者の所得が低いからである。
……自分で稼ぎ出す余分の所得は、この制度の下ではつねに支出できる
金額が増大することを意味する。」（上255頁）

　フリードマンは市場の失敗よりも政府の失敗の方が問題が大きいと考えて
いる。だから、できるだけ政府の裁量の余地を排除し、単純なルールで福祉
を実現すべきという主張になる。フリードマンは福祉政策だけではなく、金
融政策も裁量の余地をなくすべきだと主張し、貨幣供給量の増加率を一定に
せよという「ｋ％ルール」を提唱した。この主張は世界恐慌の原因を、当時
の連邦準備銀行が行ったマネー・サプライの減少に求める彼の実証研究にも
支えられたものである。

エピローグ

　経済学の見取り図を描くことができただろうか。代表的な経済学説を見てきたが、煩雑な説明を避けて分かりやすさを優先した箇所もある。興味を持った経済学説があれば、是非とも原典を繙いてもらいたい。最初は引用した箇所の前後を確認するだけでも構わない。伝えきれなかった経済学者の思考の深さ、あるいは経済学者の苦闘の跡を確認できるはずだ。巻末のリストは本書の執筆に際して利用させていただいた文献であるが、みなさんが原典を繙く際にも有益なガイド役になってくれるはずだ。

　本書は入門としての経済学史を目指してきた。しかし、経済学史の役割はそれにとどまるものではない。経済学の歴史を振り返ることで、複雑な経済現象を扱える万能の経済学説が存在しえないことが理解できたであろう。経済学史は経済学を外から眺めるメタ・レベルの学問であり、既存の学説が無自覚に前提としてきた固定観念を自覚させてくれる。それは経済学説の限界を知る消極的な役割だけでなく、新たな経済学の枠組を示唆する積極的な役割も担っている。本書の守備範囲を越えているが、そうした経済学史の高みに向かう第一歩になってくれれば幸いである。

　最後に、急な申し出にもかかわらず、出版の英断を下された社会評論社の松田健二氏に御礼を申し上げたい。本書の刊行を勧めてくれただけでなく、出版にあたり仲介の労をとっていただいた武蔵大学の舩木恵子氏にも感謝の意を表したい。

原典（引用は一部改変してある）

プラトン、藤沢令夫訳『国家』岩波文庫

アリストテレス、山本光雄訳『政治学』岩波文庫

『聖書』新改訳、いのちのことば社

トマス・アクィナス、稲垣良典訳『神学大全第18冊』創文社

マキャヴェリ、河島英昭訳『君主論』岩波文庫

ホッブズ、水田洋訳『リヴァイアサン』岩波文庫

トマス・マン、渡辺源次郎訳『外国貿易によるイングランドの財宝』東大出版会

ロック、加藤節訳『統治二論』岩波文庫

ロック、田中正司他訳『利子・貨幣論』東京大学出版会

ヒューム、田中敏弘訳『道徳・政治・文学論集』名古屋大学出版会

ステュアート、小林昇監訳『経済の原理』1・2、名古屋大学出版会

ケネー、平田清明・井上泰夫訳『ケネー経済表』岩波文庫

マンデヴィル、泉谷治訳『蜂の寓話』、『続蜂の寓話』法政大学出版局

アダム・スミス、水田洋訳『道徳感情論』上・下、岩波文庫

アダム・スミス、大河内一男訳『国富論』Ⅰ－Ⅲ、中公文庫

マルサス、永井義雄訳『人口論』中公文庫

マルサス、大淵寛他訳『人口の原理〔第6版〕』中央大学出版部

リカードウ、堀経夫訳『経済学原理』雄松堂

リスト、小林昇訳『経済学の国民的体系』岩波書店

シュモラー、田村信一訳『国民経済、国民経済学および方法』日本経済評論社

マルクス、『マルクス＝エンゲルス全集』大月書店〔出典は巻数ページ〕

レーニン、『帝国主義論』大月書店（『レーニン全集』第22集）

山田盛太郎、『日本資本主義分析』岩波文庫

ジェヴォンズ、小泉信三訳『経済学の理論』日本経済評論社

ワルラス、久武雅夫訳『純粋経済学要論』岩波書店

マーシャル、永澤越郎訳『経済学原理』1－4、岩波ブックセンター信山社

ピグー、気賀健三他訳『厚生経済学』1－4、東洋経済新報社

ロビンズ、辻六兵衛訳『経済学の本質と意義』東洋経済新報社

チェンバリン、青山秀夫訳『独占的競争の理論』至誠堂

ケインズ、塩野谷祐一訳『雇用・利子および貨幣の一般理論』東洋経済新報社

フリードマン、西山千明訳『選択の自由』上・下、講談社文庫

参考文献

時代背景
荒井政治他編『概説西洋経済史』有斐閣選書
『新編西洋史辞典』東京創元社

経済学史全般
『経済学大辞典』東洋経済新報社
『経済思想史辞典』丸善
水田洋他編『経済思想史読本』東洋経済新報社
三土修平『経済学史』新世社
中村達也他『経済学の歴史：市場経済を読み解く』有斐閣アルマ
八木紀一郎『経済思想』日本経済新聞社
喜多見洋他編『経済学史』ミネルヴァ書房

第1章　経済学誕生以前
有江大介『労働と正義：その経済学史的検討』創風社
水田洋『社会思想小史』ミネルヴァ書房
中谷猛他編『概説西洋政治思想史』ミネルヴァ書房
関曠野『プラトンと資本主義』北斗社

第2章　前期重商主義の経済思想
美濃口武雄『経済学説史』創成社
小林昇『経済学の形成時代』未来社
マグヌソン『重商主義』知泉書館

第3章　後期重商主義の経済思想
大塚久雄『歴史と現代』朝日新聞出版
川島信義『ステュアート研究』未来社
竹本洋『ステュアート体系の創生』名古屋大学出版会
小林章夫『おどる民だます国：英国南海泡沫事件顛末記』千倉書房

第4章　重農主義の経済思想
根井雅弘『経済学の歴史』筑摩書房
平田清明『経済科学の創造』岩波書店

第5章　市場社会論の系譜
水田洋『アダム・スミス』講談社学術文庫
田中秀夫『原点探訪アダム・スミスの足跡』法律文化社

柘植尚則「アダム・スミス」（松永澄夫編『哲学の歴史』第 6 巻、中央公論新社）

第 6 章　古典派経済学の成立
星野彰男『スミス国富論入門』有斐閣新書
羽鳥卓也『国富論研究』未来社
山﨑怜『経済学体系と国家認識』岡山商科大学

第 7 章　古典派経済学の展開
若田部昌澄『経済学者たちの闘い』東洋経済新報社
大西信隆『リカードウ新研究』日本評論社
柳沢哲哉「マルサス」（馬渡尚憲編『経済学の現在』昭和堂）

第 8 章　歴史学派の経済学
田村信一『グスタフ・シュモラー研究』御茶の水書房
小林昇「フリードリッヒ・リスト」（『小林昇経済学史著作集』第 7 巻、未来
　　社）

第 9 章　マルクスの経済思想
鈴木鴻一郎編『マルクス経済学講義』青林書院新社

第11章　ワルラスの経済学
根岸隆『ワルラス経済学入門』岩波書店
三土修平『ワルラシアンのミクロ経済学』日本評論社

第12章　ケンブリッジ学派の経済学
清水幾太郎『倫理学ノート』講談社学術文庫
菱山泉『近代経済学の歴史』講談社学術文庫
橋本昭一編『マーシャル経済学』ミネルヴァ書房

第13章　1930年代の経済学
宮崎義一『近代経済学の史的展開』有斐閣
山田克己『価格理論』〔第二版経済学全集〕筑摩書房

第14章　ケインズの経済学
伊東光晴『ケインズ』講談社学術文庫
宮崎義一・伊東光晴『コメンタール　ケインズ一般理論』日本評論社
山形浩生『要約　ケインズ雇用と利子とお金の一般理論』ポット出版
根井雅弘『サムエルソン『経済学』の時代』中央公論新社

Wikipedia および Online Library of Liberty 上の肖像画（写真）を使用した。

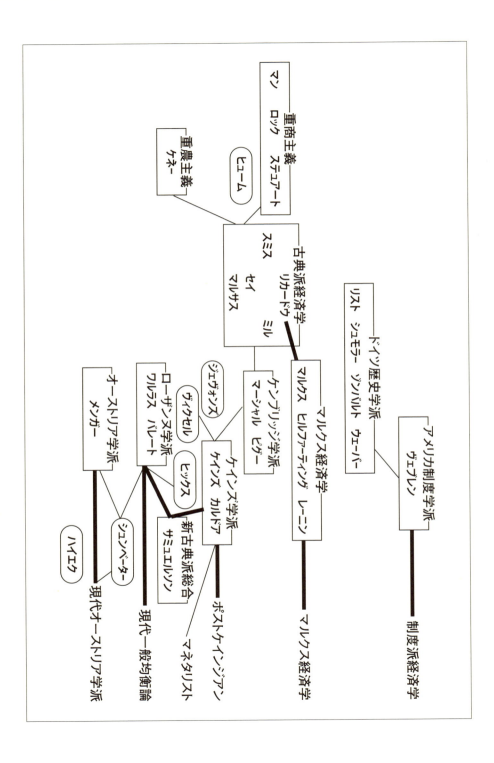

著者略歴

柳沢哲哉（やなぎさわ てつや）

1962 年群馬県生まれ。
東北大学大学院経済学研究科博士課程単位取得退学
埼玉大学人文社会科学研究科（経済系）教授
担当経済学史
共編著『マルサス人口論事典』昭和堂、2016 年
共編著『経済学の座標軸』社会評論社、2016 年
共著『経済倫理のフロンティア』ナカニシヤ出版、2007 年

経済学史への招待

2017 年 4 月 1 日　初版第 1 刷発行
2022 年 4 月 1 日　初版第 3 刷発行
著　者／柳沢哲哉
装　幀／右澤康之
発行者／松田健二
発行所／株式会社 社会評論社
〒 113-0033　東京都文京区本郷 2-3-10　お茶の水ビル
電話　03（3814）3861　FAX　03（3818）2808

組　版／スマイル企画
印刷製本／倉敷印刷株式会社

JPCA　本書は日本出版著作権協会（JPCA）が委託管理する著作物です。
日本出版著作権協会　複写（コピー）・複製、その他著作物の利用については、事前に
http://www.jpca.jp.net/　日本出版著作権協会（電話03-3812-9424，info@jpca.jp.net）
の許諾を得てください。

● 好評既刊 ●

『資本論』と『21世紀の資本』を基本素材として、新自由主義の展開と破綻がもたらした現代世界。その危機の構造を読み解く。

貧困と格差

ピケティとマルクスの対話

奥山忠信/著

埼玉学園大学教授　経済理論・経済学史専攻

Ａ５判上製　１５２頁
定価・本体１,８００円＋税
ISBN978-4-7845-1839-5 C0030

第１章　格差の時代
第２章　ｒ＞ｇを読み解く
第３章　ピケティとマルクス—マルクスの反論
第４章　理解できない国、日本
第５章　ピケティとマルクスで読むアベノミクス
第６章　貨幣の謎
第７章　日本経済のピケティ現象
第８章　日本経済への提言
終　章　我亡き後に洪水は来たれ